賭鬼的後代

魏廷朝回憶錄

序　「賭鬼的後代」

《賭鬼的後代》這本書名取自魏廷朝的書稿，他自嘲曾祖父嗜賭如命，以致被逐出家門，傳說因此發憤圖強，在龍潭重建家業。傳到父親這一代，基因作祟，再次成為賭鬼，這回賭的不只是家產，連國家都賭，甚至將長男取名為「顛覆朝廷」的「廷朝」。

魏廷朝從小目睹父親什麼都賭，且每賭必輸，對於賭錢深具戒心。然而遺傳「賭博基因」的魏廷朝終究還是涉賭，但他與曾祖父、父親賭的不一樣，他賭的是朝代、是自由、是性命，因此無愧於「賭鬼的後代」。

十八年前，魏廷朝在晨跑中突然離世，無緣見證政黨輪替、朝廷顛覆，留給眾人無限遺憾；十八年後，政黨再次輪替，魏廷朝的遺孀張慶惠女士收錄他的書稿，並邀請熱心人士整理編撰史料完成這本回憶錄。我引述十八年前在他的紀念文集所寫的追思文章，一字不改，作為本書的序文。

魏廷朝先生，一生淡薄名利，對於富貴權位，完全不在意，他所關心的是台灣的政治改革與民主的發展，為了這個理想，他三度被關進國民黨的黑牢，人生的精華時刻，近十八年在監獄中度過。人無不稱他是『台灣民主鬥士』、『完美的人格者』。

在學生時代，魏廷朝的樸實好學就令人印象深刻，在艱苦的環境中，他取得了傲人的學歷，卻為了知識分子的良知與堅持，拒絕唾手可得的利益誘惑，即使因而困頓一生，卻不改其志。

為了實現他心目中的理想，雖然外受國民黨的迫害，內受同志的排擠，他依然泰然處之，讓所有認識他的至親好友，心疼感動，這樣一位人格者，不僅在現今的台灣難得一見，即使在全世界也找不到了。

他的忽然辭世，讓人無限的痛惜和懷念。他所遺留給人間的，是一個理想主義者完美的典範。

彭明敏 二〇一七年九月一日

序　硬頸的人格者──魏廷朝

魏廷朝先生，是台灣客家人硬頸精神的實踐者，更是台灣民主運動的人格者。距離他的驟逝，已將近十八年。然而他的不畏強權的硬頸精神與不問名利的風骨，成為台灣民主化歷史上重要的精神資產。

魏廷朝先生在一九三六年生於桃園龍潭，生於日治時代的他，經歷過殖民統治的壓迫，也見識了戰後國民黨政府的獨裁與腐敗。靠著自學苦讀，魏廷朝先生考上了第一志願臺灣大學法律系。在臺灣大學求學期間，深受校園中自由學風的影響，點燃他內心挑戰威權的熱火，也認識了改變他人生軌道的教授彭明敏與同學謝聰敏。

一九六四年，他與彭明敏教授和謝聰敏先生所共同撰寫的《台灣人民自救運動宣言》，是石破天驚的歷史文件，戳破「反攻大陸」的神話，號召台灣人民挺身反抗國民黨政府的獨裁統治。這是在一九六〇年「雷震案」之後，以公開的方式對於國民黨政權最大的挑戰。當局發現後，三人立刻遭到逮捕，魏廷朝先生被判八年有期徒刑，這是魏廷朝成為政治犯的開始，這一年，他只有二十八歲。

《台灣人民自救運動宣言》一案引起國際矚目，國民黨政府在國際壓力下，將彭明敏教授特赦，謝聰敏先生減刑為五年，魏廷朝先生減刑為四年。然而，出獄後沒多久，又在一九七一年被國民黨政府誣陷策畫爆炸案，再度入獄。一九七九年，《美麗島雜誌》創刊，魏廷朝先生擔任執行編輯。《美麗島雜誌》是當時黨外運動最具影響力的雜誌之一，魏廷朝先生發揮他深厚的文史底蘊與法學素養，擔任美麗島雜誌執行編輯，並撰寫社論。一九七九年「美麗島事件」之後三度打入黑牢。

魏廷朝「三進宮」總計起來，為了反抗威權政府，追求台灣的民主自由，代價就是在黑牢度過十七年又一百天。

台灣能走向民主，靠的就是民主前輩們大無畏的勇氣，前仆後繼地挑戰威權統治，感動無數的台灣人民，讓當權者不得不改革體制，回應民意。魏廷朝先生，就有著這樣的勇氣，不計代價，為了台灣民主而犧牲了十七年又一百天的青春歲月。

魏廷朝先生，正如同他的名字「顛覆朝廷」。用盡生命，天生反骨，反抗威權，執著民主，我想是源於台灣客家人數百年來在台灣這塊土地一脈相承的「硬頸」精神。

政治上的堅持，與生活上的隨和，是多大的反差。一生淡薄名利，笑看恩仇的個性，讓他只求付出不求回報。稱他為「完滿的人格者」，魏廷朝先生當之無愧。

桃園市長 鄭文燦 二〇一七年九月一日

行政院
Executive Yuan

敬愛的慶惠姐：

客委會轉送來「魏廷朝回憶錄」一書，我已收到，非常感謝。

廷朝前輩是台灣客家硬頸精神的實踐典範，他為了台灣的自由民主三度入獄，坐了十七年的黑牢，在每一個追求台灣民主的重要時刻，從來沒有缺席，對於這樣的民主前輩，一生追求真理和公義，不畏權勢、不攀富貴，堅持台灣主體價值，特別是您在背後堅毅無悔地支持他，我要對兩位表示最大的敬意與感佩。

想起十三年前我們曾在立法院一起為台灣的改革並肩奮鬥，彷如昨日，近日得知令嬡魏筠將要投入 2018 年桃園市的市議員選舉，魏筠承繼父親的精神和風骨，放棄書記官一職，希望用法學專業來造福鄉里，可謂虎父無犬女，我要在此預祝她選舉過程一路順遂，也期盼您策劃出版的這本傳記，可以讓更多人認識廷朝前輩一生執著民主的堅持及付出，並將這樣精神，永遠留在台灣這片土地上。

敬祝 健康平安

行政院長

賴清德

2018 年 01 月 03 日

10058臺北市忠孝東路1段1號
1, Sec. 1, Zhongxiao East Road, Taipei 10058, Taiwan, Republic of China

《目次》

封面題字：李元慶

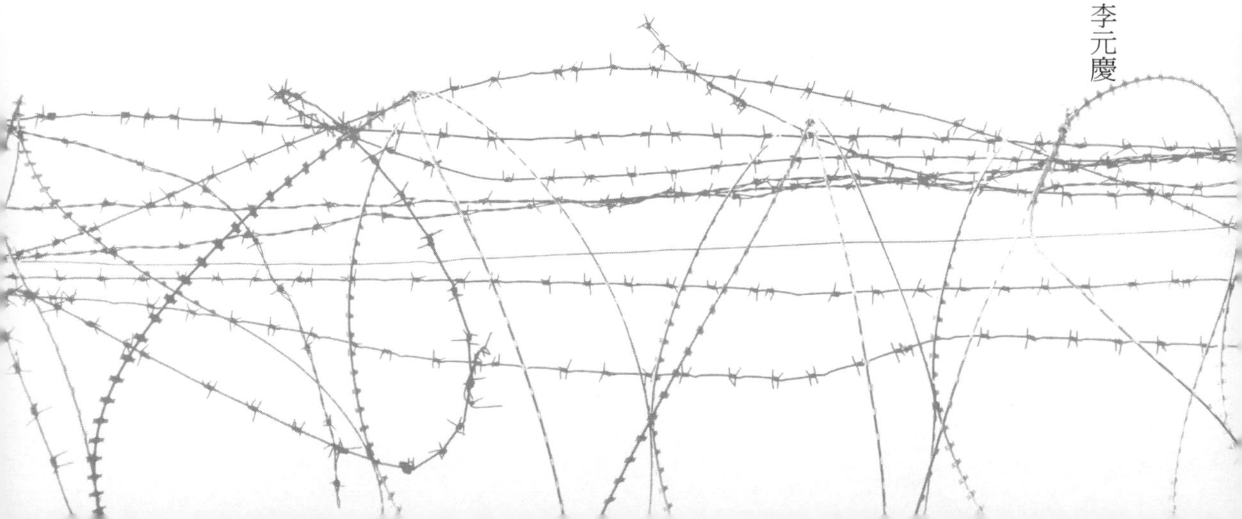

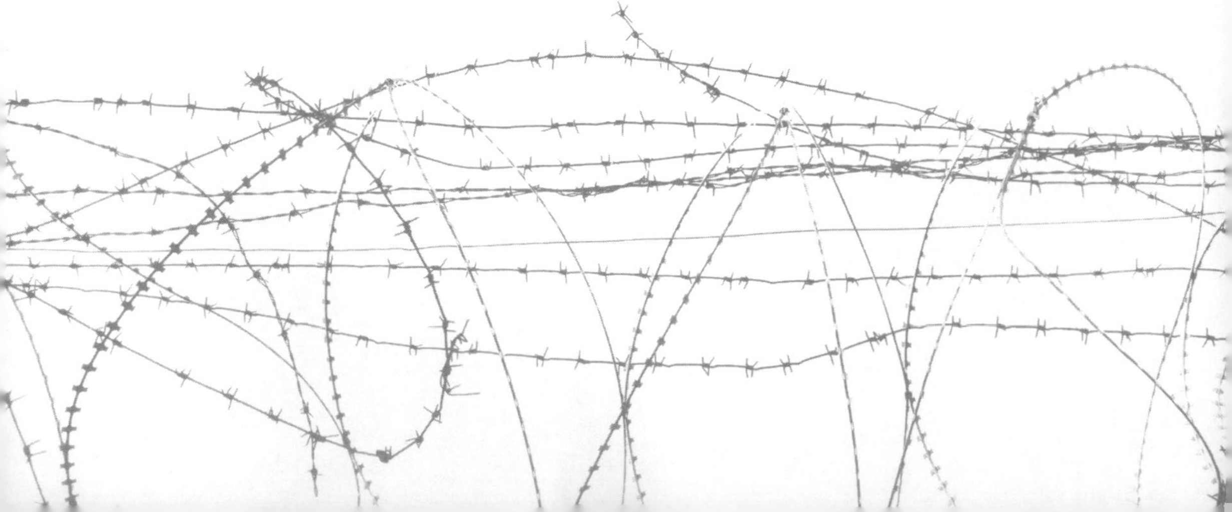

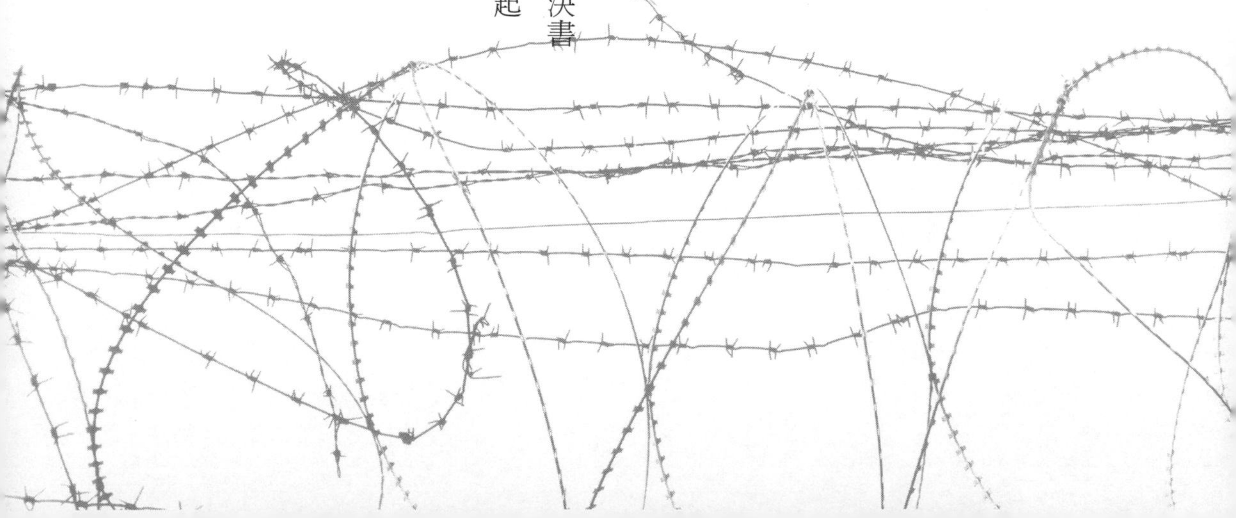

壹、賭鬼的後代

魏蘭帶開創鶴山堂基業

魏廷朝的曾祖父魏蘭帶年輕時浪蕩愛賭，農曆除夕夜被父親逐出家門，從此痛改前非，闖出一番事業，他很有骨氣，不回父親建的「鉅鹿堂」，另建堂皇的「鶴山堂」，跟老父一別苗頭，成為子孫改過立志的典範。

傳到父親魏維崇也是個「賭鬼」，賭錢事小，還將長子取名「廷朝」，渴望「顛覆朝廷」，改朝換代。魏廷朝未辱父風，卻賭得更大，從高中時代就挑戰「法西斯」獨裁，力爭人權，先後坐了十七年餘黑牢，仍笑傲無悔，致他自嘲是「賭鬼的後代」。

《賭鬼的後代》手稿

魏廷朝於一九九九年十二月廿八日辭世，去世前兩年他曾想寫回憶錄，書名就叫《賭鬼的後

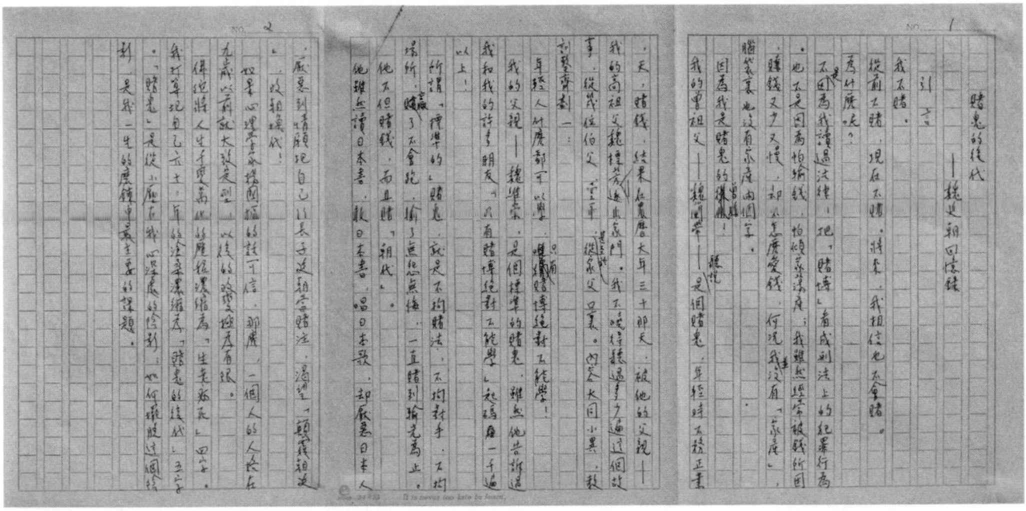

魏廷朝寫的《賭鬼的後代－魏廷朝回憶錄》手稿。

代》，也錄了一些手稿，可惜他剛著手要寫，不久卻撒手人寰。他在引言寫到：

我不賭。

從前不賭，現在不賭。將來，相信我也不會賭。

為什麼呢？

不是因為我讀過法律，把「賭博」看成刑法上的犯罪行為。也不是因為怕輸錢，怕傾家蕩產；我雖然經常被錢所困，賺錢又少又慢，卻不怎麼愛錢，何況我並沒有「家產」，腦袋裡也沒有家產這兩個字。

因為我是賭鬼的曾孫！

我的曾祖父魏蘭帶，聽說是個賭鬼，年輕時不務正業，天天賭錢，結果在農曆大年卅那天，被他的父親（我的高祖父魏標芳）逐出家門。我不曉得聽過多少遍這個故事，從幾位伯父、堂哥，甚至於家父口裡。內容大同小異，教訓整齊劃一。

年輕人什麼都可以學，只有賭博絕對不能學！

我的父親魏維崇，是個標準的賭鬼，雖然他告訴我和我的許多朋友「只有賭博絕對不能學」起碼一千遍以上！

所謂「標準的」賭鬼，就是不拘賭法，不拘對手，不拘場所，贏了不會跑，輸了無怨無悔，一直賭到輸光為止。他不但賭錢，而且賭「朝代」。

他雖然讀日本書，教日本書，唱日本歌，卻厭惡日本人，厭惡到情願把自己的長子廷朝

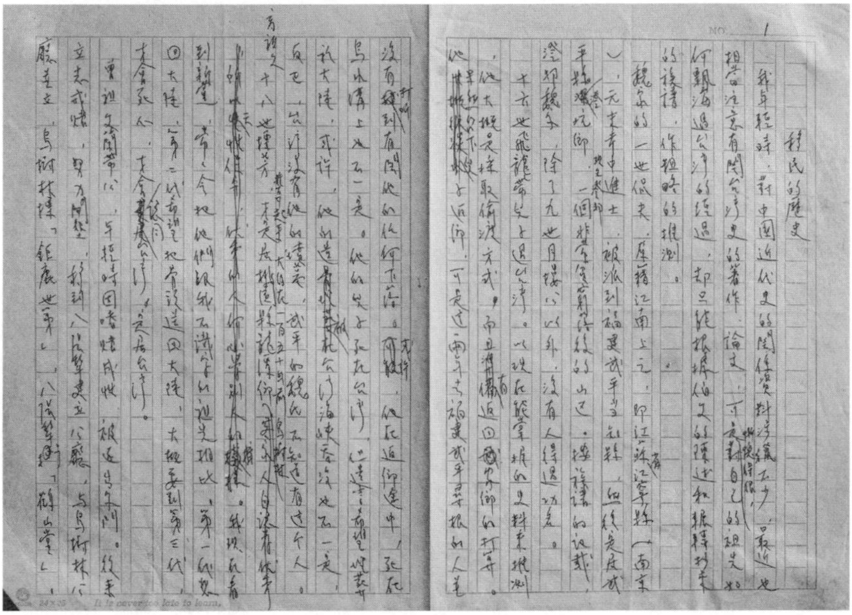

魏廷朝「移民的歷史」手稿。

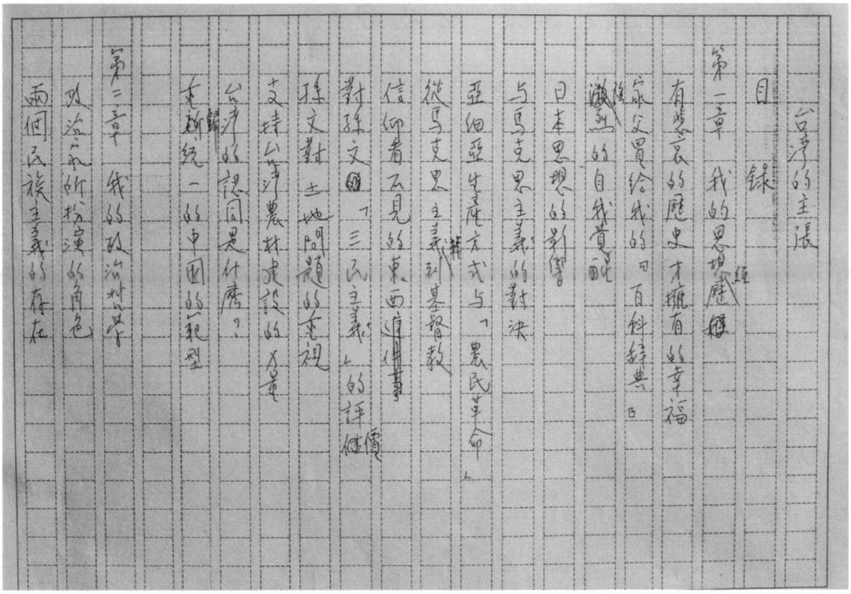

幫李登輝翻譯《台灣的主張》手稿。

當賭注，渴望「顛覆朝廷」，改朝換代。

如果心理學家楊國樞的話可信，那麼一個人的人格在九歲以前就大致定型，以後的改變極為有限。

佛陀將人生千變萬化的歷程濃縮為「生老病死」四字，我打算把自己六十二年滄桑濃縮為「賭鬼的後代」五字。「賭鬼」是從小壓在我心深處的陰影，如何脫這個陰影，是我一生的磨練中最主要的課題。

渡台始祖骨骸下落不明

「魏家一世祖侃夫，號錦舒，原籍江南上之，即江蘇省江寧縣（南京），元末考中進士，被派福建省武平縣當知縣，然後定居武平縣澄坑鄉，現名澄邦，一個非常貧窮落後的山區，澄邦魏家，除了九世月樓公以外，沒有人得過功名。」

魏廷朝考據族譜，龍潭魏家是十六世祖飛龍公帶著次子十七世祖華雄公渡海來台開基，飛龍公後回原鄉，華雄公留下來，後華雄公的骨骸也要求遷回原鄉，但奇怪的是武平並沒有十六、十七世的風水（墳墓），倒是有找到十五世祖偉生公的風水。

一九八九年，魏廷朝曾從日本回福建武平原鄉尋根，從武平宗親口中得知十六世祖飛龍公曾渡海來台，後沒有消息；同樣地，十七世祖華雄公去世後，要求遺骨返鄉安葬，武平魏家亦未聞有此事，致他推測以當年船隻設備之簡陋及航海技術之落後，飛龍公與華雄公的骨骸，很可能已沉沒於台灣海峽的黑水溝。

「我現在看新黨，常常會把他們跟我不識字的祖先相比，第一代想回大陸，第二代希望把骨頭送回大陸，大概要到第三代才會死心，認同台灣，定居台灣。」魏廷朝認為移民族群往往要到第三代才會真正落籍生根。

魏標芳在烏樹林落籍生根

再據魏家廿二世裔孫魏廷應所撰《桃園龍潭魏氏標芳公派下族譜序》，魏家傳至十六世祖飛龍公時，帶著次子十七世祖華雄公渡海來台，在淡水登陸，但華雄公歿後，其遺骸返鄉安葬，十八世祖標芳公始定居桃澗堡烏樹林庄，落籍生根。

一九八八年，政府開放中國探親後，魏廷應曾四度率團到武平原鄉尋根祭祖，完成來台始祖飛龍公未完成的心願，並集資修建奉祀魏家武平開基始祖侃夫公之「錦舒堂」。

「早期來台先民，除少部份來台做官，財團、生意人外，因清朝海禁到同治年間才完全解禁，故渡海來台者逃犯、海賊，以及在大陸生活困難者皆有。」魏廷朝研判魏家祖先應屬第三者，因在大陸謀生困難才渡海來台。據《台灣府志》及郁永河《裨海紀遊》形容，不少來台者是裸體紋身，在中港、淡水登陸，登陸地點都是河洛庄。

十八世魏標芳娶鍾氏為妻，生二子三女，長子魏永帶娶江丙妹為妻，生學鼎、學能、學富、學盛、學統五子；次子魏蘭帶娶古細妹為妻，生五男三女，五男依序是學源、學敏、學春、學順、學生，因學源幼亡，永帶公乃將四子學盛過房給弟弟蘭帶公，而廿世學盛公即是魏廷朝的祖父。

魏廷朝曾祖父魏蘭帶畫像。翻拍攝影／魏新洸

魏蘭帶愛賭被逐出家門

「𠊎太（曾祖父）因「賭狗」（賭博），年卅暗晡（除夕夜），被𠊎公太（高祖父）逐出家門，要他好好奮鬥，若沒成功，一生人（一輩子）不要回來。」魏廷朝從小到大從長輩口中聽了不少曾祖父的故事，而「人要給人打落，火要給人燒著」，蘭帶公受父親嚴厲訓斥，果真痛改前非，戒賭發憤圖強，結果在龍潭八張犁一帶購買良田、山園各二、三十甲，富甲一方。

蘭帶公生於清道光十三年（一八三三），歿於日治大正五年（一九一六），享八十四歲高壽，因年輕愛「賭狗」，地方人士私下喊他「阿狗伯」，他做八十歲生日時，整個八張犁庄民都來作客，故他曾自豪「奶姑山下八張犁，有錢頭家就係𠊎」。那時龍潭八張犁的米挑到山坑永福宮，那兒有竹筏，魏家生產的稻米還可運送到台北艋舺（萬華）。

建「鶴山堂」與父親別苗頭

魏標芳在龍潭烏樹林建「鉅鹿堂」（鉅鹿世第）公廳，魏蘭帶因除夕夜被父親逐出家門，他事業有成後，也無顏再回老家，乃在龍潭八張犁另建了「鶴山堂」公廳祭祖，以當時使用的建材及公廳的宏偉氣派，「鶴山堂」比起「鉅鹿堂」，可說是略勝一籌。

魏蘭帶建「鶴山堂」，樑柱用的是福州杉，建築師傅也從福州請來，牆壁雖用泥磚，但相當厚實耐震，泥磚外再鑲貼陶板，非常古樸典雅，興建至今已百餘年，經多次整修，至今仍相當堅固，古意盎然。

蘭帶公不回「鉅鹿堂」祭祖後，香火由永帶公的四房（學鼎、學能、學富、學統）子孫共祀，並於二〇〇二年籌資上千萬元改建成宮殿式的新「鉅鹿堂」公廳。

「『鉅鹿堂』引唐朝名相魏徵出身地河北鉅鹿，『鶴山堂』則引南宋理學泰斗魏了翁創書院於四川白鶴山。」魏廷朝發現魏氏之堂號或燈號，大都為鉅鹿或鶴山，這兩地魏家皆出了名人，但龍潭魏家源自福建武

魏蘭帶在龍潭八張犁建的「鶴山堂」公廳，古樸典雅。

平，並非來自鉅鹿或鶴山。

論血緣永帶公、蘭帶公都是魏廷朝的曾祖父，跟「鉅鹿堂」、「鶴山堂」都有淵源，但一般年節祭祖大都到「鶴山堂」，他發現兩座公廳祭祖，唯一的差別是「鶴山堂」不拜灶神，「鉅鹿堂」拜灶神。

客家人有幫子孫排字輩的習慣，標芳公以下的字輩是「帶、學、維、廷、新、道」，因到「道」字輩後，沒有接續的字序，魏廷朝應宗親之請，再排了「旭日東昇開大運，祥雲增彩佑全家」的字輩。

魏廷朝的祖父魏學盛（一八六一—一九二二），是永帶公的四子，過房給弟弟蘭帶公。魏學盛與元配吳完妹，生有六子一女，續弦管曲妹再生四子，共有十子一女，但有四子幼年夭折，四子維祥也過房，留下維水、維岳、維崑、維嵩、維崇五子，排行十子的魏維崇是老么，即是魏廷朝的父親。

魏標芳在龍潭烏樹林建的「鉅鹿堂」，後裔於二〇〇三年改建。

魏維水科舉夢碎

「祖父、大伯先後當了多年的八張犁保正（村長），大伯魏維水本志在科舉，十九歲時日人據台，科舉夢碎，他會寫詩、作對子，卻恨日本人，讓他成了『落地秀才』，只能兼教漢文為業。」

魏維崇（一九一〇—一九六六）十三歲時，父親學盛公去世，長他卅歲的大哥魏維水（一八八〇—一九四三）對么弟寄予厚望，用心栽培弟弟念書，曾舉朋友的兒子饒維岳❶書念得很好為例，願意當弟弟的書僮，幫他揹書。

魏維崇也視長兄如父，念過兩、三年漢文，在龍潭國小以第三名畢業，魏維崇到台北報考第二師範時落榜，只好先去念龍潭農業專修學校（二年制），第二年再重考台北師範講習科，結果考上了，念了三年，出來是乙等教員，派到八德公學校任教。

關於魏維崇沒有考上第二師範，全庄以為魏維崇身上從沒帶過那麼多錢，在旅館與同伴賭博到天亮。其實是他第一次上臺北考試時，看到有個孩子在路邊哭泣，說媽媽重病卻無錢醫治，維崇公二話不說將身上所有的錢都給了這個孩子，沒能好好休息，第二天精神不濟，考到一半時在打瞌睡，結果才考得不好。

一直到一九六六年，魏維崇喪禮上，魏家人才知道魏維崇沒有說謊，因喪禮當天有個中年人從好遠的地方就三步一跪，五步一叩地跪進式場，家人們一問才知道他正是當年母親得了重病的那個小孩，正是得了魏維崇的接濟，他的母親才順利病癒；而父喪時人在獄中的魏廷朝卻從來不知道這段往事，大概是因為魏廷朝從來不敢問爸爸去世時的事情，而家人也不願和魏廷朝主動提及其父喪禮上的光景。

魏維崇也是個「賭鬼」

「我的阿公賭不賭我不知道，但爸爸是個『賭鬼』，什麼賭都會，且幾每賭必輸，縱使賭贏了也不會走，常賭三天三夜，輸光了才會回家，回家就是蒙頭大睡，且睡上一整天。」

魏廷朝從小目睹父親愛賭，碰到寒暑假更慘，住在日式教職員宿舍，常有老師到家裡打麻將，連寫作業的桌子都拿去當賭桌，致他從小痛恨賭博，對打麻將更有偏見，不想看，更不想學，也不會打。他見老師們從早打到晚，沒有休息，只偶而會考他心算。

魏維崇每次在家賭博，看到魏廷朝帶同學回家，總會說「後生人（年輕人）什麼都可以學，就是賭博不能學啊！」讓人聽起來既諷刺又奇怪，「自己做不到的事，卻叫別人去做。」

魏廷朝賭的是「朝代」

魏廷朝從小耳濡目染，雖未沾上賭博惡習，甚至痛恨賭博，但在他父親眼中也是個「賭鬼」，只是他跟曾祖父、父親賭的不一樣，賭得更大，賭的是朝代，賭自由、賭性命，因此他也是「賭鬼的後代」。

「我是半夜子時出生，廿二世是『廷』字輩，父親天亮才回來，見『朝晨』（早上）天氣晴朗，向母親彭銀妹說取名『廷朝』如何？朝客家話念『昭』，碰巧父親朋友彭通霖老師來訪，他是算命仙之子，與父親都不滿日本殖民政府，認為『朝』亦可念『潮』，取名『廷朝』，未來可顛覆朝廷。」

一九三六年三月二十七日，魏廷朝生於桃園八德，魏維崇、彭銀妹夫婦在連生兩女後，再獲麟兒，喜出望外。而魏維崇、彭通霖想顛覆的日本殖民政府，於一九四五年八月十四日宣布無條件投降。

從小正直、好學的魏廷朝，直到一九六四年見蔣氏父子政權，仍在編織「反攻大陸」無望的神話，無視台灣人民的前途，與謝聰敏、彭明敏共同起草《台灣自救宣言》，結果遭警備總部人員逮捕入獄，並以預備顛覆政府罪名起訴判刑，從此他走上不歸路，為台灣人民爭民主、爭人權，前後坐了三次黑牢，仍笑傲無悔。

「預備顛覆政府」，就是準備顛覆朝廷，魏廷朝賭的是朝代、性命、自由，也真的比「賭鬼」曾祖父、父親，賭得還要大。

註❶——饒維岳，苗栗頭份人，日本京都帝大畢業，日本高等文官、司官考試及格，曾任台中地方法院院長。

隨父左遷 童年漂泊

魏廷朝雖不滿父親魏維崇愛賭，但父親不甘淪為日本殖民政府的二等國民，膽敢挑戰日籍校長、庄長威權，甚至單挑日籍庄長，將庄長壓制在水溝內，丟了飯碗也在所不惜，卻讓他佩服，也遺傳了父親不畏強權，為正義挺身而出的性格。

魏維崇因先後得罪日籍校長、庄長，左遷到苗栗後龍鋯礦株式會社服務，擔任工頭，而魏廷朝也跟著父親轉換工作，四處漂泊，日本戰敗前轉學到後龍，在河洛庄度過近兩年邊上學，邊躲空襲的歲月。

發誓不能背棄童養媳

「父親考上台北師範時，長兄如父的大伯魏維水，要求他在阿公婆（祖先）牌位前發誓，絕不會背棄從彭屋抱來的童養媳。」魏廷朝的母親彭銀妹出身楊梅彭屋，外公、舅舅都以理髮為業，家境非常清寒，她十三歲至十四歲間來到魏家，家境雖優渥，因重男輕女失學，

魏維崇手抱幼子魏廷朝，魏廷朝從小露出自信笑容。

而魏維崇卻是龍潭八張犁魏屋首位接受師範教育的知識分子。

早期台灣社會婚姻有「大婚」與「小婚」，「大婚」是嫁娶婚，雙方幼時不曾共同居住，不了解對方；「小婚」即是抱童養媳，從小到大共同居住，彼此熟悉，成年時再「送作堆」。多數家庭為省聘金、嫁妝費，抱童養媳風氣極盛，常將自己的女兒給人當養女，又再抱回別家的女兒當童養媳，婚姻有如「交換」。

魏維崇在台北師範演習科念了三年，取得乙種教員資格，分發到桃園八塊（八德）公學校任教，他未違背誓言，廿一歲那年「卅暗晡」（除夕夜）與彭銀妹「送作堆」，連生長女明珠、次女明月後，昭和十一年（一九三六）三月廿七日生下長男魏廷朝。

魏廷朝的伯母中只有一位「大婚」娶進魏家，且是因童養媳很早過世才娶的，其他的伯母全是「小婚」童養媳，不知是童養媳從小寄人籬下，有委屈？還是從小一起長大，有恩怨？魏廷朝觀察身為屘薪臼（媳婦）的母親，似乎跟這位「大婚」的伯母感情比較好。

殖民教育　差別待遇

「日本人對台灣實施『差別教育』，日本人念小學校、台灣人念公學校，師範生錄取四十人，日本人至少卅名，台灣人最多才十名。分發當老師，日籍老師待遇加六十％加給，非常不公平。」

從魏廷朝懂事起，發現當老師的父親滿腹牢騷，主要原因是「一國兩制」，日本人完全以統治者心態，視台灣人為次等國民，連考師範錄取名額、教師薪資都有明顯落差，而日籍老師有六十%加給，主要是受「芝山岩事件」[2]影響，為鼓勵日本人來台教書，給予優待加給。

日本殖民政府不僅對老師有明顯差別待遇，「所謂的國民教育，只想培養會講、會聽日本話的台灣人，以便於統治，並不鼓勵台灣人受更高的教育；因怕台灣人反抗，不支持台灣人學法政，更不准台灣人學軍事。」

日本人稱老師為「先生」，社會地位崇高，待遇也好，那時工人薪水才五元，教員待遇是四十二元，可買二百五十斤米，差很多。雖然教員待遇優渥，但魏維崇不滿同是教員，待遇卻不平等，卻常遭日籍校長龜丸熊次郎責罵，有次聚餐飲酒，雙方起了衝突，魏維崇憤而持酒杯丟龜丸校長，結果也因而丟了教職，轉到龍潭農民組合（農會）服務；那年才二歲的魏廷朝也從八德搬回龍潭八張犁。

魏維崇擔任龍潭農民組合總幹事約三年辭職，搬到楊梅武營街，改做期貨生意，「那時整個楊梅只有兩具電話，一具在楊梅警分局，另一具則在我家，家裡也買了收音機，收聽期貨消息，但做沒多久失敗，父親又搬回龍潭八張犁。」魏廷朝認為父親並不是做生意的料，又轉到龍潭庄役場皇民奉公會擔任課長。

當選龍潭庄協議會員

一八九五年日人治台後，延續清領時期的庄街自治，清庄聯甲，只有街、庄給予台灣人部分的自治權，街、庄長日人、台人皆有；但到日治後期因適逢二次世界大戰，絕大多數街、庄長又改由日人擔任。

昭和十年（一九三五年）四月，台灣總督府修改台灣地方制度，明定州、市、街、庄為法人，擴大自治立法權範圍，廢除州、市協議會，改設州、市會做為議決機關，街庄則仍設協議會為諮詢機關，並確立選舉制度，規定市會議員、街庄協議會員半數由州知事官選、半數民選，採有限制選舉，即年滿二十五歲以上男子，年納稅五圓以上，才具有選舉權與被選舉權。

魏家從魏學盛開始擔任八張犁的保正，魏學盛過世後，由長子魏維水繼任，第二屆龍潭庄協議會員選舉，魏維水鼓勵弟弟魏維崇出來競選，雖然警察出身的日籍庄長宮內不喜歡魏維崇，百般阻撓，魏維崇仍獲得八張犁許多選票支持當選。

與日籍庄長肢體衝突

「日本殖民政府一面推動皇民化，一面又要求庄役場職員下鄉搜購銅、鐵器，包括衣服的銅鈕扣在內，做為軍需用品。宮內庄長不滿父親搜購成績不好，經常指責工作不力，兩人早有嫌隙，有年忘年會終於爆發激烈肢體衝突。」

那時已進入二戰末期，發動大東亞戰爭的日本，因前線軍情吃緊，除加強台灣島內控制，要求台灣人改日姓、信天照大神，為支援軍需，也實施物質管制，致百姓生活更加清苦。魏維崇雖任皇民奉公會課長，但他不滿日本殖民統治，連長子都取名「廷朝」，打從骨子裡就有顛覆殖民政府的意味，那甘盲目順從？

剛進入龍潭公學校就學的魏廷朝，發現親友很擔心父親為人硬直會吃虧，建議與日籍庄長相處，要「陰陰陽陽，大吉大祥」，但年輕氣盛的父親怎願屈服？有次帶壯丁奉公（義務勞動），不滿日警頤指氣使，當場起衝突，遭宮內警告；結果那年的忘年會，父親與宮內庄長真的打了起來。

當天衝突的引爆點是宮內仗著半醉「酒勢」，當女工友端湯進來時，突然一伸手撞到湯碗，潑得女工友一身，魏維崇當場斥責：「你怎可對女工友不禮貌？」

「你是下屬，我是庄長，怎可犯上？」宮內也惱羞成怒。

「我是講道理，你沒資格當我的庄長。」

「我可以把你撤職查辦！」

兩人越吵越兇，相約到外頭單挑，結果才交手兩下子，宮內就被壓

魏廷朝（後排中）童年與大弟魏廷俊（後排右）、二弟魏廷洋（前排左）合影。

倒在地上投降，引為全庄笑柄。❸

魏廷朝的二弟魏廷洋從小常聽父親談論此事。他說，那年忘年會，父親與宮內庄長酒後互嗆，跑到外頭單挑摔角，結果宮內被父親壓制在水溝內，非常失態，也失面子。隔日庄長太太來找母親，要母親勸父親顧及庄長面子請辭，但會介紹另一個工作給父親，待遇比在庄役場還好。

庄長太太並說，雖然庄長也有所不對，但希望給統治者留點面子。事實上，日本人懷有統治者優越感，一旦台灣人對日本長官有犯上行為，不管對錯，台灣人大都只有辭職一途。

左遷到後龍當工頭

魏廷洋說，結果父親也真的請辭，宮內再介紹他到後龍的「鋯礦株式會社」服務，是家軍需用品工廠，擔任副廠長兼總務。這種鋯礦硬度聽說僅次於鑽石，是用來做航空母艦的甲板，以方便飛機起飛。

「日本空軍沒有攔截美軍飛機的空防能力，致隨便美機轟炸，單一個後龍小鎮就投下五十餘顆砲彈，整個派出所被炸毀，我差點被炸到，幸好只被小石頭擊傷，當時在菜園澆菜的姊姊目睹都嚇哭了。」

魏廷朝在龍潭國小念了兩年，三年級時跟著父親左遷到後龍，因首次離開客家庄，才知道台灣還有河洛人，而且閩客情結也重。那時已到二戰末期，多數時間都在躲空襲，念書的時間非常少。在學校常練躲警報，將桌子疊起來，人趴在地上，用手塞耳矇眼，以防耳聾瞎眼。

埋下反抗威權的因子

「跟統治者對立，註定要吃虧的」，魏廷朝從小目睹父親不懼威權，為了正義敢於衝撞當權者，致一再得罪日籍長官，更換工作，甚至從客家庄被迫左遷到河洛庄謀生，他仍甘之如飴，無形中也影響了魏廷朝，埋下了他後來敢於衝撞兩蔣威權專制的因子。

「偃爸年輕時受過師範教育，當老師，算是地方菁英，但個性『硬殼』，跟日籍校長、庄長對立，最後竟淪為工頭，還好那時還有些家業；但二戰結束台灣光復後，父親事業失敗又愛賭，竟坐吃山空，變成無產階級，致他對我這個長子寄望特別深，希望我能為中下階層人謀福利。」

在魏廷朝眼中父親就是英雄，也是心目中「真正的老師」，父親在日治時期反殖民統治，挑戰統治者，他受父親影響，從高中開始也走上反對威權專制的不歸路。

註❷——一八九五年日人據台後，總督府第一任學務部長伊澤修二為推動「國語（日語）傳習教育」，以便殖民統治，在台北芝山岩惠濟宮後殿成立「芝山岩學堂」，招收廿一名學生，並從日本請來楫取道明等六位先生（老師）來台任教，不料一八九六年一月一日卻遭六名土匪殺害，震驚總督府，日本首相伊藤博文還親擬立「學務官僚遭難之碑」紀念。

註❸——林惠菁〈魏廷朝—完滿的人格者〉；《關懷》第十八期，一九八三年六月五日，頁九。

從あいうえ到ㄅㄆㄇㄈ

魏廷朝十歲時日本戰敗投降，致他僅受三年多的日語教育；國民政府來台後改受中文教育，他銜接得很好，日、中文俱佳，尤其日文受父親薰陶，成為他語言強項，是他日後求學、謀生的利器。

但教育內容讓他錯亂，被罵「鬼畜米英」者，竟擊敗「神國日本」；物價飛漲，貪汙腐敗，也讓他失望，「狗去豬來」成民間耳語。

接受皇民化教育

「日治時期一般小孩剛進公學校，因聽不太懂日語，一、二年級常是本省籍老師教，三、四年級才改由日籍老師教；我受父親薰陶，日語不錯，一年級就已完全

一九五八年七月，魏廷朝（前排左七）回母校楊梅國小參加同學會，他留著落腮鬍，神情冷峻，頗像性格小生。

聽得懂日語。」

魏廷朝一、二年級念龍潭國小，一年級導師是日本人井田，多數同學聽不太懂老師在講什麼，他卻聽得津津有味。二年級老師李雲秀是客家人，受皇民化運動影響，已改為日本姓名，她跟學生授課常是半客語、半日語，學生也易吸收。

二次世界大戰如火如荼，他跟著大聲背誦「我們衷心感謝生為大日本帝國臣民」，高唱日本軍歌，深信「神國日本」必將擊滅「鬼畜米英」，皇家指日攻占重慶，活捉「蔣介石、宋美齡」。

「直到有一天，在龍潭庄役場皇民奉公會擔任課長的父親，在忘年會酒後，不滿警察出身的庄長宮內罵他『蔣哥囉』（清國奴），氣得將庄長推落水溝，被迫辭職，安排到後龍的『鋯礦株式會社』擔任副廠長兼總務，情況才發生變化。」

那年魏廷朝九歲，父親告訴他，我們是「台灣人」，不可以忘本，雖然不滿意，他還是認了，趁盟軍空襲，公學校長期放假，他跟著父親讀「昔時賢文」、「三字經」、「白話尺牘」，但似懂非懂。

轉學到後龍河洛庄

「我三年級轉到後龍國小，才知道有河洛人，而河洛人排斥客家人非常嚴重，班上五十餘名學生，我跟近半打過架，被欺負得很慘，常被罵『幹！幹！幹！河洛幹客郎』。」

但不打不相識，後來多數河洛同學不但接納了他，他還當選為班長。

日本戰敗　朝廷顛覆

「俍爸非常高興，認為我的名字『廷朝』取對了，真的顛覆『朝廷』，改朝換代了。」往日耀武揚威，自認高人一等的日本人，變得相當低調，為迎接國民政府來台接收，以往念あいうえ，現在為學北京話，則開始念ㄅㄆㄇㄈ。

日本戰敗投降，國民政府來台接收後，日本人必須在半年內分批遣返，因每人只能帶卅公斤重的家當回日本，房舍、土地、家具、單車等東西都帶不走，只能廉價變賣，致市面上出現了專門收購日本舊貨買賣的行業，稱為「剝狗皮」。

為何稱「剝狗皮」？乃因日本殖民統治時期，台灣人不滿被視為二等國民，私下都罵日本人為「狗」，現日本人要變賣家產回日本，有如剝了他們一層皮，故稱「剝狗皮」。

日治時期做過期貨生意的魏維崇，腦筋動得快，也做起「剝狗皮」生意，且賺了些錢，但最後都賭博輸光光，為了餬口，只好重做馮婦，回到楊梅國小擔任教員。

國語課從日語變華語

「日本戰敗投降，我還在念四年級，因沒有教材，也缺乏懂中文的老師，本來教あいうえ的老師，只好先用閩南語教『國語課』，老師下課後再去學ㄅㄆㄇㄈ拼音，第二天就現學現教，上課一團亂。」

魏廷朝記得「國語課」所採課本，一到六年級教材都一樣，是小冊的漢語書，記得有這段：「人有兩手，一手五指，兩手十指；指有節，能屈伸。我來，你來；來來去去，同去同行。門外有草地，草地有牛羊；牛羊同啃草，牛大羊小。高高低低，來拍皮球。」

因後龍也有些客家子弟，校長還特別開了一班「客語班」，用客家話教，一星期上兩節，記得第一課是「一陣風，一陣雨，路上行人苦。小學生，上學去，上學有決心，風雨豈能阻！」

學校也開始教唱中文歌曲，魏廷朝最先學會的是《義勇軍進行曲》，沒想到後來變成中共的國歌。

一夕之間　教育錯亂

不僅「國語課」突然從あいうえ變成ㄅㄆㄇㄈ，以往每天要「東方遙拜」的日本天皇，變成戰敗皇帝，帝國英雄變成了戰犯；而美國羅斯福總統、英國邱吉爾首相，竟是終結二次世界大戰的英雄，那是紅鬼、青鬼？這世界怎一夕變了？魏廷朝曾問老師「這世界怎變得那麼快？連價值觀都變了」，老師也無法回答。

「二戰後，日本老師都回到日本，國小教員大為缺乏，連很多工友都變成老師。父親先帶大弟、二弟回楊梅國小重執教鞭，我與母親及兩位姊姊則稍後才搬回。」

魏廷朝本以為日本戰敗，日本人走後，台灣生活環境會更好，更富裕、更充足，更有人權，結果卻讓他失望了，他發現國民政府來台接收的七十師、六十二師部隊，竟都是三流雜牌軍，一、二流的國軍都到東北、京滬（南京、上海）接收復員了。

狗去豬來 耳語四起

這群雜牌軍綁腿是裹腳布，肩揹雨傘、鍋子，看來死氣沈沈，軍心渙散，與昔日所見日軍雄赳赳的印象，形成強烈對比。「這豈是祖國的部隊？」台灣人懷著歡欣鼓舞的心迎接祖國部隊來台接收，結果卻失望了，加上軍紀很差，物價飛漲，來台官員又貪汙腐敗，漸漸地民怨滋生，沒想到「日本狗」剛走，卻來了「中國豬」，「狗去豬來」的耳語，在民間開始傳開。

魏廷朝轉到楊梅國小就讀，父親也在那兒教書，但薪水卻一拖三個月，原因是官派縣長劉啟光積壓公教人員薪水，拿去炒作米、糖及茶葉生意。日治時期的新竹州，台灣光復後改為新竹縣，接收縣長是郭紹宗，後再派「半山」劉啟光接任縣長，他是軍統特務出身。

當積壓的薪水撥下來時，學校派兩名工友拿著布袋到縣政府領錢，揹著回來，但隨著物價的飛漲，卻買不到什麼東西。

「全家住在學校宿舍，父親的教員薪水連買米的錢都不夠，還好母親克勤克儉，利用宿舍工地種地瓜葉、空心菜，勉強餬口，但全家卻吃到怕。」

魏廷朝感覺日子過得比日治時期還慘，台灣回歸祖國、光復的歡欣，很快地就成幻影。

二二八事件 父親坐黑牢

果然，隨著省籍衝突的加劇，物價的飛漲，民怨的升高，一九四七年初終爆發「二二八事件」，全台各地接連發生暴動。來台的七十師、六十二師部隊，在召募兩萬多名台灣兵後，因剛調回大陸投入國共內戰，造成國府在台維安出現真空現象，乃派廿一師部隊於三月初來台鎮壓，結果大批台灣菁英慘遭殺害。

「二二八事件發生不久，有天父親突然失蹤，沒有回家，全家人心急如焚，後打聽得知是跟一位情治人員起衝突，該員竟公器私用，將父親關進保安司令部軍法處看守所。」

魏廷朝那時念楊梅國小五年級，已感受到威權政治的可怕，學校老師為營救父親，學日治時代的作法，集體聯合簽名陳情到新竹縣政府，「魏維崇是學校最優秀的教員，不可能犯法，妻子兒女嗷嗷待哺，也不要影響學生的受教權，請趕快釋放。」但陳情了兩個月一直沒有下文。

魏廷朝每天到楊梅火車站等父親，都沒等到，但兩個多月後的一個大白天父親竟突然回來了。「據父親說，他被關在十餘人住的大牢房，依法被關兩個月應該被起訴或釋放，乃陳情速『裁判』他，結果軍事檢察官發現根本沒有他的案子，是遭人公器私用關進來，乃當場釋放。」

代表領取畢業證書

「升上六年級，校長較重視教學，以考試能力分班，五班只有兩班升學，課後再輔導一小時，其他則是『放牛班』，學校老師雖學ㄅㄆㄇㄈ，但多數中文講不好，上課仍常客、日語交雜。」

魏廷朝在這適逢戰亂，一再轉學，躲空襲，日、中文轉換的年代，完成了六年國小教育，以全校第一名畢業，但因他上課愛發問，常考倒數學老師，卻被打成第二名，遭校長糾正後，仍由他代表領取畢業證書，另位黃同學代表致答詞。

魏廷朝因家貧沒新鞋穿，但代表上台領畢業證書總不能沒有穿鞋子，前一天父親帶他到一位古姓商人開的百貨店想賒，因臉皮薄，自己又當老師，始終開不了口，枯坐了一個上午；晚上換母親帶他去賒，說他是第一名畢業，要代表上台領獎，馬上就賒到一雙新鞋。

與魏廷朝生在同時代的學子，不是日語半途而廢，就是中文沒學好，甚至日、中文皆不行，像他一樣日、中文俱佳者並不多見。

念義民中學三年公費

魏廷朝初中時捨省立新竹中學，念私立義民中學，是因教務主任姚錦登門拜訪，允諾給他三年免學雜費。每學期註冊同學們帶錢，他則帶封父親的感謝信。他與老師相互學習日語、北京話，榮獲新竹縣國語演講比賽第一名。

他的史觀與社會主義思想，深受姚錦及歷史老師黃賢忠影響，但沒想到姚錦、黃賢忠等幾位他最敬愛的恩師，卻因白色恐怖慘遭槍決或入獄，讓他心靈受創。

捨竹中念義民的動念

魏廷朝楊梅國小畢業後，報考新竹省中、楊梅中學與義民中學三校，竹中與楊中同一天考試。「俍爸認為楊中校長張芳杰以前推動日本皇民化過於積極媚日，討厭他，不讓我考，結果我考上新竹省中與義民中學。」

鄉下孩子考上新竹省中不容易，楊梅國小校長、老師們都鼓勵魏廷朝念新竹省中，唯獨父親獨排眾議要他念義民，除了家窮，義民離家近，給他三年免學費優待外，還有兩大因素打動了他幼小的心靈，一是校長朱盛淇對他鼓勵有加；另一是教務主任姚錦的史觀讓他佩服。

「校長朱盛淇親自對我口試，他對我印象極佳，當場給我三年免學雜費優待承諾，令我感動。教務主任姚錦先問我：『台灣是稻米生產地，米價為何漲不停？』我答：『台灣糖、米都運到大陸去了。』再問：『你對台灣先人保鄉衛民犧牲有何看法？』我答：『是林爽文之亂，先賢保鄉衛民。』這兩題都是教科書沒教的，我都答得讓姚錦非常滿意，對我豎起大姆指。」

因「半山」縣長劉啟光曾積壓教職員薪水三個月，讓魏廷朝厭惡，而姚錦不僅口試直搗他的心坎，還登門拜訪他父親，並說官派縣長已換鄒清之，教職員薪水不會拖欠了，讓孩子念義民不僅三年免學雜費，也會用心栽培，父親也被誠意所感動。

姚錦實際負責校務

私立義民中學是新埔褒忠亭義民廟籌資，一九四六年九月在中壢創辦，借用日治時期中壢小學校教室，一九五四年才遷到現新竹縣竹北市，原校地變成中壢家商校地。首任校長朱盛淇聘請廣東來台的姚錦（順德人）擔任教務主任，因朱盛淇很少到校，校務主要由姚錦負責。

全校只有二〇〇多名學生，二十餘位老師，十間教室，建築呈丁字型，學生大部分是客家人，河洛、外省人極少，在學校幾乎是講客家話。教室是木質地板，進教室要脫鞋，教室前建有混凝土洗腳池，碰到下雨，勤儉刻苦的客家學子多半沒有穿鞋來上課。

國共內戰日熾

從一九四八年秋季開始，國共內戰日熾，中共一方面在大陸取得勝利，另方面為解放台灣，也指派中共在台領導人蔡孝乾（彰化花壇人）在台發展「地下黨」，擴大吸收組織成員，義民中學也成為「地下黨」發展的溫床之一。

一九四八年九月，魏廷朝進入義民中學，是第三屆，當多數同學對國共內戰還懵懵懂懂時，他已開始關心兩岸局勢的發展，他也發現有些老師對國共內戰消息非常注意，常常收聽大陸廣播。

與老師互學日語、國語

「我本住家裡，上課通勤，但

魏廷朝念義民中學初一時，榮獲全縣國語演講比賽初中組第一名。

有位單身國文老師非常疼我，要栽培我代表學校參加全縣演講比賽，因此一度住在學寮（宿舍）兩個多月，他教我國語正音，我則幫他翻譯來自北京的日語廣播，他主要想了解國共內戰的虛實。」

那時義民中學借用石門農田水利會留下的日本宿舍當學寮，遠地來的學生都住在學寮，這位老師則當舍監，他非常關心國共內戰，不太相信台灣報紙內容，要聽廣播，尤其是北京的日語廣播，比較中立超然。他聽不懂日語，要魏廷朝用北京話翻譯，無形中師生相互學習，致魏廷朝的國語也進步神速。因前兩屆全縣演講比賽第一名都是義民的學生，他參加第三屆也沒有漏氣，結果也得到第一名。

演講比賽全縣第一

「演講題目是比賽廿分鐘前才出題，演講五至八分鐘，要有臨場應變能力，結果才念初一的我竟得到全縣第一名，可惜參加全省比賽時輸掉。」

魏廷朝給義民爭光，但比賽獎品都是一些反共抗俄書籍，姚錦不喜歡，將它收起來，改拿其他獎品獎勵他，那時他還不知姚錦為何那麼討厭國民黨？

魏廷朝第二次坐牢出獄後，與張慶惠相親結婚，才發現張慶惠的姊姊張月鴻是他當年演講比賽的競爭對手，當時張月鴻念中壢中學初中部，得到第二名。

「除了外省籍老師，本土老師上課幾乎是客語、日語參雜，因此除了國文課，校園內幾聽不到北京話，學生交談大都是客家話或日語。」

魏廷朝在義民的生活非常快樂，因是小班教學，師生感情特別好，老師雖嚴格，但大家學習氣氛濃厚；他唯一沒有學好的是英文，不是他不努力，而是老師程度差，連發音都不標準，到他後來考上成功中學才察覺。

吸收社會主義思潮

「歷史老師黃賢忠教中國歷史充滿批判，如《三國演義》非正史，是小說，把曹操寫成奸雄，孔明、關羽有如神人，是作者羅貫中對歷史人物有偏見，因此他要求學生學歷史要多方思考。教務主任姚錦教國文、公民，談了很多近代文學，受他影響，我也常看魯迅的雜文。另位鄧姓國文老師改作文非常用心，常送獎品鼓勵我。這三位老師對社會主義都有很大的期望。」

雖然黃賢忠、姚錦後來都捲入中共「地下黨」案，慘遭槍決，但魏廷朝不諱言，他的社會主義思潮是啟蒙於這幾位恩師，「他們都是『反骨』的老師，面對改朝換代，是幸還是不幸？那時國民黨政府非常腐化，知識分子難免左傾，結果被關、被槍斃，讓我對國民黨政權開始懷疑。」

兩度帶頭罷課

「義民中學數學老師很嚴格，沒有六十分要挨『包公板』重打，有次全班只有兩人及格，我九十分，另位六十分，大家怕被打不敢進教室，並有人放話自私的人才去上課，會『狗毛絕代』；老師見教室沒人回辦公室，同學遠觀發現老師沒帶板子，大家始進教室，豈料老師後折回教室並帶板子，只打我一個人，理由是我身為班長卻帶頭罷課，結果得全班最高分者是唯一被打。」

魏廷朝遭重打，手痛得三天不能寫字。另次是教化學的老師原用日語教學，離職後找來一位外省老師教，因教得很差，他帶頭請同學聯合簽名連署，不換老師不上課。事被校長朱盛淇知悉，約他到校長室，講他「你是領獎學金的公費生，帶頭罷課好嗎？」這句話有如千斤重，當場讓他決定放棄罷課。

朱盛淇是日本大學畢業，也是律師，新竹縣市重新劃分為桃園、新竹、苗栗三縣後，當選新竹縣首

魏廷朝與許介鱗（中）是義民中學同學，相知相惜，圖為兩人在台大法學院與另一位學者合影。

屆縣長，聽說將義民中學遷回新竹縣也是他的政見之一。

「我的日文說寫讀能那麼流利，真正的老師是我的父親，他雖是『賭鬼』，但教我寫字卻一絲不苟，也要我勤讀日文名著、十八史略、萬事通事典等書籍，他對我的學習嚴格，思想卻放任、自由，因此父親是我最好的朋友，真正的老師。」

兄弟姊妹情深

魏廷朝有十一個兄弟姊妹，因食指浩繁，有四位弟妹給人當養子女，他是長子。魏廷朝生前在寶島客家電台《歷史的窗門》節目接受巫秀淇訪問，談到兩位姊姊悲慘人生，哽咽不已。

魏維崇、彭銀妹夫婦生有五男六女，兒子依序是廷朝、廷俊、廷洋、春光、廷昱，女兒是明珠、明月、貴英、和平、明美與明華；其中三弟春光、大妹貴英、二妹和平、么妹明華給人當養子女。

盼「和平」見「春光」

「二妹和平是二戰結束前夕所生，父親取名『和平』是希望戰爭趕快結束，她小我五歲，給林家抱去當養女，但六歲還未進小學就去世。三弟春光，是二戰結束那年正空襲時在後龍所生，父親認為日本要敗了，『春光』到了，小我九歲，給新屋陳屋當養子，母親不肯，但父親認為他兒子那麼多，給人接香火傳宗接代沒關係。」

魏廷朝從小就知道大妹貴英、二妹和平、三弟春光給人當養子女；一九五〇年，么妹明華出生，因父親教書薪水微薄，養家不易，一歲時又被人抱去當養女，並「招弟」成功。

魏廷朝擔心三妹明美也被爸爸賣了，每天下課後就緊緊揹著她到處玩耍，直到父親放棄

魏廷洋、魏明美兄妹接受訪問，談大哥往事。
攝影／何來美

賣女的念頭為止。

緊揹明美 擔心被賣

「我的名字明美是大哥取的，戶口也是他報的。」

小魏廷朝十一歲的魏明美，從小崇拜大哥，他也常「兄代父職」。因家窮，妹妹魏明華賣掉後，大哥擔心連她也賣了，除乞求父母莫再賣妹妹，也曾揹她躲到朋友家一整天，中午就在朋友家煮麵線給她吃，她才沒賣掉，留在魏家。

捲尾龍魏廷昱

「小弟魏廷昱小我十八歲，是我自修考大學那年所生，屘子『捲尾龍』，很多人想抱去當養子，但這回老爸反而不肯。他非常聰明，但叛逆得像個小暴君，念瑞埔國小學時，被當老師的大弟、二弟『修理』得很慘，令母親看不下去，是否管教太嚴厲了？」

一九五四年，魏廷朝以高二學歷自修考上台大法律系，那時母親生小弟廷昱坐月子，他常幫忙到井裡打水。他第一次坐牢時，廷昱才念國小三、四年級，每次母親來探監，都是小弟陪著來。

「我是魏廷朝的弟弟，我們要登記探監，趕快通知我哥哥。」每次魏廷昱的口吻都帶點傲慢，殊不知門房受理登記者很多也是受刑人，常揶揄魏廷朝「你弟弟跟你不一樣，態度很強勢哦！」

魏廷昱非常聰明，卻過於叛逆，國小畢業考上中壢初中，初二得病休學到味全牧場打工；高中考上治平中學榜首，高二又退學。退伍後，考上輔仁大學英語系，但念一個月後因幫許信良助選，又沒繼續念，致他真正的畢業證書只有國小。

政壇「大魏」與「小魏」

魏廷朝對魏廷昱的心情，有點像當年伯父魏維水對父親魏維崇，長兄對么弟寄以厚望。後來魏廷昱跟大哥一樣，也走上台灣民主運動的道路。一九七七年魏廷昱就投入桃園縣長選戰，因為住在魏廷朝家裡，他是許信良桃園幫的得力助選幹部。黨外人士喜歡稱他們兄弟二人為「大魏」與「小魏」。

魏廷昱後來擔任多家黨外雜誌的編輯，曾任《新潮流》雜誌社創流的編輯委員、《自由時代》週刊總編輯，一九八三年加入「黨外編輯作家聯誼會」，創辦《觀察家雜誌》，亦是《客家風雲》雜誌創辦人之一，曾擔任過客家電視台的創台台長。

一九八六年十一月三十日的桃園機場事件，小魏前往桃園國際機場聲援返鄉的老縣長許

魏廷昱小大哥「大魏」十八歲，也熱衷台灣民主運動，被稱為「小魏」。

信良，他站在抗爭的第一線，從鎮暴部隊那邊，有一道強力水柱直中小魏的胸膛，從那一年起，小魏心臟所受到的傷害，始終不曾復原，瘦弱身體的小魏，健康就一直不好。

從黨外到民進黨大大小小無數次的選戰，小魏幫助過許多候選人助選過，有選舉軍師之稱。二〇一四年十月廿八日，小魏也和「大魏」一樣，因心肌梗塞，停止了心跳，於中壢壢新醫院辭世，得年六十一歲。

貳、反獨裁政權的孤獨路

寧退學拒絕加入救國團

魏廷朝義民中學畢業後，考進台北成功中學，上學經過保安司令部軍法處就想到兩位恩師——黃賢忠、姚錦曾關在那兒，並遭槍決，質疑當權者草菅人命；當校長潘振球要求他加入青年反共救國團，他寧願退學，不願意屈服。

有長輩責備他以退學對抗威權，有如以卵擊石，自我閹割，但他自我惕勵，隔年以高二同等學歷考上第一志願台大法律系，讓人刮目相看。

黃賢忠、姚錦被捕

一九五一年六月，魏廷朝從義民中學畢業，暑假忙於成功中學、台北工專升學考試時，傳出學校出事了，老師黃賢忠、楊環夫婦、姚錦、麥錦裳夫婦等多人因涉及共諜案在校被情治人員帶走，讓師生飽受驚嚇。他雖擔心恩師安危，卻認為以老師的學識、人品應該沒事才對。

「在義民中學除了許介鱗成績與我有拼外，其他同學跟我有段落差，但進入成功中學後發現，大家程度都很平均，不過我的英語不如人，為迎頭趕上，幾乎將整本英本字典翻爛。」

魏廷朝成功高中與台北工專化工科都考取，他選擇念成功中學，許介鱗則考取新竹師範。

成功一年級有五班，他分發到甲班，全班四十一人，河洛人廿七位、外省人十一位、客家人只有三位，但客家人除了他外，幾乎不講客家話。

魏廷朝每天搭火車通勤上課，還被選為通勤隊長，清晨五點半從埔心出發，回到家已晚上七點半，非常辛苦，唯一好處是可免參加升降旗，碰到星期一週會常請人到校作專題演講，因講的大都是政治教條，故他也常缺席不參加。

反攻大陸喊得漫天價響

「我念成功中學時，正是高唱反攻大陸最大聲的年代，『一年準備，兩年反攻，三年掃蕩，五年成功』，喊得漫天價響，學校也常借給軍人住而停課，好像一切都為了反攻大陸，其他的都是次要。」

從純樸的鄉下來到台北都會，魏廷朝發現整個社會好像失序了，連給學生上課的學校，都可以為了駐軍臨時停課，反攻大陸能成功嗎？他也發現台北人較狡猾，連地都沒有人要掃，常是他一人在掃教室。

他每天從台北火車站走到成功中學，要經過青島東路的軍法局、保安司令部軍法處，這是白色恐怖拘禁政治犯的人間煉獄，被稱為「東廠」、「西廠」，充滿恐怖、陰森的肅殺氣氛，很多同學都避開，改走濟南路；但他想到恩師姚錦、黃賢忠等人可能關在裡面，不但不迴避，反而想一探裡面究竟。

更恐怖的是，台北火車站每星期二、五會公布匪諜槍殺名單，用紅筆打勾，敘明簡單案情及經歷，貼在公布欄內，有如「紅榜」，血淋淋，讓人不寒而慄，他擔心幾位恩師安危，每逢星期二、五都會特別留意「紅榜」。

「紅榜」公布恩師遭槍決

義民中學的老師黃賢忠、楊環夫婦、姚錦、麥錦裳夫婦、徐代錫、邱興生等多人，是被控於一九四八年秋經黎明華介紹，涉嫌參加蔡孝乾領導的中共省工委會，成立中壢支部，由姚錦擔任書記，負責發展組織、教育群眾，於一九五一年七月廿四日遭逮捕，被保安司令部依「意圖顛覆政府而著手實行罪」判處姚錦、黃賢忠、徐代錫（中壢鎮公所幹事）、邱興生（內壢國小教員）等四人死刑，褫奪公權終身[4]，於一九五二年六月十八日槍決。

「我在台北火車站公佈欄上的『紅榜』，看到姚錦、黃賢忠兩位教過我的恩師遭槍決，頓時心跳加速，捶心頓足，淚如雨下，整天難過得吃不下飯，那麼好的老師竟遭槍決，讓我對政府產生懷疑，為何容不下政治異議者？」

被選為救國團「種子」

「高二導師看我來自鄉下較純樸，一九五二年時相中我參加夏令營，每班選兩名，高一與高二共九班選十八人，在校一星期睡榻榻米，一星期在淡江中學搭帳篷，參加後才知道被選為『種子部隊』，要回學校帶動同學連署宣誓，成立『中國青年反共救國團』。」

「你是種子，要參加你自己去參加吧！」魏廷朝回到班上詢問，多數同學都反對參加。

「我雖是種子，你們若拒絕參加，我更不會參加。」魏廷朝對校方的作法早就不滿，同學們又語帶嘲諷，讓他心裡更不是滋味，「幹嘛要做國民黨的奴才？」再想到兩名恩師慘遭槍決，「反骨」之心更油然而生，政府怎能如此草菅人命？

拒參加救國團成立宣誓

結果成功中學成立中國青年反共救國團時，同學們都跑去宣誓了，只有他這個「種子」沒去。訓導主任是他的導師，一再催他，他仍舊不去，令校方的臉掛不住。

「訓導主任用毛筆寫信給我父親，指我越來越叛逆，連學校成立的救國團都不參加，成績也退步了，從班上八、九名退到廿餘名，希望父親能加強管教。」

魏維崇一向相信魏廷朝，對兒子教育也放任，問他「成績為何會退步？」他答「同學們實力都差不多，八十一分掉到七十九分沒差多少，更何況成績差的是美術、音樂，不會影響升學。」

魏維崇只在乎兒子的成績，是否參加救國團則尊重魏廷朝，但沒想到校方仍繼續施加壓力，校長潘振球開始找魏廷朝麻煩，要他寫報告，說他是害群之馬，若不宣誓，就要轉學，並建議他轉到新竹中學或建國中學。

決定退學自修考大學

魏廷朝承襲了父親的「硬頸」，他翻了大學聯考辦法，只要念完高中二年課程，可以同等學歷報考大學，但名額限在十％以內，因每年以此辦法報考者並不多，他相信應有機會、有實力。他面告父親是否可先休學，再辦退學，最後一年靠自修考大學。

「只要你有『才調』（才能），有志氣，阿爸不反對，但要立志，不要給人恥笑哦！」

魏維崇相信兒子，給予支持，但同宗一位伯父卻語帶諷刺地說：「你有膦不咬，等沒膦再來被人咬。」（意指對抗當權者何必自我閹割，幹嘛那麼傻？）

的確，才念高二的魏廷朝如此「硬頸」對抗當權者，無疑是以卵擊石，但他父子連心同樣「反骨」，魏廷朝決定不與校方妥協，先辦理休學，保留學籍，再退學，靠自學一年後再報考大學。

考上台大法律系

「我沒有任何娛樂，連冬天都洗冷水澡，過的是儉樸、刻苦、自律的斯巴達式生活，我『自己教自己』，將初中到高中的教科書全部重新認真念了一遍。」

皇天不負苦心人，一九五四年夏，魏廷朝帶著信心參加大學聯考，有台大、師大、工學院（現成大）、農學院（現中興大學）聯招，他只填台大、師大十個志願，結果以第一志願考上台灣大學法律系。

註❹——台灣保安司令部（四一）雨潔字第一〇五九號判決書。

浸淫在台大自由學風

一九五四年夏，魏廷朝高分考進台灣大學法律系，在大師如雲，菁英輩出的校園，當多數同學勤讀專業，爭取留學深造時，他卻廣涉中外政治、歷史、哲學書籍，志在體會下層社會之苦，改革社會不公，伸張人權正義。

他受薩孟武、屈萬里、劉慶瑞、殷海光影響，也感佩已故東京大學教授美濃部達吉、河合榮治郎的學者風骨，致他早有社會主義傾向，也埋下他挑戰國民黨獨裁統治的種子。

考上台大　魏家之光

「我退學一年的苦讀、煎熬，讓宗親、鄉親們刮目相看。」魏廷朝拒絕加入救國團，甘願從成功中學退學，隔年考上台大法律系，連郵差也幫他宣傳「讀三年者沒考上，念兩年者上台大」，讓他成

魏廷朝（左三）與同學在台大學院校園合影。

為埔心鄉下首位台大學生。

那年台大、師範學院（台師大）、農學院（中興）、工學院（成大）首次聯合招生，一萬二千人報考，錄取二千四百人，其中台大錄取一〇五二人。前兩年台大單獨招生，最低錄取分數才五十、五十八分，他以平均六十八分錄取，成績也可念醫學系。

「一次考試決定輸贏，我性格較穩重，連作文考題『論第一次大學聯招』都猜中，考得不錯，成功中學四十一位同學中有卅一人考上台大。」魏廷朝的宗親佩服他的毅力，認為是魏家之光，批評他「莫自我閹割」的同宗伯父，也覺失言，帶頭幫他募得一千元的助學金。他是魏家第二位考上台大的子弟，之前有位考上台大機械系。

那時台大入學費一百五十元，其中註冊費才七十八元，他入學成績好，獲得圖書館工讀機會，每月有九十三元工讀津貼，從桃園埔心到台北的火車月票才七點二元，故他念台大不愁學費與生活費。

「魏廷朝的班上女同學只有八位，我跟她們幾無交集，外省同學較活潑，交女友風氣也較盛，常出雙入對。」那時丘宏達已交了女朋友，張偉仁也談戀愛，而魏廷朝念四年大學，「戀愛學」交了白卷。

謝聰敏是法律系狀元

謝聰敏以榜首考進台大法律系，第二、三名是丘宏達、鄭義和，魏廷朝第九名，新生訓練時他坐在謝聰敏後面，教育部長張其昀講話時，兩人沒在聽，私下閒聊，算是第一次互動。

謝聰敏給他第一印象是聰明、剛毅。

魏廷朝在圖書館工讀，常遇見謝聰敏，兩人日文皆佳，一起討論自由主義思想、台灣文化協會草根運動，並感慨日本軍國主義興起，掐死台灣剛萌芽的民主思想，兩人理念接近投緣，也關心台灣的未來。

謝聰敏回憶說，他碰到不喜歡上的課就翹課，常在圖書館碰到兩位客家籍同學，一是魏廷朝，另一是彭榮次，彭榮次後轉到經濟系。他倆日文都很好，魏廷朝特別喜歡歷史，想轉到歷史系，但他勸魏廷朝「法律是現實社會戰鬥的武器」，較實用。

「謝聰敏很崇拜彰化宗親謝南光（謝春木）[5]，有次到我埔心家住了一晚，跟我爸談謝南光，聊得特別起勁，都是謝南光的仰慕者。」謝聰敏住在台大第三宿舍，魏廷朝常去找他，有回考試謝聰敏睡過頭，剩下十分鐘想進考場，遭助教拒絕。

圖書館工讀　如魚得水

「我在台大圖書館總館一個月工讀八小時，主要是將圖書館藏書卡片，從日治時期的片假名排序，變成以ＡＢＣ排序。看日文書對我來說，如魚得水，對我日文的精進幫助很大。那時借書限借五本，兩星期要還，我卻可以隨時翻閱，不受限制。」

魏廷朝只挑喜歡的課上，多數時間都浸淫在圖書館書海中，他愛讀日文近代史，他對法律沒興趣，反而念了不少文史的書。魏廷朝僅受過三、四年日文教育，後來卻能靠翻譯日文維生，甚至翻譯日本名著《細雪》，還到日本教中文，除了父親的薰陶，亦跟他在台大圖書館工讀，大量閱讀日文書籍有關。

受薩孟武、屈萬里影響

「一年級影響我最深的老師，一是法學院院長薩孟武，另一是國文老師屈萬里。薩孟武用廿四史當教材，史學造詣勝過法律素養；屈萬里對上古文有深入研究，欣賞我的文章，希望我轉到中文系。」

魏廷朝發現台大教授大師如雲，且勤做學問，薩孟武借書一借四、五十本，要學生幫忙搬，用廿四史當材料，常提醒學生真正的歷史往往不見得是正史，如儒林外史也很重要。

「薩孟武的政治思想非常紮實，可引《資治通鑑》、〈長恨歌〉以古論今，他是國民黨的人，但他贊成內閣制，對蔣介石一再連任有批評，挑戰蔣介石的師爺陶希聖。」

想改革社會　留在法律系

魏廷朝大二時一度想轉到歷史系，除了父親、謝聰敏勸阻外，那時他已深感社會不公，整個社會氛圍充滿省籍情結、社會階級差異，多數同學想留學出國，逃離台灣，不然就是想做官；他卻心繫中下階層百姓生活疾苦，想「革命」改變社會，因此覺得留在法律系也好，畢竟憲法是國家根本大法，要改革必須先從憲法下手。

劉慶瑞與彭明敏

「劉慶瑞（一九二三—一九六一）教授是我『比較憲法』老師，我的畢業論文〈日本新憲法的制定〉請他指導，巧的是謝聰敏也請劉慶瑞指導，他的論文題目是〈法律對人生自由的保護〉。」

當時台大法學院本省籍年輕教授，除了劉慶瑞，另一位是彭明敏，兩人同年，都念過東大、台大；劉慶瑞穿著隨便，跟學生勾肩搭背，彭明敏則衣著體面，頭髮梳得油光，年輕又帥。魏廷朝念大一時，彭明敏還在巴黎大學攻讀博士，念大二時他才返台。劉慶瑞後娶彭明敏的表妹郭婉容[6]為妻。

「彭明敏是最年輕的教授，因政治系主任排擠他，在法律系開國際公法，修他課的學生很多，在大禮堂上課，因音響差，聽不太清楚他在講什麼，印象最深的兩句是『我思故我在』、『要做知識上的貴族』。」

劉慶瑞贊成修改憲法

「劉慶瑞私下反對國民黨政府，認為憲法四不像，要徹底改變，他自認不是革命家，無力以武力政變來改變，就以和平方式來改憲法，包括領域、國名都可以改，以適合台灣的現狀。」

魏廷朝以〈日本新憲法的制定〉為畢業論文題目，劉慶瑞認為日本的新憲法，也是戰後

劉慶瑞（左一）、彭明敏（中）是台大早期少數的本省籍教授，劉慶瑞是魏廷朝畢業論文指導教授，可惜早逝。

從過去的大日本帝國憲法，透過合法程序制定出來的，日本可以成功，定值得台灣效法，致對他的論文寄望很深，鼓勵他多研究日本政治學者的論點。

美濃部達吉與河合榮治郎

「已故東京大學教授美濃部達吉（一八七三—一九四八）與河合榮治郎（一八九一—一九四四）影響我最深，其中美濃部達吉還是我父親的偶像，兩位學者在日本軍國主義盛行的年代，膽敢站出來反對，被迫離開教職，仍堅持知識分子的風骨，令我感佩折服，也影響我走上政治改革的不歸路。」

魏廷朝在父親、劉慶瑞鼓勵下，研讀美濃部達吉的《天皇機關說》，此書是日本大正民主運動的理論支柱，反對天皇的神聖性。雖遭到軍國主義迫害，被迫離開東大教職，書也不能在東大出版，美濃部達吉仍不妥協，令他敬佩不已。

感佩殷海光不懼威權

魏廷朝不捨劉慶瑞英年早逝，另一位影響他很深的教授是殷海光，大二時他曾到文學院聽殷海光的課。

魏廷朝念大學時跟殷海光不熟，後來到中央研究院近史所擔任助理研究員才有機會跟殷海光深談，殷海光強調「言論自由第一，其他第二」，「是什麼，講什麼」，反對國民黨威權專政，是堅決的反對派。

註❺——謝南光（一九〇二—一九六九）原名謝春木，彰化人，第一名畢業台北師範，赴東京高等師範深造，一九二五年「二林事件」爆發回台，成為台灣文化協會夏季文化講演團講師，後加入台灣民眾黨，並在《民報》工作，批判日本殖民統治不公；台灣民眾黨遭解散後赴中國，思想跟著左傾，抗戰期間擔任台灣革命同盟會常務委員，搜集日軍情報，一九五二年前往北京參加政治協商會議，一九六九年病逝北京。筆名追風，寫了不少小說與政治評論。

註❻——郭婉容（一九三〇年生）日本神戶大學博士，與劉慶瑞結婚，劉慶瑞過世數年後，成為已故立法院長倪文亞（一九〇二—二〇〇六）續弦妻子，曾任財政部長、經建會主委；她與劉慶瑞所生的女兒劉憶如是美國芝加哥大學博士，亦曾任財政部長、經建會主委。

意氣風發的四六級台大法律系畢業生
這一班真是精英人物輩出，除魏廷朝（第四排右一）和謝聰敏（第四排右二）外；還包括丘宏達、邵子平、蔡同榮、蘇俊雄、施啟揚、蕭天讚、林聯輝、陳繼盛、陳隆志、張京育和林菊枝等。第一排右三是彭明敏教授。

畢業證書

學生魏廷朝係臺灣省桃園縣人

中華民國貳伍年叁月貳柒日生在本校法學院法律學系

修業期滿成績及格准予畢業依

大學法第二十九條之規定授予

法學士學位此證

國立臺灣大學校長 錢思亮

法學院院長 薩孟武

中華民國 陸月 日

一九五八年魏廷朝台大法律系畢業證書。

我們那一班同學

森林中有兩條岔路，而我選擇了荒草叢生，人跡罕至的那條。

——美國詩人羅伯特・佛洛斯特（Robert Forst）

一九五八年台大法律系的畢業生，多數在法界、政界、學界嶄露頭角，平步青雲；魏廷朝為追求社會公平、正義與人權，卻選擇了「荒草叢生，人跡罕至」的那條，致在佈滿荊棘的路上，傷痕纍纍。

魏廷朝的台大法律系同學中，施啟揚、蕭天讚先後擔任法務部長，施啟揚還當到司法院長，魏廷朝第一次坐牢時，施啟揚在海外聲援他，但諷刺的是審判美麗島事件的法官黃金瑞是早他一期的台大法律系司法組學長。

同學來自五湖四海

「班上同學來自五湖四海，邵子平、包奕明、丘宏達是外省籍大官的兒子；陳隆志、蕭天讚、馮欣伯分別是台南一中、嘉義中學、成功中學保送的佼佼者。」一九五四年，魏廷朝以高二學歷考上台大法律系，也躬逢其盛，與一群菁英學子同窗。

最讓魏廷朝高興的是，稱他「鄉巴佬」的成功中學老友邵子平，又再度同窗。邵子平的父親邵毓麟，曾任駐日本橫檳總領事，駐韓國、土耳其大使。包奕明的父親包華國是立法委員，也擔任世盟主席谷正剛的秘書長。丘宏達的父親丘漢平也是立委。

施啟揚、蔡同榮成藍綠要角

「本省籍同學亦不遑多讓，陳隆志在台南一中以第一名保送台大法律系，大三就以第一名考上司法官，外交官；施啟揚則是大學畢業以第一名考上司法官，成績聽說比陳隆志還好，被稱為『狀元中的狀元』。陳隆志早年受省議會議長黃朝琴賞識。」

本省籍同學還有擔任立委的林聯輝、蔡同榮、謝聰敏、蕭天讚，擔任大法官的蘇俊雄、總統府資政陳繼盛、政大教授林菊枝夫婦、最高法院庭長施文仁、美國福旦大學法學院教授江永芳、亞東關係協會理事長彭榮次、政大法律系主任、大法官施文森、全美台灣同鄉會創會會長鄭義和等人，其中彭榮次是由法律系轉到經濟系。

在法政學界各擁一片天。

張京育留美獲哥倫比亞大學法學博士，曾任新聞局長、政大校長、陸委會主委等要職。章然曾任教育部司長、陸委會主任秘書、國安會秘書長、司法院主任參事兼秘書處長。許承宗在蔣經國擔任青年反共救國團主任時，擔任英文秘書，並曾任《香港時報》總編輯。

陸嘯釗與李敖熟稔，曾任《文星》雜誌總編，熱中民主運動，針砭時事，曾撰《惡法錄》，批評不合時宜的法律，後來從事直銷工作。史靜波、吳章銓與魏廷朝曾在中央研究院近代史研究所服務。

魏廷朝（前排右一）念台大時參加登山社，定期登山，謝聰敏（第二排右一）也是社員。

同學享譽法學界

同班同學中擔任大法官的還有蘇俊雄，他是德國佛萊堡大學博士，一度從政當選省議員、省府委員、國大代表，也擔任台大教授、大法官。

陳繼盛是德國慕尼黑大學法學博士，曾任文化大學勞工研究所所長，娶同班同學林菊枝為妻，林菊枝在政大法律系任教，陳繼盛後來也擔任美麗島事件辯護律師，並出任總統府資政。

陳隆志在台灣大學法律系以第一名畢業，一九六〇年八月到美國留學，獲得西北大學與耶魯大學的法學碩士，耶魯大學的法學博士。現任美國紐約法學院(New York Law School)教授、台灣新世紀文教基金會董事長。

從法律系轉到經濟系的彭榮次是客家人，經營台灣機械運輸公司事業有成，他日文好，跟日本關係也佳，在馬英九擔任總統時代，出任亞東關係協會會長。

現任彭明敏文教基金會董事長鄭義和，是紐約法學院碩士，是全美台灣同鄉會創會會長，在美國始終支持老師彭明敏的政治立場，在財務上給予支持，彭明敏因年歲已高，也將基金會董事長職務交給這位高徒。

同窗立委　藍綠各半

魏廷朝台大法律系同窗當選立委者有四位，蕭天讚在雲嘉南立委選區，獲國民黨提名當選第一屆一、二、三、四次增額立委，後再接同學施啟揚的棒，擔任法務部長。林聯輝也獲國民黨提名，在雲嘉南選區，當選第一屆三、四、五次增額立委。

蔡同榮留美獲南加大政治學博士，一九九二年返台後，獲民進黨提名在嘉義市連任二至六屆立委，創辦民視電視台，於二〇一四年病逝。

因撰《台灣人民自救宣言》，與魏廷朝兩度同時入獄的難友謝聰敏，獲民進黨提名，也當選第二（不分區）、三屆立委，第四屆爭取連任落敗。

魏廷朝因美麗島事件，比難友謝聰敏多坐了一次牢，參政也沒有謝聰敏順遂，一九九五年、一九九八年夫妻分批戰袍參選立委皆落敗。

魏廷朝的台大法律系同窗，除上述外，表現出色仍相當多，如名律師馮欣伯、郭以續、林龍耀、陳良渠、汪俊谷、陳伯英等。

民視電視台創辦人蔡同榮立委
和魏廷朝是台大同窗。
攝影／邱萬興

從《自由中國》到《文星》

一九六一年十一月，《文星》雜誌刊出李敖的〈老年人與棒子〉，掀起一場「中西文化」論戰。魏廷朝也沒缺席，一九六二年五月寫篇〈給可敬的青年們——從巴札洛夫談起〉，引起胡秋原與殷海光的注意。

一九四九年底國民政府遷台後，一群自由主義知識分子創辦的《自由中國》雜誌，從「擁蔣」、反共，到批判黨國獨裁，醞釀組黨，觸怒了蔣介石。一九六〇年九月四日發行人雷震被捕入獄，雜誌也停刊，在寒蟬效應下，台灣言論自由、組黨遭到重挫。

《文星》後雖延續《自由中國》批評言論，但面對國民黨威權專政，言論尺度，卻如履薄冰。

中美簽訂防約　台海轉危為安

「一九五四年十二月三日，中美簽訂《中美共同防禦條約》，美國第七艦隊巡防台灣海峽。剛卸下內政部長的黃季陸到台大兼課，跟同學們『打嘴鼓』，他的學問不見得多好，但談時事還可以。」

魏廷朝也選黃季陸的課，黃季陸認為此約使台灣被美國人綁死了，反攻大陸要看美國臉色；而美國為防蘇聯共產主義，也瀰漫著「杜魯門主義」、「馬歇爾計劃」。盱衡國際局勢，隨著韓戰結束，中美訂約巡防保護台灣，台海局勢是轉危為安，但此約只給台灣防禦承諾，相對地也幾判「反攻大陸」無望。

批評黨國獨裁體制

「一九五〇年代《自由中國》是唯一敢批評時政的雜誌，在台大校園公開販賣，學生優待半價，一期才卅幾頁。」

一九五四年十二月，蔣介石不滿《自由中國》五月號刊出雷震「搶救教育危機」，批評救團團進入校園，黨國干擾教育的文章，要求開除雷震的黨籍，引起黨內議論。

其實，雷震原是「擁蔣」要角，一九四九年十一月廿日創辦的《自由中國》，也是由一群自由主義者，以「反共抗俄」為宣傳主旨的刊物，胡適還寫了發刊詞，起初主要編務由雷震、殷海光負責。但兩岸分治五年後，自由主義知識分子所期待的多元民主，卻未受到蔣介石重視，隨著台灣局勢的轉危為安，反見蔣介石的黨國體制越加獨裁。

魏廷朝認為雷震、殷海光、傅正等自由主義者，從「擁蔣」、批判共產主義，轉而檢討台灣內部問題，批評國民黨政府弊端，也給予很大的肯定。

魏廷朝佩服雷震（一八九七－一九七九）的勇氣與前瞻，認為未來台灣要在國際社會生存，立場必須特殊化，也要邁向兩黨政治，以制衡監督一黨專政的國民黨，並跟郭雨新、高玉樹、黃玉嬌、李萬居、吳三連、余登發、楊基振、石錫勳、楊金虎等台灣本土反對派人士接觸，研議組黨事宜。

修改臨時條款　蔣介石三連任

從一九五七年五月開始，雷震、夏濤聲、民社黨的蔣匀田等外省籍人士，

《自由中國》發行人雷震為台灣民主人權坐了十年牢。攝影／張富忠

開始與本省籍政治人物接觸，批評國民黨在縣市長與省議員選舉時作票，選舉法規不公。《自由中國》也連發社論批評「蔣政府一黨獨大，為所欲為」，台灣要邁向民主政治，必須組織反對黨。

一九五九年三月胡適在《自由中國》發表〈自由與容忍〉，甚至主張台灣必須出現一個反對黨。那年六月，面對蔣介石即將修改《動員戡亂時期臨時條款》，尋求第三度連任，亦連續發表多篇文章抨擊；但一九六〇年三月仍召開國民大會，修訂臨時條款，凍結憲法對於總統連任之限制，讓蔣介石順利連任。

雷震被捕　新黨胎死腹中

「沒有健全的政黨政治，就不會有健全的民主；沒有強大的反對黨，也不會有健全的政黨政治。」雷震在蔣介石連任第三任總統後，深感台灣已邁向強人獨裁政治，缺乏反對黨制衡，積極奔走，試圖結合本省籍政治要角成立「中國民主黨」。

一九六〇年六月廿六日，雷震、高玉樹、李萬居、夏濤聲、吳三連、齊世英、黃玉嬌、郭國基、郭雨新等十七人為新黨召集委員，前三人為新黨發言人，雷震並任新黨秘書長。

雷震等人行動挑戰國民黨當局「黨禁」禁忌，動員黨營媒體批判組黨是配合中共統戰、企圖顛覆政府、製造台灣動亂。九月一日出版的《自由中國》刊出殷海光寫的社論〈大江東流擋不住〉，警總乃於九月四日以涉嫌叛亂罪嫌，逮捕雜誌發行人雷震、編輯傅正、經理馬之驌及離職職員劉子英等四人，並將該雜誌停刊。雷震被捕，不僅被判了十年有期徒刑，也使得即將成立的新黨胎死腹中。

《自由中國》雜誌被禁，雷震等人被捕，政府雖未逮捕台籍政治人物，但台灣言論自由卻出現「寒蟬效應」；積極進行的組黨行動，也馬上掩旗息鼓。

直到一九六一年十一月，李敖寫了篇〈老年人與棒子〉文章，刊在《文星》雜誌第四十九期，因筆鋒犀利，掀起一場「中西文化」論戰，才讓沈寂一年多的台灣言論市場再度活絡起來。

從巴札洛夫談起

魏廷朝在「中西文化」論戰時也沒缺席，魏廷朝撰〈給可敬的青年們——從巴札洛夫談起〉，刊在一九六二年五月號《文星》第五十五期。施啟揚也寫〈從歌德學院到海德堡大學〉，刊在六十四期。

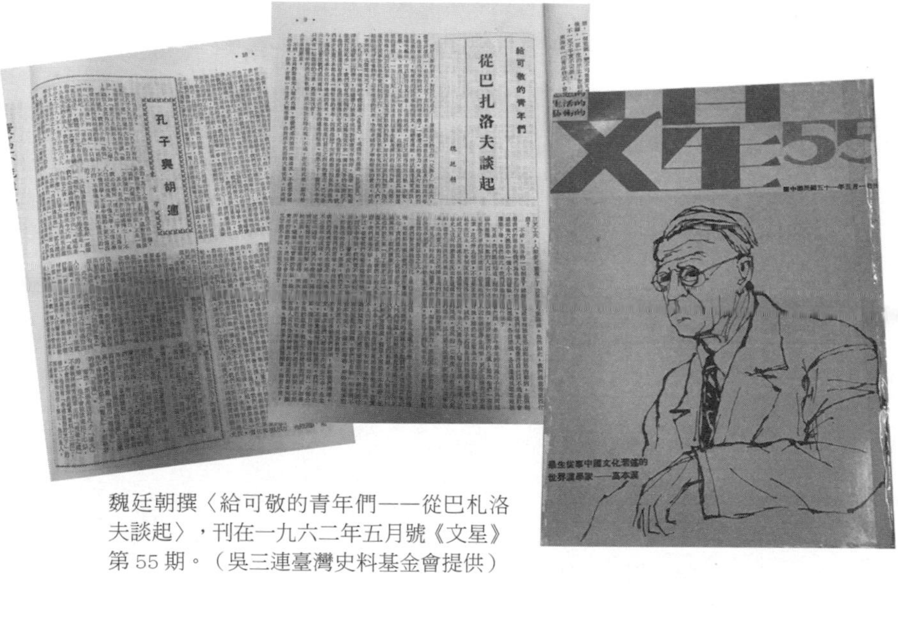

魏廷朝撰〈給可敬的青年們——從巴札洛夫談起〉，刊在一九六二年五月號《文星》第 55 期。（吳三連臺灣史料基金會提供）

巴札洛夫是俄國作家屠格涅夫小說《父與子》的主角，魏廷朝初中時在父親鼓勵下，就閱讀日文版的《父與子》。巴札洛夫是個敢思想敢追求的知識青年，他從事自然科學研究，有敏銳的剖析力與犀利的批判力，抱著改革現實社會的熱望；但也輕蔑傳統，嘲笑藝術，漠視感情；因思想未臻成熟，並不是一個完善的知識分子，卻充滿了改革，挑戰威權的傻勁。

「我最初一想，總覺得這些青年太猖狂，太不自量，太不識時務，太不知進退；居然在這充滿教條，尊重道統而又敬重老成的社會中，膽敢挺身而出，面對蟠據學界，雄視儒林的前輩指名批評！之後，我再三深思，才恍然大悟，他們原來具有巴札洛夫的傻勁哪！」

這場「中西文化」論戰，一時還無法看出高低，但魏廷朝認為至少「引起知識分子的關心，使那些正在大作獨斷之夢的前輩，著實吃了一驚！」而「躍登擂台大事叫囂的，竟是幾位不及而立的大學畢業生。於是，正在消沈和軟弱之間打滾的我們，不期然地感受到異樣的震撼，正向巴札洛夫戲劇性的放言使我們感到震驚一樣。」

「我們不應始於巴札洛夫，終於巴札洛夫，我們必須從破壞轉到建設，超越巴札洛夫而前進，讓所有陷入沈睡的人，從我們身上確確實實地聽到支配新時代的脈搏！」

雷震、殷海光是先知

魏廷朝念大學時跟殷海光不熟，到近代史研究所才有機會深談，殷海光強調「言論自由第一，其他第二」，「是什麼，講什麼」。

雷震於一九七〇年九月四日出獄，十二月開始撰寫《救亡圖存獻議》對蔣介石再度提出建言，要求將國號改為「中華台灣民主國」，這才是台灣唯一的出路，但未獲回應。一九七九年逝世於台北，享年八十二歲。魏廷朝佩服雷震與殷海光的胸襟與前瞻，惜早期國民黨當局聽不進去。

一九六〇年魏廷朝服預官役時，攝於金門海邊陣地旁。

反攻大陸是神話

魏廷朝台大法律系畢業後，服一年半預備軍官役，那是反攻大陸喊得漫天價響的年代，他卻目睹軍中長官盜賣軍糧，飽入私囊；老士官思鄉、無奈，對著訓話的長官幹譙，甚至鬧營，感覺軍中士氣低迷，反攻大陸無望。

退伍後，魏廷朝再到國防部任研究員半年，發現海軍號既無可大規模登陸的大型戰艦，空軍也沒有支援登陸作戰的轟炸機、戰鬥機，「反攻大陸」只是神話。

第一志願填步兵

「我在陸軍步校受廿四週的基礎訓練，多數同學分發擔任軍法官，只有我與另外一位楊姓同學分發到砲校，我的體能訓練在全隊一百廿六人排名第二，體能算是一級棒。」

一九五八年六月廿日，魏廷朝從台大法律系畢業，八月十五日入伍，預備軍官第七期，當時大專畢業均服預官役，役期一年半。預官是軍中的知識分子，但他發現很多預官怕吃苦又自私。

步校校長張毅夫有回收到署名「一群預備軍官」的陳情書，指政治教育課程太多沒必要，訓斥說：「敢陳情不敢具名，有如是一群鴨，太沒種。」

張毅夫話鋒一轉再批：「槍桿子打天下，問你們未來想擔任什麼軍種職務，寫的竟然大都是行政官、編譯官……之類的輕鬆、文書差事，只有一人填步兵為第一志願，若照你們所填志願步校會關門，國軍還要打仗嗎？」張毅夫這席話直擊魏廷朝心坎，因為他填的第一志願正是步兵。

一九五九年二月，魏廷朝到砲校受訓，六月下部隊分發到淡水六十八師，師部文書張阿樹是他弟弟同學，問他想不想調駐楊梅的卅二師？他想楊梅離家近也好，結果十天後他獲准分發到卅二師。

「報到時，部隊正在彰化下基地，要我三天後再來報到，結果就近回家休了三天假。」魏廷朝改調卅二師，賺了三天假，但反而更辛苦，因卅二師即將再移防金門，而部隊移防金門前要經過下基地、師對抗，這是一連串辛苦的訓練與演習。

長官賣糧　飽入私囊

「一九五九年八月七日至九日，台灣發生嚴重的『八七水災』，位於彰化的營房也被浸在水中，士兵住的上下層通鋪，下舖幾被淹了，不過米糧等主食品早在洪水來前就已搬離，卻見長官照樣申報遭淹，再向上級申請米糧，原有米糧賣掉，飽入私囊。」

魏廷朝親眼目睹軍中長官的貪腐，雖然痛心，卻莫可奈何。「八七水災」後，卅二師部隊也協助災區復建工程，因有美援補助，官兵們也獲發獎金慰勉。

台上訓話　台下幹譙

「老士官們不滿部隊調回台才三年，又要再移防金門，非常不滿，當陸軍總司令彭孟緝在台上訓話時，台下卻『幹譙』聲不斷，彭孟緝卻假裝沒聽見，還誇獎軍容壯盛，士氣如虹，非常諷刺。」

那年國民黨政府撤退來台已十年，多數未婚的老士官們，見自己年歲漸老，反攻大陸無望，難免思鄉，情緒暴躁，私下常抱怨「若說毛澤東殺我父母，那蔣介石是斷我子孫」；身為基層軍官的魏廷朝，常是他們傾訴的對象；而他放假也很少外出，大都找老士官們閒聊，以解他們思鄉之苦。

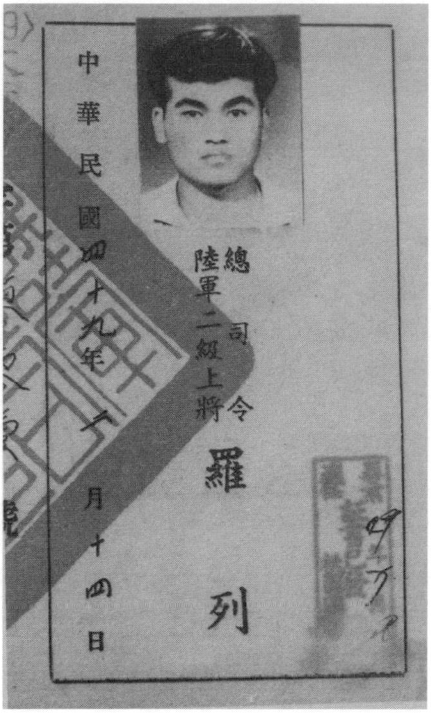

魏廷朝少尉證書。

士官兵不知為何而戰？

「很多老兵、士官是大陸拉夫抓來的，情緒非常不穩，需要政工人員輔導。」

卅二師是美援部隊，裝備較現代化，師長陳桂華（後來當人事行政局長）曾到美國陸軍參謀大學受訓，會說英文，帶兵也較開明，因部隊即將調金門，是戰地錢沒處花，他還借了三個月官餉給大家先用，以平緩老士官們的不滿。

「那時『鬧營』時有所聞，為防軍中發生重大意外，長官們都會拜託隊職官們，私下安撫『老芋仔』的情緒。」一九五九年十月，部隊調回桃園松樹腳，十二月廿二日再移防到金門。

魏廷朝到金門，離一九五八年的「八二三砲戰」才一年多，兩岸對峙氣氛仍緊張，他於一九六〇年二月十五日退伍，因沒船期，延後一個多星期，於二月廿四日才返回台灣，在金門前後只待了兩個月。

六一七砲戰　歡迎艾森豪

「我當兵前後躲過八二三與六一七砲戰，所謂『六一七砲戰』，是一九六〇年六月十八日美國總統艾森豪訪台，前一天中共向金門島群發動砲擊，一日內落彈八萬五千九百多發，當天砲擊的尾聲，夾著零星的砲宣彈發射宣傳單，並透過播音站向金門廣播，表示砲擊是『歡迎』美國總統。」

艾森豪總統訪問台灣，是台美關係最佳時期，但金門外島卻如臨大敵，緊張氣氛不輸

魏廷朝（前排左一）是第七期預官，與受訓同袍合影，內有多位是台大同窗。

「八二三砲戰」。六月十九日艾森豪離台前，中共再度發動砲擊「歡送」，當天金門落彈八萬八千七百八十九發，前後兩天都分別創下單日落彈量的新高紀錄。

「六一七砲戰」後，金門百姓訴苦說：「美國總統在美國、在臺灣，要歡迎、要歡送都打他不到，受苦的卻是金門老百姓啊！」

魏廷朝一年半預官役，除看到老士官（老芋仔）的鄉愁、無奈、部分軍官的貪腐，也看到軍中派系鬥爭，孫立人的人馬遭到嚴重打壓。那時國民黨也在吸收黨員，台大法律系同學施文森（後當大法官）想吸收他入黨，他婉謝了。

任國防部研究員

魏廷朝退伍後到新竹一中北埔分校教了半年書，八月離開北埔分校，與他最「麻吉」的邵子平已考取外交官特考，租了一間大房子，每週六同學常聚會，得知國防部招考高級研究員，他也報考，但八月考試，十二月才錄取上班，這三月是身家大調查。

「等通知的三個月期間，我一度想去當礦工，體驗礦工的生活，但最後沒有去。國防部高級研究員口試在大直情報參謀次長室，考我的日、英文能力，結果順利錄取。」

魏廷朝被分派的任務，主要是提供越南、柬埔寨、寮國等中南半島國家的軍事資料，蔣介石有時會到情報戰情室聽取簡報。一九六一年寮國發生政變，他到總統府及駐美大使館取得寮國相關的戰略地圖，並向副參謀總長賴名湯等人作臨時簡報，以便他們向老蔣報告。

軍紀散漫　反攻無望

魏廷朝在國防部期間，非常用心蒐集中南半島國家的軍情，也到台大歷史系調閱許多南洋資料，供國防部參考，但他發現多數參謀每天喝茶看報，利用部隊空地養豬分紅，上班遲到早退，感覺軍紀散漫，認為此非久待之地，服務半年就離職了。

雖然蔣介石把「反攻大陸，解救大陸同胞」，喊得漫天價響，但他在服預官役一年半期間，已發現多數士官兵士氣低落，人心浮躁；如今到國防部參謀單位服務，仍見軍紀散漫，缺乏幹才。

他也發現海軍沒有可以大規模登陸的大型戰艦，空軍沒有可以支援登陸作戰的轟炸機、戰鬥機，讓他更加證明「反攻大陸」只是蔣介石安撫民心，實施獨裁專政的口號，「反攻大陸」是神話，無望的。

受一九五四年簽訂《中美共同防禦條約》，美國第七艦隊巡防台灣的影響，一九六〇年代台海局勢尚稱穩定，不過美方只給台灣防禦性的武器，也間接告訴台灣，美方並不支持反攻大陸。

進入史學「少林寺」

魏廷朝於一九六〇年二月十五日退伍，到一九六四年九月廿日因「台灣人民自救宣言案」被捕入獄，這四年半期間，他教過書、在國防部任研究員、到美援應用委員會當翻譯，最後進入中央研究院近代史研究所擔任助理研究員，是他人生最順利、最快樂的時光。

喜歡歷史的他，進入近史所，有如進入史學「少林寺」，他本想待個四、五年再「出山」，沒想到因「自救宣言案」身陷囹圄，也改變了他的人生。

退伍返鄉隔日執教鞭

到偏鄉教書，是魏廷朝的志向之一，退伍前幾個月，他參加部隊師對抗演習，到新竹一中北埔分校駐紮，傍晚到校園旁的河床洗澡，發現整

魏廷朝退伍後到新竹一中北埔分校任教，中午在宿舍小睡。

個校園空蕩蕩沒有學生，碰巧分校體育教師是他初中同學，忍不住問：「學生去那兒了，怎麼沒有上課？」

「分校陳主任與四位老師理念不合，有兩位還是台大畢業，老師罷教，學生才沒有上課，學校正缺老師，你也是台大畢業，有無意願來分校教書？」

「好啊！我明年（一九六〇）二月十五日退伍。」

師對抗演習結束，部隊跟著移防金門；魏廷朝雖於二月十五日退伍，但因沒有船班返台，延後一個多星期才回到台灣。廿四日他從埔心火車站坐三輪車回家，剛踏進家門，發現分校陳主任帶著聘書正在客廳等他，父親也說陳主任天天來，已等他好幾天了。

「魏老師，學校昨天（廿三日）已開學，我們正缺老師，明天能到校上課嗎？」

魏廷朝面對陳主任「禮賢下士」，分校又缺老師甚急，總不能影響學生的受教權，致他未與父母分享退伍心得，當天下午就帶著簡單行囊，到北埔分校報到，第二天就開始上課。

「我國文、英文、數學都教，後來分校再聘請兩位老師，分教英文、物理。陳主任感謝我及時幫忙，待我很好，連我的信件也叫女兒送來，視同自家人，我也以校為家。」

那年高雄市與新竹縣率先試辦國小免試升初中，北埔分校（現建華國中）是新竹一中分校，因地處偏遠，多數學生家窮，有些山區學生的家還沒有電燈，故晚上分校都開放教室點燈給學生自修，魏廷朝也幫忙課後輔導。

理念與分校主任不同

「分校陳主任是關西人，受過日本教育，也在上海念過書，熱衷政治，幫國民黨籍縣長彭瑞鷺及北埔鄉長助選，他跟四位老師（其中兩位台大畢業）不和，多少亦跟省籍因素有關；而我跟陳主任後也由親變疏，除不滿對政治過於熱衷，影響校務外，兩人教育理念亦不盡相同。」

魏廷朝出身清寒，深知教育是脫貧主要途徑，給學生課後輔導是老師應盡的義務，但分校主任卻要求收補習費，認為是老師的福利，魏廷朝擔心會增加家長負擔堅決反對。另外，主任要求畢業生捐款送學校紀念品，引起學生、家長反彈，最後他建議象徵送個電鈴，卻引起主任不滿。

自責沒把學生教好

「真正壓垮我離職的原因是學生升學不佳，畢業兩班七、八十人，只有一人保送新竹師範，沒人考上竹中、竹女，心理相當自責，結果我教了半年就離職。」

魏廷朝自認這半年他很用心，他擔任班導師，勤訪家長，與地方人士打成一片，還學會了海陸腔客家話，但偏鄉孩子資質與文化刺激的確較差，以英文來說，只有一人六十分以上及格，其他平均在廿分以下，他用心輔導，升學仍不佳，讓他覺得有愧。

雖僅教了一學期，但他在地方人緣不錯，地方人士還想推薦他替代分校主任職務。有

魏廷朝參加中央研究院桌球比賽。

幾位畢業生後來也跟他連絡，一九九五年他參選立委，也有學生前來幫忙，令他感動。

魏廷朝八月離開北埔分校，報考國防部高級研究員，到十二月才錄取上班，他做了半年覺得與自己志向不合請辭，再進入美援機構服務。

進入美援機構服務

「美援機關由尹仲容主持，行政院下設『美援應用委員會』，常要翻譯文件，張偉仁介紹我進去，他負責中翻英，我負責英翻中，稿費一千字二百元，相當高。後來又成立了『外匯貿易審議委員會』，並招考人員，我英、日文佳，張偉仁鼓勵我去考，還修改了我的英文自傳，也順利錄取。」

魏廷朝雖念法律，但他感覺「獎勵投資條例」沒考好。美援單位薪水很高，他在國防部任研究員月薪八九〇元，加上紅利才一千元。

但，魏廷朝做一個多月就不幹了，理由是他無法適應「廠商天天上門巴結」的酬酢文化。此機構本是要幫忙中小企業創業，結果卻變成去捧大企業家，每天上班穿西裝打領帶，流於官僚化。跟他一起考取的頭份人林輝榮，跟他一樣做沒多久就離職，後留學日本東京大學獲法學博士，當律師。

魏廷朝在美援單位的「格格不入」，可看出他的人格特質，不喜酬酢，迎逢拍馬，他所關心的是如何幫助弱勢、扶弱濟貧。

進入近史所　認識胡秋原

「我離開『外匯貿易審議委員會』後，住在台北國際學舍，台大心理系助教楊國樞也住那裡，得知中央研究院近代史研究所創所所長郭廷以（一九〇四－一九七五），正在『招兵買馬』，他認識郭廷以，問我有無意願進近史所擔任助理研究員？」

「郭廷以錄用我，除了我是台大畢業，不是師大幫外，他也喜歡客家人，因為他的主要著作《太平天國史實日誌》，研究的就是太平天國，西方社會也對客家（Hakka）這支民系感到興趣。」

費正清支持近史所研究

「太平天國客家將領如忠王李秀成雖寫自白書，仍寧死不屈；翼王石達開孤立無援不投降，不屈服，堅定意志，震撼西方社會，致西方才開始研究 Hakka。美國哈佛大學東亞研究所所長費正清為支持中國近代史研究，每年也爭取五萬美元補助近史所。」

魏廷朝於一九六三年進入近史所擔任助理研究員，發現費正清等西方學者，非常重視清代鴉片戰爭以後中國的歷史，這本該是外國人研究的，費正清卻補助經費給台灣研究。國民黨保守派罵費正清是中共同路人，是「紅狗」，但他發覺其實不是，費正清也很同情台灣。

學風自由　無法無天

「剛進近史所，主要是整理中國近代史政府檔案，非常死板，經郭廷以指示以『中國人如何看西方文化？』為題，朝思想方面研究，才讓我思路大開，我也廣涉獵英國史、日本史與中國近代史史料，收穫頗豐。」

更讓魏廷朝滿意的，是中央研究院自首任院長蔡元培以來，就自由主義色彩濃厚，學風自由，不必升旗、簽到，只要研究趕上進度即可，尤其是近史所更被稱為「無法無天」所，似乎在跟國民黨當局對抗。

一九六四年九月廿日，魏廷朝因「台灣自救宣言案」被捕入獄，離開他最熱愛的工作單位。郭廷以後當選中央研究院院士，因與費正清交往，捲入政治旋渦，後赴美講學未歸，病逝於美國。

參、台灣人民自救宣言案

撰寫《台灣自救宣言》

魏廷朝、謝聰敏認為「反攻大陸」只是蔣介石實施黨國獨裁專制的「神話」。擔任聯合國代表團顧問的彭明敏，更洞悉當局面對聯合國「中國」代表權問題，一年比一年吃力，「一中、一台」是國際共認事實，台灣唯有「自救」一途。師生達成共識，由謝聰敏起草，魏廷朝修改，彭明敏定稿，完成了《台灣人民自救運動宣言》。

受劉慶瑞和平修憲影響

魏廷朝、謝聰敏的台大畢業論文都找劉慶瑞教授指導，劉慶瑞贊成「以和平方式修改憲法，包括領域、國名都可以改，以適合台灣現狀」，為了台灣前途，兩人已受到劉慶瑞的影響，惜劉慶瑞早逝。

之後，謝聰敏服預官役及任陸軍官校教官近

一九九四年，彭明敏（中）、魏廷朝（右）、謝聰敏（左）在《台灣自救宣言》卅週年晚會，接受各界獻花致敬。

三年，碰到湖口裝甲部隊兵變，認識孫立人將軍麾下翟恆，了解孫立人成立新軍後遭軟禁內幕，致謝聽敏的政治思想也跟著大變。

一九六一年，彭明敏被當局聘為出席聯合國大會中國代表團顧問，附帶任務竟要他順便調查台灣留學生在美國的獨立運動，令他倍感壓力，回台後向當局謹慎地提出報告。❼

要彭明敏調查台獨

「國民黨當局聘我為聯合國代表團顧問，外交部長沈昌煥、國民黨中央黨部秘書長唐縱召見我，卻要我調查在美國的台灣獨立運動，特務主腦之一的張炎元也約見我，致我離開中央黨部時，心情沈重。」

一九六一年八月，彭明敏獲聘為台大政治系主任，再被聘為聯合國代表團顧問，但他卻高興不起來，赴美前他向中央研究院院長胡適辭行，探望病危的劉慶瑞教授，副總統陳誠也單獨約見他，與他談「台灣內外形勢」，他發現當局似乎要利用他的台籍學者身分來影響在美國的台獨分子。

一九六一年聯合國大會，蔣介石想動用否決權阻止外蒙古加入聯合國；但蘇聯以外蒙古若遭否決，也要否決非洲的茅利坦尼亞加入；因聯合國大會每年都討論「中國」代表權問題，因支持中共的國家逐年增加，支持國民黨的逐年減少，而國民黨為爭取非洲友邦的支持，那年蔣介石不得不讓步，讓外蒙古與茅利坦尼亞同時加入聯合國。

「蔣介石在世人面前丟了面子，駐聯合國大使蔣廷黻逃過了劫數，葉公超則丟了駐美大使。」那年國民黨險勝，仍維持了聯合國代表權席位，而蔣廷黻保住官位是因他從駐蘇聯大使開始，與蔣氏父子就關係密切。[8]

從聯合國看台灣命運

這趟美國行，在紐約的台灣獨立運動活躍分子去找彭明敏，不懂他這個台灣人為什麼願意做國民黨代表團的一員？勸他找一個機會在聯合國大會中發言，突然戲劇性地提出台灣獨立的主張，並訴請聯合國採取行動。他們並認為他應該同時向美國政府尋求政治庇護。

彭明敏深知台獨分子的想法，而聯合國討論「中國」代表權問題，關係著國民黨命運，而台灣人的命運也隨著浮沉，但聯合國討論此問題時，卻極少提到台灣人民，國民黨當然不承認台灣人與它的利害並不一致。[9]

彭明敏也看出在台北的政權主張代表「中國」是一個荒謬神話，也等於是個大騙局，這個神話使得國民黨政權維持雙重機構，一是所謂「中央政府」，所有實質有效的權力，都集中於中國來台的中國人，另一個附屬的「省政府」，部分開放給台灣人參與。[10]致彭明敏認為「一個中國，一個台灣」早已是鐵一般的事實。

「當時以蔣介石為首的國民黨政府，已統治台灣十五年，蔣介石以反攻大陸為名，對台灣頒佈戒嚴法，實行軍事統治，國會永不改選，而且戒嚴也沒有時間的限制。在反攻大陸無望，戒嚴又將永久持續的情況下，台灣的社會與人權出現嚴重的扭曲。」

彭明敏回憶說，做為一個知識分子，他開始思考台灣下一步該怎麼辦？該怎麼走？並與

一九九四年魏廷朝、張慶惠夫婦在「台灣自救宣言」卅週年晚會，與彭明敏合影。

謝聰敏、魏廷朝等人著手草擬《台灣人民自救運動宣言》，希望借此喚醒當時的台灣人民，並聯合在台灣的中國人，一起攜手建設台灣成為一個新的國家。⑪

師生合力完成自救宣言

每次「清談」聚會，謝聰敏都注意聆聽，並開始撰寫《台灣人民自救運動宣言》。那時謝聰敏住台北，魏廷朝住南港，謝聰敏常找魏交換意見，偶而也連袂到彭明敏家請益、討論。

「謝聰敏花了兩個多月寫了四、五萬字，彭明敏看了認為太學術性、太生硬，要給誰看？建議找我修改。我不敢說我文筆好，改得很好，而彭明敏的修改則有煽動性。因此內容骨架是謝聰敏的，我添了枝幹，彭教授在後面加了二、三百字則是『畫龍點睛』，很有煽動性。」

魏廷朝感慨《自救宣言》只是師生三人看法，因彭教授添寫「這個組織正迅速擴大著，這個運動正在有力地展開著」，致當局以為他們有很多同志，結果被刑得半死。

「有人怪我把魏廷朝拉下水，其實是他自願的，宣言中的『自救』兩字，是廷朝加上去的，我認為很好；有廷朝加入，多了客家代表更好。宣言是我寫的，彭教授認為五萬字太長，不是寫論文，要我重寫，最好能朗朗上口，我乃改寫，後再請廷朝、彭教授再作修改。」

謝聰敏是《台灣人民自救運動宣言》的主導者，但最後定稿的六千多字宣言，內容簡潔生動，則有魏廷朝的心血。他敢幫謝聰敏修改宣言，除受殷海光影響，更多的是他對國家體制、社會不公的細心觀察；部分內容更是親耳聽來，如「毛澤東斷了我們的祖宗，蔣介石絕了我們的子孫」，是軍中老士官流行的怨語，原汁原味，非常生動。⓬

註❼——彭明敏《自由的滋味》，台北前衛，一九九一年，頁一二六。

註❽——彭明敏《自由的滋味》，頁一一七—一二四。

註❾——彭明敏《自由的滋味》，頁一二五。

註❿——彭明敏《自由的滋味》，頁一三四。

註⓫——彭明敏《寫給台灣的備忘錄：彭明敏教授文集》，台北允晨文化，二〇一七年，頁八七—八八。

註⓬——《台灣人民自救運動宣言》全文請見附件一。

師生一起被捕入獄

彭明敏、魏廷朝、謝聰敏師生三人，為印《台灣人民自救運動宣言》，從排版、換鉛字、找印刷廠、監印，雖小心翼翼，但在情治人員嚴密佈線下，仍百密一疏，一九六四年中秋節剛印好，就被軍警逮捕。

《台灣人民自救運動宣言》經彭明敏師生三人研究刪改，一九六四年暑假就已定稿，謝聰敏也以做生意為由，向父親要了筆錢做印刷費用，存在吳澧培服務的彰化銀行艋舺分行。台北市小型印刷廠大都位於萬華、圓環一帶巷弄，連找人植字、找印刷廠、買鉛字都小心翼翼。

自買鉛字換版

「謝聰敏在圓環附近小旅館租個小房間，做連絡中心，接著找專門幫人植字者植字排版，為防內容外洩，還先做個假版，將宣言中的『蔣介石』、『國民黨』、『蔣政權』，換成『毛澤東』、『共產黨』、『毛政權』，乍看好像是篇反共宣言。」

因彭明敏忙，多數工作是魏廷朝與謝聰敏在分頭進行，當假版植好字，再去買鉛字，將「毛澤東」、「共產黨」、「毛政權」，換回「蔣介石」、「國民黨」、「蔣政權」，因需要的「蔣」字太多，還跑了多家鉛字店，也怕遭店家懷疑。

印刷的宣言沒有標題、作者，他們準備印刷完成後，再刻番薯印來蓋標題，並準備一萬份，彭教授也廣為收集各機關、行號、團體的信封，並向內政部要了人民團體與公職人員名冊，準備寄發。

百密仍有一疏

但百密仍有一疏，彭明敏在《自由的滋味》有段回憶：

> 謝聰敏在萬華找了間極小又無照的印刷廠，因常印黃色書刊，做事偷偷摸摸，老闆答應印刷，由我們提供紙張。約好印刷那天，謝聰敏帶來笨重排字版，老闆也安裝在印刷機上，當謝聰敏走到巷口等魏廷朝雇的三輪車送紙來，再進入店內時，老闆竟說他不願印了，令謝、魏都感驚駭，只好將排字版、紙張帶回旅館。

左起魏廷朝、彭明敏、謝聰敏，攝於自救宣言三十週年。圖片提供／彭明敏文教基金會

此後十餘天，印刷廠附近傳出有共產黨企圖印刷文宣品攻擊國民黨與蔣政權，致他們懷疑老闆可能趁謝聰敏到巷口等魏廷朝時已先盜印一份，看了內容才不敢再印。

因風聲鶴唳，他們暫避風頭，隔了近一個月，他們在市政府附近的赤峰街再找家沒有登記的地下印刷廠，同意中秋節那天由老闆親自印刷。

騙稱印刷軍校考卷

中秋節那天，魏廷朝幫謝聰敏搬排字版和紙張到印刷廠，他們穿著軍服，口操北京語，自稱軍事學校軍訓教官印刷考卷，要嚴格防止試題外洩。這在台灣並不是不尋常的事，老闆似乎也不感覺異常。[13]

魏廷朝在《歷史的窗門》節目回憶說，赤峰街在台北圓環附近，前一天他回楊梅參加鎮運，中秋節上午九時就到印刷廠監印，一直印到下午近五時，期間他只出去上了一次廁所，連中餐也沒吃。

傍晚，彭教授弄了兩個大皮箱，叫了三輪車，將近萬份宣言載到衡陽路三樓彭教授朋友舞蹈老師許惠美的家，樓下是餅店。隨後他與彭教授回到圓環附近旅館，謝聰敏還在睡覺，突然有人敲門，接著六、七名持槍便衣情治人員闖進來，將三人帶走，那時約傍晚六時，天還沒有黑。

宣言內容何時外洩？

第二次印刷找赤峰街這家老闆，是因老闆不識字，那天又是中秋節，員工放假，由老闆自己印，且中秋節印是兩倍價錢，但還是無法避開情治人員耳目，魏廷朝懷疑老闆趁他上廁所時，私藏了宣言，致後來被查扣的宣言只有九千八百多張，而幹員破門而入時，有人手上還拿著揉得皺皺的宣言。

「國民黨從大陸搬到台灣，唯一具有效率的機關，大概只屬特務系統了。」彭明敏發現特務手中揉得皺皺的宣言，並不是印在他們準備且質料較好的紙張上，該是第一個印刷廠老闆利用謝聰敏到巷口等魏廷朝紙張的幾分鐘空檔，盜印下來，並拿去檢舉報案拿獎金的。

彭明敏懷疑，可能在一個月前，萬華、圓環一帶印刷廠、小旅館都佈滿情治人員線民，他們還天真假設老闆不識字，殊不知已撒下天網，準備「甕中捉鱉」。⓮

謝聰敏則說：「中秋節宣言印刷當天，老闆好奇地拿一張給旁邊的一位初中生看，那個學生說：『文章裡都在寫蔣介石，為什麼不用蔣中正？』所以當天下午我們用三輪車把印好的東西載走之後，他們就跑去圓環邊的警察分局報案，並到旅館逮捕我們三人。」⓯

事隔多年，記憶會淡忘，三位當事人對宣言內容外洩，看法雖有些落差，但百密一疏是事實，他們從找人植字排版、住小旅館、買鉛字改版、找印刷廠，行蹤早就被情治人員佈下的線民所掌控。

無辜波及許惠美、吳彰全

「三人被押到圓環邊的警察分局，因聽說成員有彭明敏，吸引大批記者湧入。多數媒體不相信《自救宣言》是兩個大學畢業的『小鬼』寫的，認為幕後定有集團策動，對彭明敏的參與也感意外，議論紛紛。」

警方簡單偵訊後，連夜用吉普車分別將三人載往天母保警總隊，員警都荷槍實彈，上了刺刀，充滿肅殺氣氛。魏廷朝意外發現彭教授的朋友許惠美，以及他在近代史研究所的同事吳彰全，也遭波及。吳彰全台大歷史系畢業，正在寫一本近代史著作，寫張字條問他有什麼意見？稿子想請他過目。結果這張在他口袋內被搜出的字條，

一九六五年，魏廷朝（前排右一）被關在景美軍法處看守所，與同是政治犯的獄友打網球合影。

無端讓吳彰全被關了七天，慘遭刑求，因近史所所長郭廷以與蔣經國交情很好，經郭廷以具保，吳彰全才被釋。許惠美則因剛印好的《自救宣言》寄放在她家，也無辜受牽連。

在「閻羅殿」受疲勞審訊

「第二天三人分被載往台北市西寧南路的警備總部保安處（日治時期的東本願寺），以及北門附近的警總第二處（日治時期的西本願寺）偵訊，日治時期原放骨灰的地下室，改成監牢與審訊室，審訊的酷刑聲音無法傳到外界，故被稱為『閻羅殿』，在這裡疲勞審訊了長達三天三夜，想睡就被潑冷水、電擊，或遭拳頭猛捶，我有兩顆門牙被打落。」

魏廷朝門牙被打落，謝聰敏因當過陸軍官校教官、國民黨中央黨部《今日の中國》月刊主編，又出錢印刷，結果被刑求得最慘，但他堅毅不屈。特務輪番疲勞審問，不給他睡、刑求、潑水、電擊，用大電燈照他，但也擔心出人命，每隔一段時間會叫一位中年醫師進來量血壓、脈搏，聽診心臟。

「誰在背後支持你們？」「有多少人？」「下一步計劃是什麼？」「你們有外國的經濟援助，美國政府在後面不是嗎？」特務甚至還懷疑他們計劃於雙十節當天要陰謀推翻政府，或至少群眾示威。因為「我們在宣言中宣稱有普遍民眾支持」，但其實只是他們三人的共識，並無其他人牽連在內。[16]

懷疑是殷海光、李敖代筆

「《自救宣言》是謝聰敏主稿，我刪改潤飾，彭教授審核定稿，三位都是土生土長的台灣人，但特務卻質疑台灣人寫不出那麼有深度見解的宣言，一定有中國人在幕後指導操控，甚至懷疑是出自台大哲學系教授殷海光、作家李敖之手，硬要我們承認，供出是他倆所寫，讓我們哭笑不得。」

魏廷朝告訴特務，這份宣言單純是師生三人的見解，忠實呈現台灣現狀與困境，而台灣未來要在國際社會生存，只有這樣做，既無外國勢力介入，他們同樣也反對共產黨。

魏廷朝三人與殷海光、李敖都有深交，而這份宣言除是師生三人的智慧結晶外，在他們心中其實也融入了《自由中國》雷震、殷海光與《文星》主編李敖等人的某些觀點，而魏廷朝會幫謝聰敏改《自救宣言》，其實也受到殷海光的影響。

「我敢幫謝聰敏修改《自救宣言》，受殷海光影響很大，他是台灣邏輯學權威，為了民主自由，放棄本行，投入政論，是希望台灣變成自由中國。他最大隱憂是怕國民黨在台灣作惡太多，激起台灣人憤怒，因此希望開明派要站出來。」

蔣介石震怒

「沒想到兩個『小蝦米』惹到『大尾魚』，變成政治案件，引起外界重視。」

師生三人被抓，雖有媒體採訪，但新聞全被封鎖，直到台大開學，彭明敏沒去上課，才引起校方以及國際特赦組織的重視。

那年教師節蔣介石邀請一些教授學者吃飯，彭明敏也是受邀學者之一，當天卻未出席，問台大校長錢思亮「彭明敏在那裡？」錢思亮雖知道彭明敏被捕，卻不敢正面告訴老蔣，支吾其辭；後來老蔣知道彭明敏涉及「自救宣言案」被捕，極為震怒。

彭明敏應邀到韓國首爾大學及泰國曼谷的國際學術會議也缺席，引起外國媒體注意，向警總打聽消息，警總不得不在一個月後發佈了簡短聲明，指彭明敏等三人因「從事破壞政府活動」被捕。⑰

在警總保安處疲勞偵訊一星期後，三人被移監到臥龍街保安處六張犁看守所，三人分到三個房間，並各安排一個犯人同室，魏廷朝跟黃崇光、彭明敏與吳俊輝、謝聰敏與江炳興。「我用廁所的四方草紙用日文寫點東西，放在浴室鏡櫥內，有些給彭明敏拿走，有些則可能給特務拿走。」因三人不同房，屋頂上裝有竊聽器，卻不准他們在室內交頭接耳，三人無法見面，魏廷朝只好以此方式與彭教授取得連繫。

師生三人於一九六四年九月廿日被捕，到隔年四月二日宣判。在這半年多的牢獄生活，情治人員恩威並濟，要求他們屈服妥協，但他們堅毅不屈。

註⑬——彭明敏《自由的滋味》，頁一四三—一四四。

註⑭——彭明敏《自由的滋味》，頁一四二—一四五。

註⑮——張炎憲、陳美蓉、尤美琪《台灣自救宣言：謝聰敏先生訪談錄》，台北國史館，二〇〇八年，頁八九。

註⑯——彭明敏《自由的滋味》，頁一六七—一六九。

註⑰——彭明敏《自由的滋味》，頁一七一—一七三。

謝案還是彭案？

魏廷朝、彭明敏、謝聰敏因印《台灣人民自救運動宣言》被警總逮捕，情治人員威脅、恐嚇、籠絡、分化手段盡用，但三人不屈，半年後宣判，謝聰敏被判十年，魏廷朝、彭明敏各判八年有期徒刑。

無名小卒挑戰威權

「《自救宣言》是謝聰敏起草、我修改，彭明敏審核定稿，謝聰敏是主謀，起初稱為『謝案』，但我與謝只是彭的學生，沒沒無名；若非彭是國內外知名學者，引起國際重視，我與謝怎麼死？外界可能都不會關心；致此案也從『謝案』變『彭案』。」

偵訊時，警總特務一再逼問魏廷朝「你倆有什麼能耐寫《自救宣言》？是不是彭明敏授意你與謝聰敏寫的、抄的？」當時魏廷朝與謝聰敏只是無名小卒。警總保安處地下室偵訊室，在白色恐怖時代，曾逼死多少冤魂？魏廷朝進入「閻羅殿」受審時，感覺陰森森，曾作最壞打算。

「我與廷朝算那棵蔥？真正有名望的是彭明敏，他是出席聯合國代表團顧問，連美國知名學者費正清都投書《紐約時報》聲援，否則以白色恐怖氛圍，命如螻蟻，槍斃兩個異議分子算什麼？」

謝聰敏也肯定彭明敏給他與魏廷朝「加持」，無形中成了「保護傘」，但相對地特務要他「咬」彭明敏時，他仍承擔了起來，「我必須保護彭教授，也怕他受不了。」

彭明敏失蹤受國際注意

三人被捕，新聞遭封鎖，直到彭明敏未到台大上課，應邀到首爾、曼谷參加國際學術會議也缺席，「彭教授失蹤了？」經國際媒體追問，警總才於十月廿四日發佈簡短消息：「彭明敏、謝聰敏、魏廷朝於上月在台北從事破壞行動時，當場被捕……。如今在備戰狀態之下，涉及叛亂顛覆罪名者，一律依軍法審判。」[18]

留學日本、加拿大、法國的彭明敏，是知名太空法、國際公法學者、十大傑出青年、台大教授、聯合國代表團顧問、曾獲蔣介石召見，國民黨「栽培」的台籍菁英，一般人求之不可得，怎會帶頭想「顛覆」國民黨政權呢？

其實，彭明敏擔任聯合國代表團顧問後，已洞悉台灣未來在國際社會的處境，他在海內外演講與黨政要員接觸的言行，早就受到美國、國民黨情治人員的注意。

一九六四年夏，許介鱗在東京參加東方學會，費正清就暗示彭明敏教授身邊有危險，果然不久彭明敏、謝聰敏、魏廷朝三人因《台灣自救運動宣言》被捕。[19]彭明敏有次參加酒會，碰到美國大使館參事 James Leonard，竟跟他開玩笑說：「如果看到美國大使館檔案中有關你的資料多麼厚，你會吃驚的。」[20]可知美國掌握台灣情資的厲害。

歐美學界聲援抗議

「同學施啟揚、邵子平正在德國留學，得知我們三人被捕，曾聯名寫陳情書向國民黨當局抗議，但簽名的只有他倆，其他留學生不敢簽。」魏廷朝、謝聰敏都感謝兩位老同學「雪中送炭」。

「美國哈佛大學教授費正清在《紐約時報》刊了一封讀者投書，指他所知的彭明敏、魏廷朝、謝聰敏是忠的，國民黨政府侵犯人權；另一位教授季辛吉也向台灣駐美大使館探詢。我在加拿大、巴黎留學認識的學者，紛紛向國民黨政府反映，並引發美國、加拿大、法國的外國與台灣留學生遊行抗議。」

彭明敏回憶說，有一天有位老兵丟了張瑞典國際特赦組織寫給他的明信片，內容只寫「我很關心你」，寄信者他不認識，令他感動落淚。之後，他才知道國際特赦組織寄了很多信給國民黨當局，要求尊重人權；國民黨當局在國際輿論壓力下，對此案才「軟硬兼施」。

恐嚇勸說 軟硬兼施

「我們可以用『二條一』辦你，希望你說實話，你究竟要政治，還是法律解決？」關在警總六張犁看守所，特務對魏廷朝三人想各個擊破，有時恐嚇他們「二條一」是死罪，有時卻帶來西餐示好，想套消息，魏廷朝後發現對彭明敏比較禮遇，住的房間有浴室。

「在宣判前有多次政治遊說，白天先請理髮小姐給我們理髮、刮鬍鬚，穿著體面，晚上特務再挾著坐車出去。」魏廷朝首次見到警備總部政戰部主任寧俊興中將，講話非常客氣，對他說：「照你們寫的，台灣還排世界卅位，台灣還真有希望啊？為什麼對政府絕望呢？」

聽寧中將講話，感覺很開明，並說：「你盡量講，我們沒有錄音。」似乎想要他卸下心防。第二次來「勸降」的是政戰學校教授及正聲電台李姓董事長，跟魏廷朝談國際情勢，希望他加入國民黨，跟國民黨合作，為國家前途打拚。

王昇遊說　慷慨激昂

「怎說蔣介石是獨夫、赤裸皇帝呢？台灣沒特務怎麼辦？你知道大陸怎麼掉的嗎？不得已才有此組織。」

第三次對魏廷朝政治勸說的是國防部總政戰部主任王昇及幾位年輕教授，他們滿口說關心重視年輕人，最慷慨激昂的是王昇，講到流汗。

魏廷朝在步校受訓時就知道王昇，以政工幹校校長向預官訓話，像個小列寧，對他印象極差。王昇說得很激動，魏廷朝卻無動於衷，甚至不屑，讓王昇氣得想跟魏廷朝「單挑」。

魏廷朝後發現特務分開來，對他與彭明敏、謝聰敏進行同樣的政治勸說。彭明敏出席那場，王昇與台大法學院院長薩孟武都在場，薩孟武沈默不語，顯然立場尷尬。

王昇則對彭明敏激動地說：「我們都認為你是位傑出學者，我任政工幹校校長時，曾聘你去教書，就在你被捕前幾天，政工幹校還正式通過聘請你擔任政治系主任。當我聽到你被捕時，我實在非常尷尬，臉都紅了，我正在軍事機構中盡力提拔你呢？」[21]

授意責任推給彭明敏

「我怕彭教授受不了，情治人員也搜到很多東西。」謝聰敏表示做人不能「落井下石」。鄒文海失望地說：「你怕彭教授負擔太重，你通通承擔，我們就幫不上忙了！」

「我在《宣言》提議外省人與本省人一起合作，這一點讓國民黨感覺緩和了；所以鄒文海告訴我，憑這點，國民黨應該放過你，但彭明敏不能放。」

謝聰敏回憶說，「自救宣言案」有人說他害了彭教授。其實，國民黨當局想整肅的是彭明敏，敵人也是彭明敏，負責這件案子的蔣經國也曾罵彭明敏「敬酒不吃，吃罰酒」，「只要我不講話」，責任都是彭明敏的，但他還是擔了下來。

魏廷朝認為，國民黨當局會授意將《自救宣言》責任推給彭明敏，是覺得彭明敏是少數受「黨國」栽培的台籍菁英，未感恩反帶頭造反，並引起國際輿論批評，面子、裡子盡失，才愛恨交加。

抗議接受軍法審判

「彭明敏請梁肅戎、謝聰敏請李琳擔任辯護律師，我沒請，軍法處派了一位藍姓中校當我的公設律師。梁肅戎辯才不如李琳，與李琳相比，相形見拙；我的公設辯護律師則說我是優秀的年輕人，一時誤入歧途，盼從輕發落。」

一九六五年二月，三人被控「以不法手段圖謀推翻政府」罪嫌起訴。

魏廷朝感覺雖有律師辯護，但要如何辦他們，當局早已定案，軍事法庭開放旁聽，公開審判，只是演給外界看而已。答辯完，法官問被告家屬有何意見？彭明敏、謝聰敏的家屬都保持緘默，只有他的二弟魏廷洋按捺不住不滿情緒，大聲抗議當局不法。

彭明敏在《自由的滋味》敘述「……魏的弟弟使法庭震驚，他站起來，開始憤怒的斥責整個過程，說它是非法的，政府本身是非法的，《戒嚴法》也是非法的，他們三人根本就不應該接受審判。」㉒

魏廷洋回憶說，他正在服空軍役，向軍中請假，辯論庭與二哥都出席，因家窮沒請律師，他有起來講話，但是否有如彭教授所言激動地斥責審判官，因時間過太久，已忘了。倒是大哥同學張偉仁想幫大哥，出庭後到他二姊台北家拜訪他，要他提供資料。

以「二條三」量刑

「中國傳統歷史最嚴重的就是政治案件，對一個政權、皇帝、朝代要忠，反對一定被殺掉，甚至抄家滅族；軍事審判也是政治考量，沒有法律觀念。《懲治叛亂條例》以前用來對付共產黨，沒有共產黨，則用來對付異己。」

魏廷朝認為《自救宣言》雖印好，但還未蓋上番薯印，沒題目、沒作者，也還沒有散發啊！雖說要「扁」掉政府，但沒有「扁」啊！法律上應沒有罪，但軍法處卻以《懲治叛亂條例》辦他們。軍法處看守所獄友多數人認為，若按以往，難逃「二條一」㉓死罪，幸有位國際知名的彭教授，也因為這件案子查無與共匪及其他人聯絡事證，才以「二條三」預備或陰謀犯來辦。

一九六五年四月二日宣判，軍法處果真用「二條三」，謝聰敏判十年，魏廷朝、彭明敏各判八年有期徒刑。這是自《自由中國》雷震案後第一次公開審判政治犯，當天，關在裡面的政治犯全部動員清掃環境，成功中學附近也出現戰車，如臨大敵。

三人認為判刑太重，馬上上訴，但法庭並未依規定在六十天內答覆。後傳出警備總司令陳大慶派人看彭明敏，提供熱水壺、外國雜誌，並安排反情報官特務與彭明敏同房，顯見彭明敏受到國際輿論關注，外面有巧妙變化。

彭明敏獲總統特赦

「軍法處派一位魏姓中校照顧我的生活，非常客氣，並私下透露：『你會被放出去，等時間啊！上面的法律程序要走完。』有天一早衛兵帶我到典獄長辦公室，典獄長告訴我：『總統特赦你，你可以回家了。』我問：「那謝聰敏、魏廷朝呢？」典獄長答：『他們刑期減半。』」

二〇一七年三月廿七日彭明敏受訪，回憶他特赦往事，說那天是一九六五年十一月三日。

「聽說釋放條件要寫悔過書，是以彭明敏母親名義提出申請。我二姊後來去見彭明敏，彭明敏說：『牽牛啦！被人牽上牽下。』我與謝聰敏沒寫悔過書，那時我揚言，要寫除非三人一起放，我才寫。」

彭明敏、謝聰敏、魏廷朝在保安處看守所分二、四、六號房，彭明敏特赦後，丟了張字條告訴魏廷朝，魏廷朝二姊探監時，也知道老師彭明教授敏已釋放。

謝聰敏、魏廷朝在獄中未寫悔過書，蔣介石曾用毛筆批示「魏謝二犯並未悔過，則不准減刑」。一九六六年六月因蔣介石連任總統，除刑期減半，改判五年、四年徒刑，在牢內待遇也改善，被調到圖書室管理圖書，且每星期四可以會見親友，但限三等親，每人限五分鐘，一天可見五人。

註⑱——彭明敏《自由的滋味》，頁一七三。

註⑲——魏廷昱、巫秀淇、邱萬興《顛覆朝廷的魏廷朝》，桃園朝陽，二〇〇一年，頁一〇三。

註⑳——魏廷昱、巫秀淇、邱萬興《顛覆朝廷的魏廷朝》，頁一三二。

註㉑——彭明敏《自由的滋味》，頁一八五。

註㉒——彭明敏《自由的滋味》，頁二〇〇。

註㉓——《懲治叛亂條例》第二條第一項（俗稱二條一）：以非法手段，意圖顛覆政府著手實行者，處死刑。
第二條第三項（俗稱二條三）：預備或陰謀犯第一項之罪者，處以十年以上有期徒刑。

核

原件暨判決呈

（卷證存備調閱）

一、據國防部呈畧以被告彭明敏年42歲台省高雄市人係台大法學院教授謝聰敏年31歲台省彰化縣人係今日之中國雜誌社編輯魏廷朝年28歲台省桃園縣人係中央研究院臨時助理員彼此有師生同學之誼自〈51〉年起時相過從常發不滿現實之言論〈53〉年四五月間彭謝間接觸密切魏亦偶爾參與謝聰敏主張先用文字表達其政治主張意圖煽惑社會各界人士群衆響應以達其以非法方法變更國憲顛覆政府之目的當獲彭之同意魏亦表贊同六月間謝聰敏開始草擬文稿並分別與彭魏商定組織名稱用「台灣自救運動聯盟」文告名稱用「台灣自救運動宣言」標誌用「台灣地圖」圖型八月間謝擬就文稿計分八節七千餘言企圖以非和平之流血方式推翻政府變更國憲文稿經魏彭修正後由謝負責付印於14/9洽妥台北市萬華三和印刷廠排版同月十七日下午三時許謝魏偕往台北市萬華志祥印刷廠以機密文件洽印該廠主宋玉祥以魏自稱係國防部人員但無證件拒絕承印謝魏當晚在彭家商量再洽付印及散發事宜次（十八）日晚謝又向台北市赤峯街三能印刷文具行以印製試卷名義洽印並囑印刷時不准任何人閱覽須在星期日（即20/9）印好俾應

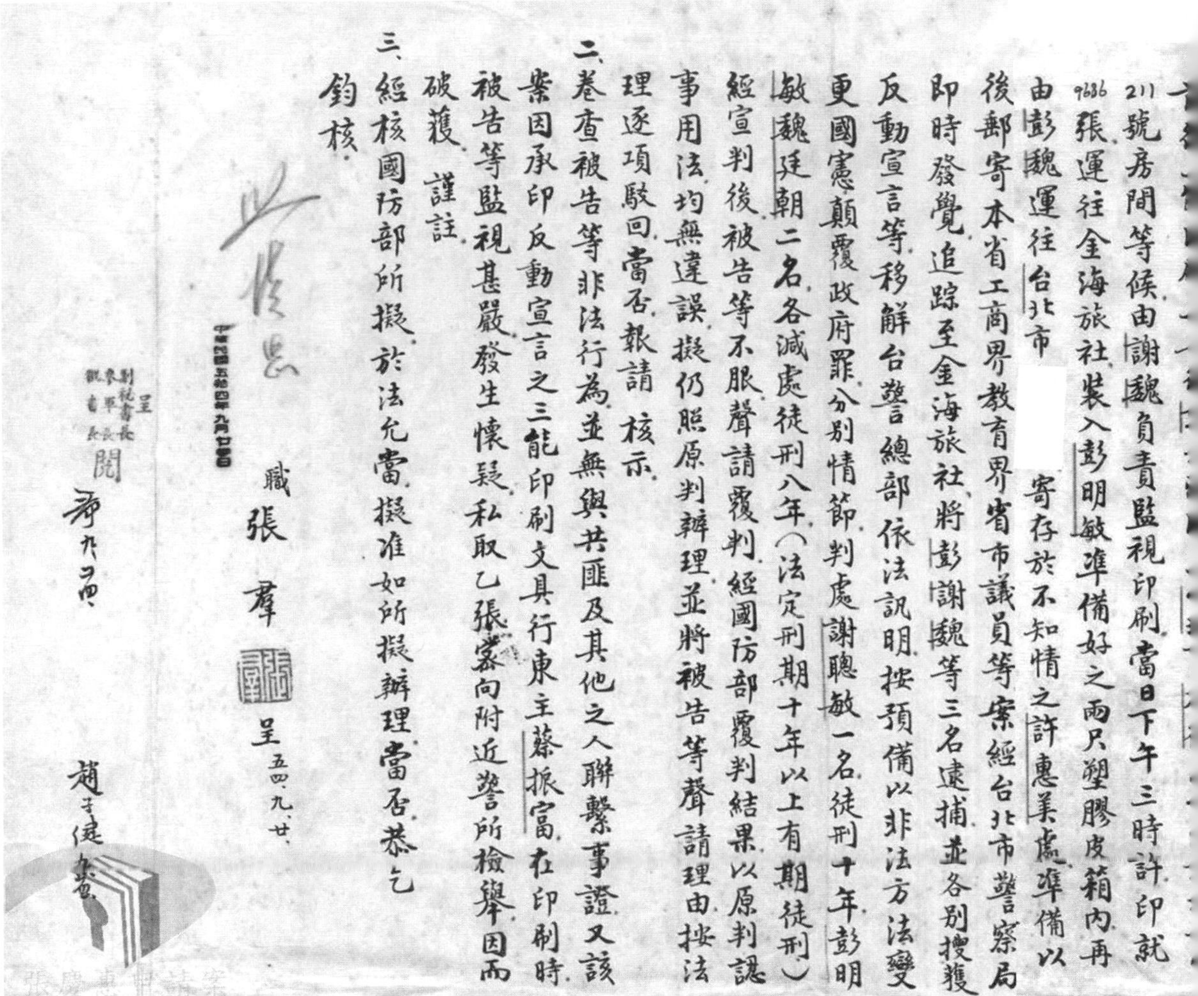

211號房間等候由謝魏負責監視印刷當日下午三時許印就
9686張運往金海旅社裝入彭明敏準備好之兩只塑膠皮箱內再
由彭魏運往台北市 寄存於不知情之許惠美處準備以
後郵寄本省工商界教育界省市議員等案經台北市警察局
即時發覺追踪至金海旅社將彭謝魏等三名逮捕並各別搜獲
反動宣言等移解台灣警總部依法訊明按預備以非法方法變
更國憲顛覆政府罪分別情節判處謝聰敏一名徒刑十年彭明
敏魏廷朝二名各減處徒刑八年（法定刑期十年以上有期徒刑）
經宣判後被告等不服聲請覆判經國防部覆判結果以原判認
事用法均無違誤擬仍照原判辦理並將被告等聲請理由按法
理逐項駁回當否報請 核示
二、卷查被告等非法行為並無與共匪及其他之人聯繫事證又該
案因承印反動宣言之三能印刷文具行東主蔡振富在印刷時
被告等監視甚嚴發生懷疑私取乙張密向附近警所檢舉因而
破獲 謹註
三、經核國防部所擬於法允當擬准如所擬辦理當否恭乞
鈞核

中華民國五十四年九月廿一日

職 張羣 呈 五四、九、廿、

呈 副秘書長 參軍長 秘書長 閱

趙子健

《臺灣自救宣言案》張羣上呈蔣介石的原件暨判決呈。
（國家檔案局提供）

原件暨彭明敏悔過書呈

核（卷存備調閱）

一、前據國防部呈報被告彭明敏（台省高雄市人台大法學院教授）謝聰敏（台省彰化縣人今日之中國雜誌社編輯）魏廷朝（台省桃園縣人中央研究院臨時研究員）共同印製「台灣自救運動聯盟」反動宣言企圖變更國憲顛覆政府此項反動宣言在未散發以前即經台北市警察局依據密報破獲案經台灣警備總部訊明按預備顛覆政府罪論科分別情節判處謝聰敏一名徒刑十年彭明敏魏廷朝二名各減處徒刑八年呈奉 23/9

鈞批「照准」當經飭遵在案

二、茲據國防部呈據台警總部呈以受刑人彭明敏選任辯護人梁肅戎律師具狀略謂彭明敏對於過去所為深知悔悟判決後復出示親筆悔過書亟思有以報效以贖罪愆請呈　總統特赦予以自新報國之機云云該部按受刑人彭明敏茲既澈底悔悟願以待罪之身為反共抗俄神聖事業努力所處罪刑擬請按赦免法之規定予以特赦免除其刑之執行同案受刑人謝聰敏魏廷朝二名亦姑念其學有專長正值有為之年擬請依赦免法之規定對其刑期各予減輕二分之一以示寬典而利政治號召等情經核原呈尚具理由可否法外施恩准予赦減報請

核示

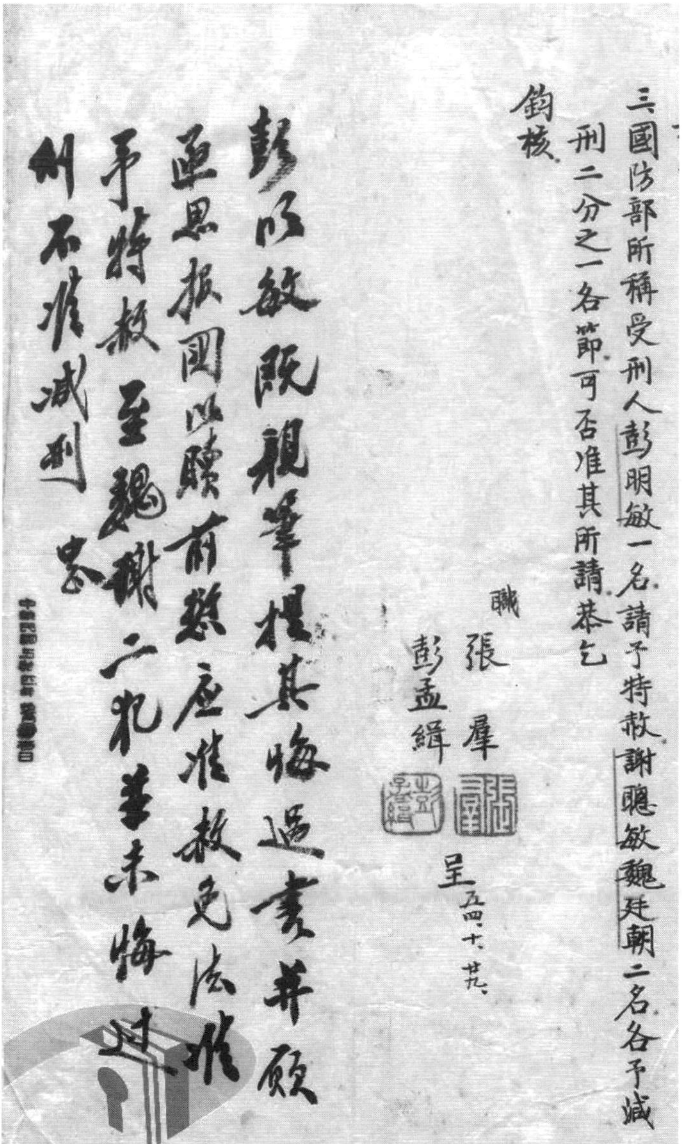
三國防部所稱受刑人彭明敏一名請予特赦謝聰敏魏廷朝二名各予減刑二分之一各節可否准其所請恭乞

鈞核

職 張羣
彭孟緝

呈 五四、十、廿九

彭明敏既親筆提其悔過書并願遵思報國以贖前愆應准赦免法准予特赦至魏謝二犯並未悔過則不准減刑

《臺灣自救運動宣言案》張羣與彭孟緝上呈蔣介石的原件暨彭明敏悔過書呈。蔣介石以毛筆親批「魏廷朝與謝聰敏並未悔過不准減刑」。（國家檔案局提供）

彭明敏的逃亡

「congratulation（恭喜）！」一九七〇年一月十日，魏廷朝去看美籍神父唐培禮，唐培禮笑孜孜地說。

「喜從何來？」

「彭先生在國際特赦組織幫忙下，一月三日已安全離開台灣到達瑞典。」

魏廷朝突然想起之前唐培禮拿給他看的滿臉落腮鬍照片，那不是彭教授嗎？

國民黨情治人員仍被矇在鼓裡，繼續編寫跟監日記，報假公帳，直到一月廿三日彭明敏在瑞典公開露面，才知事情大條。

「彭教授被關十三個月就獲特赦，我與謝聰敏仍關在牢裡，政治大學國際關係研究中心送給彭教授研究員聘書，此中心是國家

彭明敏逃亡時變裝成披頭（右）與安全抵達瑞典時的身影（左）。
圖片提供／彭明敏文教基金會

安全局附屬機構，但他只想回台大教書，退還聘書，跟國民黨關係也陷入緊張。」

彭明敏遭「軟禁」

一九六八年九月廿日魏廷朝出獄，發現彭明敏遭情治人員廿四小時跟監，彭教授位於台北市溫州街十八巷四號的住處附近，還搭建一小寮，跟監者坐在椅子上整日監視，形同「軟禁」。

彭明敏遭「軟禁」，除了他不與國民黨妥協，也被懷疑跟涉及「靖台案」的台北市議員林水泉、黃華等十餘人及在日本從事台獨運動的史明（施朝暉）、辜寬敏等人有來往。[24]

魏廷朝出獄後常去看彭明敏，他發現彭教授被跟監到什麼事都不能做，最常跟彭教授在一起的是作家李敖，彭明敏與李敖每月聚餐一次，都選不一樣的餐廳，都是他倆請客，他偶而作陪飽餐一頓，彭明敏經濟沒有李敖好，致李敖請客次數較多。

擔任唐培禮中文家教

「因是政治犯，剛出獄找工作不順，除當『幽靈作家』幫楊國樞、鄭欽仁等教授翻譯一些英、日文教科書，論稿計酬餬口外，彭教授也介紹我擔任唐培禮（Milo L. Thornberry）牧師的中文家教，唐培禮在陽明山台灣神學院擔任傳教士。」

魏廷朝教唐培禮中文，一星期上陽明山一次，而唐培禮在台灣神學院教西洋史，一星期才兩節課，但唐培禮卻將西洋史翻譯成中文來教，常準備達十餘小時，非常認真。

唐培禮夫婦出版《撲火飛蛾》，封面是年輕在台時的全家福照片。
圖片提供／彭明敏文教基金會

「有次到唐培禮家，他要我猜玻璃墊下的照片人物是誰？認識此人嗎？我看了半天說是彭明敏嗎？他說你真厲害，給你認出來了。我說此照片有何用？他說將來你就知道了。」

彭明敏變裝如千面人

魏廷朝察覺照片跟護照照片一樣是正方型，而照片中的彭明敏蓄鬍子、留長髮、戴眼鏡，且經過化妝，是披頭造型打扮，若不注意看，根本認不出是彭明敏。

謝聰敏晚魏廷朝一年出獄，有天邀魏廷朝去看彭明敏，彭明敏沒有說要逃亡，他也沒有向魏廷朝說出自己的感覺，但直覺有事要發生了。彭明敏並介紹唐培禮及其夫人朱蒂絲（Judith）給謝聰敏認識。彭明敏在離台前一、兩週的半夜，突約謝聰敏在台北青葉餐廳吃飯，他發現彭明敏已蓄鬍，彭明敏並交待要多跟唐培禮連絡，並照顧他的家族。㉕

魏廷朝也發現平日給人「叭哩叭哩」，斯文、派頭印象的彭老師，遭情治人員跟監後，家裡不裝電話，白天不出門，衣著裝扮隨便，有時蓄鬍子，有時留平頭，有時戴眼鏡，有如千面人，搞得連跟監人員都錯亂，誰是彭明敏啊？而且他都選在半夜才出門。

彭教授還諷刺地說，不要讓人知道他家養了幾條狗？他這樣做，除了讓跟監人員搞不清楚他變成什麼模樣，跟監人員是三人交班，「他們在外面看我們，我們也可以裡面看他們。」

監視鬆懈　佈署逃亡

彭明敏也發現，監視人員雖廿四小時三班輪流監視，但監視四、五年來，大都無所事事，他常深夜到唐培禮陽明山神學院宿舍，說明他所面臨的惡劣情勢，從一九六八年後期，唐培禮也勸他逃亡到外國。[26]

在唐培禮家看到彭明敏的變裝照，以及他行為舉止的改變，再想到政大教授鄒文海曾跟謝聰敏說：「國民黨對政治犯最後是要揑死，你要警告彭明敏，到外國比較安全。」故魏廷朝觀察彭明敏早就有逃亡計劃。

一九六九年十二月，彭明敏約魏廷朝、謝聰敏等人聚會，感嘆自已無法活動，失去了自由，隨時也有生命危險，多少感覺得到他生活的壓力與痛苦，但不知道他真的會偷渡出境。「在我的直覺上，彭教授是宣傳家，不是組織家。」

事隔不到一個月，魏廷朝到彭明敏家，看到彭教授的夫人慌慌張張，她也不知道丈夫去那兒？他曾跟唐培禮說，有重要事情可寄本舊英文雜誌給他作暗號，他接到乃去找唐培禮。

唐培禮說congratulation

「congratulation（恭喜）！」魏廷朝剛踏進門，唐培禮馬上用英文向他恭喜。

「喜從何來？」

「彭教授已於一月三日離開台灣，五日安全抵達瑞典，在國際特赦組織（Amnesty International）的幫忙下，已獲得瑞典政府政治庇護。」

魏廷朝記得當天是一九七〇年一月十日，他腦海馬上浮現唐培禮曾拿給他看的滿臉落腮鬍照，彭教授真的變裝成披頭造型離境嗎？唐培禮要他嚴守秘密，不要洩密，見面也不要打招呼，但他私下仍跟李敖說彭明敏已跑到國外。因幫忙彭明敏離境的人還在台灣，為保護此人安全，也要大家守密。

情治人員仍被矇在鼓裡，繼續編造跟監日記，報銷差旅費，直到一月廿三日彭明敏在瑞典公開露面，才知道事情大條，有多位情治人員遭撤職查辦，調查局長沈之岳雖遭蔣經國斥責，仍繼續擔任局長。

持日本護照從松山機場離境

魏廷朝生前在寶島客家電台《歷史的窗門》節目中說，彭明敏沒有護照，卻能持日本護照從松山機場順利出境，所持的假護照應是變造的，那時剛好台獨聯盟成員宋重陽（日本名宗像隆幸）的護照遺失，因此很可能是宋重陽協助他出境。

「彭明敏少了一隻左手，又是情治單位防偷渡的人士，如何變裝到天衣無縫出境，而日本護照是如何變造？是宋重陽的護照，還是其他人的，有待他下一本回憶錄說清楚。」魏廷朝認為彭明敏能利用美國副總統安格紐訪華時，從松山機場公然離境，證明最危險的地方就是最安全的地方。

利用阿部賢一護照變造

彭明敏與唐培禮、宗像隆幸商議後，決定由宗像隆幸的摯友阿部賢一持日本觀光護照來台，把護照交給他，再撕下阿部賢一護照上照片，貼上他的披頭變裝照，為防變造的護照騎縫章鋼印被識破，宗像隆幸事前還四處打聽材料及技術方法，將騎縫鋼印也做到幾可亂真。為方便彭明敏逃亡，阿部賢一來台前並辦妥前往香港、加拿大、瑞典、美國的觀光簽證。

離境一波三折

進入機艙坐好位子，隨行見證的傳教士也同在機

彭明敏教授逃出台灣時的化妝照。
圖片提供／彭明敏文教基金會

上，但彭明敏緊張不敢抬頭張望他坐在那裡，不久機艙門關了，飛機開始滑行，但尚未起飛，竟又折回，他再次驚愕，心想這次真的完了！

飛機停了幾分鐘，廣播響起說是機械有問題須檢修，約半小時檢查好了，飛機滑行飛向天際。送行的傳教士夫妻事後對友人說，差點被嚇死了兩次，他更是如此。

四日凌晨零時廿分，飛機抵達香港機場，前來接機的傳教士形容彭明敏打扮成「一個笨拙的披頭派傢伙」，住在旅館雙人房，兩人興奮、緊張得一夜沒睡。清晨六點傳教士再陪他到香港機場轉國泰航空班機到曼谷。這名傳教士見他安全離開香港，打電話給唐培禮，以英語暗號說：「瑪琍安產雙胞胎，太歡喜！」（意指他與見證人都安全成行了）

飛往哥本哈根感覺自由了

因香港、泰國都在國民黨組織情報網內，彭明敏不敢掉以輕心，直到四日上午十點半換搭北歐航空班機飛往哥本哈根，始卸下心防，當飛機飛越阿富汗上空時，他感覺整個自由了，在機上叫了啤酒自我慶祝。下午四點半飛機在蘇聯 Tashkent 降落加油，六時四十分抵達哥本哈根。

彭明敏安抵哥本哈根，打電話給日本的宗像隆幸和香港的傳教士，寫明信片給一些朋友，再打電話給瑞典斯德哥爾摩「國際特赦組織彭案小組」負責人 Karin Gawell，告訴他已抵達哥本哈根，她大喜又大叫：「It is not true！」（不是真的吧！）

抵達瑞典辦理政治庇護

晚上十時卅五分，飛瑞典首都斯德哥爾摩的班機起飛，彭明敏在機上將全部變裝裝扮脫掉，空服人員看了都嚇到，五日零時抵達斯德哥爾摩機場，為了避免觸犯「偽造證件罪」，他不使用日本護照，等其他旅客全部通關後，才到入境海關告訴他們：「我沒有證件。」人被帶到辦公室。

「國際特赦組織彭案小組」負責人 Karin Gawell 等七、八人已在機場守候，帶了雪衣、雪靴、毛帽、圍巾等一大堆保暖物品，並安排他住進瑞典政府公務員 Lunden 的家，他吃了安眠藥入睡，下午 Karin 等人再陪他到機場，正式辦理政治庇護。

彭明敏到瑞典後，關心阿部賢一在台灣的安全，到一月十八日接到暗號電報「congratulation（恭喜）」後，得知阿部賢一重新申請護照，已安全返回日本才放心。[27]

保密成功　特務不知

彭明敏於一月二日離家，但負責監視他家的特務們，全然不知，仍繼續向上級報告，他「在台灣」的行蹤，並偽報住宿、交通、吃飯旅費，中飽私囊。直到一月廿三日，他成功逃亡到瑞典，並獲政治庇護，負責跟監的情治人員才知事態嚴重，從高層到基層都受到嚴厲處分，證明他的逃亡計劃守密成功。

唐培禮來台發表新書，彭明敏深深感謝他當年的幫忙。圖片提供／彭明敏文教基金會

唐培禮夫婦被遣送回美

國民黨特務「跟丟」彭明敏，到一月廿三日媒體報導，才知彭明敏已在瑞典，除牽怒到魏廷朝、謝聰敏身上，將兩人視為「人質」，開始跟監外；幕後籌劃彭明敏逃亡的唐培禮夫婦，後來也遭到國民黨政府「軟禁」，一九七一年三月更將唐培禮全家遣送回美國。

唐培禮回美國後，美國政府也拒發護照給他廿年，直到二〇〇三年他始獲邀來台，接受台灣人權團體的表揚，二〇一一年二月他在美國出版回憶錄《飛蛾撲火：一個美國傳教士親歷的白色恐怖》（Fireproof moth：a missionary in Taiwan's White Terror），形容自己當時協助彭明敏逃亡，就像是隻飛蛾去撲燈火一樣危險，但還是冒險成功了。

此書當年十二月也在台灣舉行中文版發

表會，他在中文版寫下：「謹獻給彼得（彭明敏）、馬修（魏廷朝）和東尼（謝聰敏），他們厭倦光說不練，決定奮起而行。」以肯定魏廷朝等三人對台灣民主、人權的貢獻。

唐培禮的中文版新書發表會，彭明敏也應邀出席，相擁感謝。

註㉔——魏廷朝《台灣人權報告書：一九四九—一九九六》，台北文英堂，一九九七年，頁七七—七八。

註㉕——張炎憲、陳美蓉、尤美琪《台灣自救宣言謝聰敏先生訪談錄》，頁一一五。

註㉖——彭明敏《逃亡》，台北玉山社，二〇〇九年，頁四六。

註㉗——彭明敏《逃亡》，頁四六—七八。

謀職碰壁　再被跟監

一九六八年九月廿日，魏廷朝假釋出獄；一九七〇年一月廿三日，彭明敏逃亡到瑞典，公開露面。魏廷朝與謝聰敏、李敖變成「人質」，開始被情治人員跟監，一九七一年一月廿四日，他與謝聰敏再度被捕入獄，之後李敖也被捕。

魏廷朝在這兩年四個多月的日子，謀職常碰壁，遭跟監，深感政治犯的無奈，也嚐盡人情冷暖。

幽靈作家　翻譯餬口

「我想重執教鞭，楊梅治平中學剛好有教師缺，校長姓崔，台大畢業；教務主任姓陳，楊梅中學教務主任退休，都屬意我去教，但董監事大多數是外省人，知道我是政治犯，不放心，沒聘我。」

既然政治犯謀教職困難，魏廷朝只好繼續擔任翻譯工作，賺稿費餬口。他已擔任律師的同學陳繼盛、楊宗哲，跟三民書局老闆熟，也拿了一些外文書給他翻。

他主要是協助教授翻譯，翻過拉丁美洲史、蘇聯史，但他只是個「幽靈作家」，出版並沒有掛他的名字，他幫的教授有鄭欽仁、李明德等人，他也幫旅行社翻譯各國介紹，協助孟祥軻編英文字典。

政治犯家屬也受害

「政治犯本身有使命感，有些甚至心甘情願，但家屬卻不一樣，因受到差別待遇、歧視，有時比政治犯更痛苦，是『政治犯中的政治犯』。」魏廷朝除了妹妹受到干擾，大弟廷俊教書、二弟廷洋，升遷也受到影響，廷洋想報考農耕隊不成，乾脆到私營的埔心牧場工作。

魏廷朝認為他家算好的，有些政治犯被搞到家破人亡，有位姓耿的政治犯，老了遭子女遺棄，要子女每月給二千元養老金都困難，告子女遺棄，子女竟答辯他們成長過程中，父親都在坐牢，根本沒有照顧過他們。

青春、人權難以補償

「政府後來雖有轉型正義，透過平反、補償，來減輕政治犯或家屬的痛苦與遺憾，死刑最高可賠償六百萬元，這只是政治上的象徵意義，青春、人權、自由是無價的，金錢能補償得了嗎？」

魏廷朝遺孀張慶惠感慨，在魏廷朝去世後，雖中請到一些補償，但十七年餘的青春歲月，家屬的煎熬，又豈是補償金可彌補的。

「我第一次出獄時卅四歲，雖擁有台大學歷，精通日語，也具教授國文、英文、數學的能力，但因是政治犯，所投的履歷表大都遭婉轉拒絕。」

魏廷朝一直求職碰壁，直到有天他到台北市重慶南路書店街閒逛，碰到初中時期曾教過他的丁姓女老師，他始遇到貴人，順利找到編字典的正職工作。

政治犯幫助政治犯

這位丁老師因義民中學白色恐怖案被判刑，出獄後在稻江家職任教，告訴魏廷朝中央圖書出版社老闆林台要徵求日、英語翻譯人才，結果林台也錄用他。林台原是海軍陸戰隊連長，因犯上被判刑五年，關了兩年半出獄，他是四川客家人，太太方中美也是四川人、左派，同樣坐過牢，對魏廷朝坐過牢不但不忌諱，反而特別照顧。

彭明敏逃亡後被跟監

「一九七〇年一月廿三日，彭明敏在瑞典公開露面，逃亡成功後，情治人員臉上無光。一月廿五日起，我與謝聰敏、李敖均發現開始被人跟監了。林台夫婦同情我，繼續讓我編字典；謝聰敏在大同公司擔任研究計劃部主任，待遇高我一倍以上，公司卻受到壓力，乾脆辭職。」

謝聰敏晚魏廷朝一年出獄，進入大同公司，專門跟外國客戶交際，起薪三千六百元，第二、三月份調至五千、六千元，但彭明敏逃亡，謝聰敏被跟監後，薪水降為三千六百元，他知道公司暗示，馬上辭職，不為難公司。

遭調查局約談卅小時

魏廷朝從唐培禮那兒知道彭明敏已逃亡出境成功，他也告訴李敖，謝聰敏最慢知道。國民黨政府為了卸責，還一度放出謠言是美軍與駐美大使館協助彭明敏從台中清泉崗機場出境；甚至還更離譜說，是跟著訪華的美國副總統安格紐專機到美國。

「彭明敏逃亡成功後，因我擔任過唐培禮的中文老師，遭調查局約談卅小時，留置一夜，才送回，後來唐培禮也被政府驅逐出境。」

「跟監者四小時換一班，連坐計程車也要盤問司機，有些司機乾脆不載。我有時穿運動服爬山，便衣也跟著爬；有次我故意從埔心快走到中壢，穿皮鞋的便衣跟到腳起水泡求饒。」

與跟監者捉迷藏

魏廷朝有次回龍潭老家，管區警察跑來跟監，他到翁姓鄰居家聊天，跟監警察也在禾埕看人下棋。翁問他：「今天怎沒有帶『部下』？」他笑答：「正在看人下棋。」他跟翁使個眼色從後院走了，警察到天黑看不到他，非常緊張，問翁有無看到他？翁故意騙警察「往矮坪山走了」，警察信以為真，動員十餘名警員搜山。

魏廷朝知道自己是政治犯，不敢隨便拜訪親友，就怕給人帶來困擾。

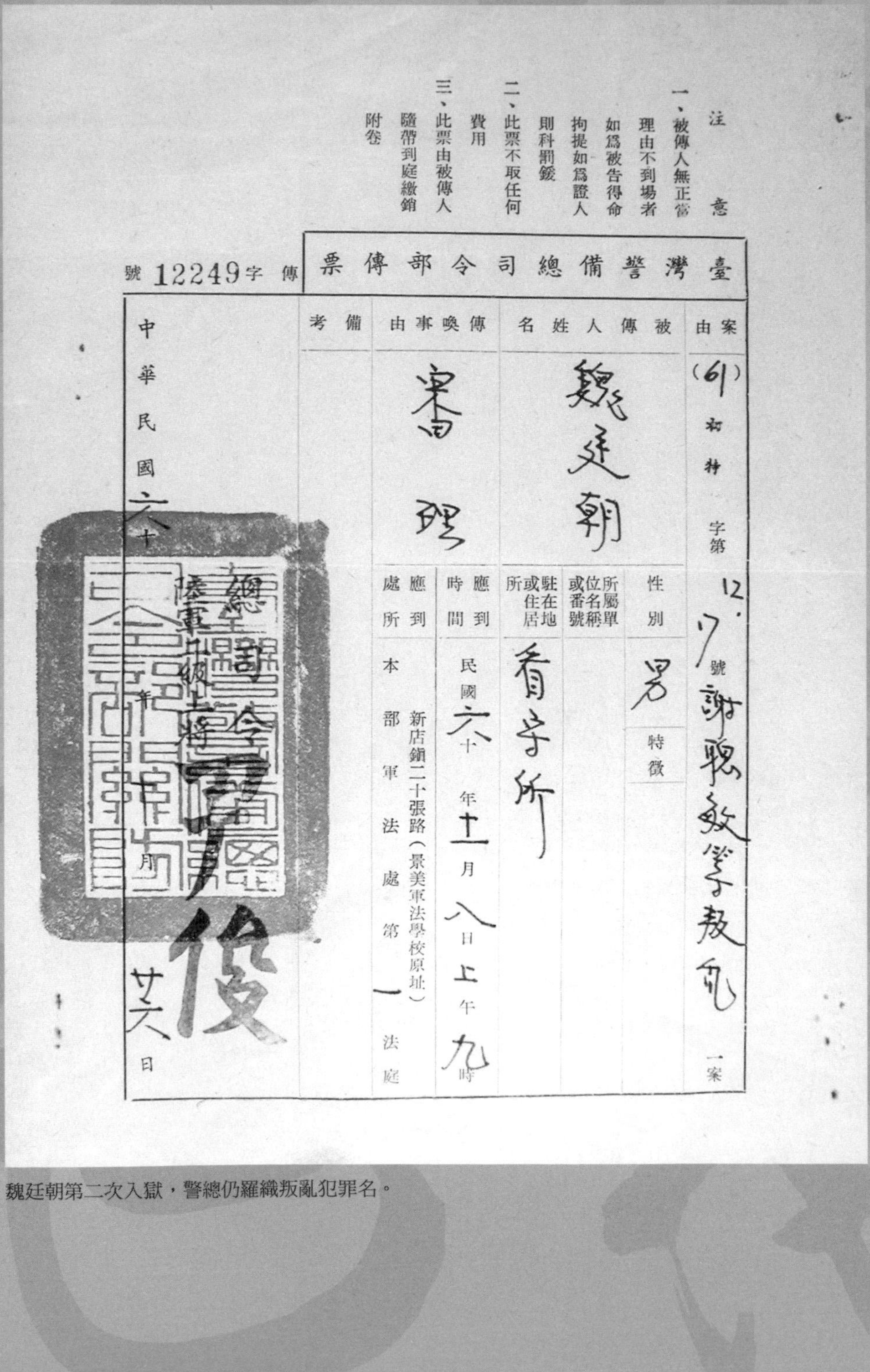

注意

一、被傳人無正當理由不到場者如為被告得命拘提如為證人則科罰鍰

二、此票不取任何費用

三、此票由被傳人隨帶到庭繳銷附卷

臺灣警備總司令部傳票

傳 字 12249 號

案由	被傳人姓名	傳喚事由	備考
(61)初特字第12.17號謝聰敏等叛亂一案	魏廷朝	審理	

性別	特徵	所屬單位名稱或番號	駐在地或住居所	應到時間	應到處所
男			看守所	民國六十年十一月八日上午九時	本部軍法處第一法庭 新店鎮二十張路（景美軍法學校原址）

總司令 陸軍二級上將 尹俊

中華民國六十年十月廿六日

魏廷朝第二次入獄，警總仍羅織叛亂犯罪名。

第二次入獄

張慶惠說：「魏廷朝寫文章很厲害，但手腳不靈活。」張慶惠指著天花板：「他連一個起動器都不會換，家裡的日光燈管都是我換的，這樣的人怎麼可能製造炸彈？」

魏廷朝、謝聰敏、李敖被特務跟監一年多後，一九七一年二月廿三日深夜，魏廷朝、謝聰敏先被捕，三月十九日再逮捕李敖，罪嫌是涉及台南美國新聞處與美國花旗銀行台北分行兩起定時炸彈爆炸案，以及指揮全台暴動。三人遭到嚴厲刑求，關在警總保安處地下室，過著暗無天日的生活。直到謝聰敏託小林正成送出秘信，刊在《紐約時報》，才震驚海內外；三人被判重刑後，適蔣介石去世減刑，魏廷朝、李敖坐了五年八個月的牢，謝聰敏坐了六年六個月。

以爆炸案罪嫌被捕

台南美國新聞處於一九七〇年十月十二日發生定時炸彈爆炸案，接著一九七一年二月五日美國花旗銀行台北分行也發生爆炸案，經媒體報導，懷疑是台獨分子幹的，因那年年底國民黨政府正面臨聯合國代表權保衛戰，懷疑此行為是蓄意破壞中美關係。

二月廿三日深夜，魏廷朝、謝聰敏同時被捕，罪嫌是涉及這兩起爆炸案，並要他們咬出李敖也有參與，令兩人匪夷所思，完全是羅織罪名。謝聰敏生氣的說，他連台南都沒去過，

一九七〇年警總跟監照片。

如何放炸彈？

「我廿四小時被你們跟監，如何做定時炸彈？」魏廷朝不滿無理逼問。

「天曉得，跟監李敖、謝聰敏時，有多次跟丟、脫線紀錄。」特務則冷笑，並指連謝聰敏的表哥三張犁派出所警員洪武雄都有嫌疑，跟監有問題。

同案被捕的還有李政一、劉辰旦，郭榮文、吳忠信、詹重雄等五人。

遭刑求自誣　到現場表演

特務在偵訊過程中，雖一直咬魏廷朝、謝聰敏、李敖涉及這兩起爆炸案，但他們三人遭跟監時，有呈報上級紀錄，無法誣賴三人佈置定時炸彈，只能推測搞炸彈的人在思想上受到三人的影響，因而意圖破壞中美邦交。於是李政一等人飽受毒刑，劉辰旦右手被打斷，最後自誣佈置炸彈，還叫李政一穿黃色舊衣到現場表演，請人指認，以印證有黃衣人在現場的傳聞。[28]

「在保安處地下室進行疲勞審問，整整一星期不給我睡覺，還好我身體好，沒有逼成。後來李敖也被抓進來，因默契不足，他對朋友也不夠信任，託放在他家的判決書影本卻全部拿出來，並說是我拿給他保管的。因軍法處的判決書有做記號，不是一般的判決書，結果林順益、曾勝賢也受到牽連被判刑，其中曾勝賢判了五年。」

林順益是魏廷朝在中央圖書出版社工作時的同事，念大學夜間部，與擔任軍官的曾勝賢在外租屋，因關心政治犯，將部分判決書影本拿給林順益，再轉交給魏廷朝，魏廷朝託李敖保管，藏在李敖家書房及隔壁蕭孟能家書房，本以為會平安無事，沒想到卻因此事出了大問題。

泰源監獄名單外洩

李敖則說，泰源監獄名單會外洩，是他被國民黨跟監時，國際特赦組織秘書長馬丁・恩納爾斯（Martin Ennals）於一九七〇年八月十四日來台，魏胖（魏廷朝）、老謝（謝聰敏）到他家，約他一起去看馬丁；但他要求馬丁若真的要幫助大家，應是請馬丁到他家。魏胖、老謝認為有理，轉告馬丁，馬丁也登門拜訪，「行客拜坐客」。

馬丁・恩納爾斯到台灣，國民黨對他又怕又恨，派三人跟蹤他。在這次「行客拜坐客」裡，他把一些被「跟監」的照片和泰源監獄名單，交給了馬丁。[29]

李敖另一被捕罪嫌是幫彭明敏帶出秘信。彭明敏離開台灣前，拿了一封信給李敖，叫李敖寄；李敖叫弟弟李放交給美國人梅心怡（Lynn Miles）帶出國，在機場見檢查通過了，李放才回來告訴哥哥已順利出關，之後彭明敏又回來問李敖「信有沒有寄出去？」隔沒多久彭明敏就偷渡到瑞典了。

李敖遭誣指台獨「證據」

「李敖根本不是台獨分子，但他被誣指，是因在日本發行的台獨刊物《台灣青年》一百廿期，除了刊出泰源監獄政治犯名單，下還附了一張照片。標題說：『蔣家對於反對他的所謂政治犯，就是釋放後也經常派遣特務跟蹤，此張照片是其鏡頭之一』（本聯盟在島內的秘密盟員攝）。」

特務一直刑逼魏廷朝、謝聰敏，要他倆咬李敖也是台獨分子；李敖甚至不滿魏廷朝曾編說台獨「兩個半」，兩個指謝聰敏、魏廷朝，半個台獨是李敖。但魏廷朝認為《台灣青年》刊出的泰源監獄名單與照片，才是特務硬咬住李敖是台獨分子的「證據」。想必名單與照片是馬丁交給了日本的台獨組織，再刊於日本台獨聯盟的機關報《台灣青年》。

謝聰敏也指出，在這次照片和名單刊出之前，《台灣青年》已先刊登彭明敏被調查局便衣人員監視的照片，特務遂斷定這些都是李敖的傑作，懷疑李敖和台獨聯盟一定暗中聯絡。

㉚李敖的俏皮、精明、熱心，反被誣指是台獨分子，真是「黃袍加身」。

朝台獨台灣本部案調查

「那年中華民國慶祝建國六十年，但聯合國『中國』代表權卻面臨最艱困的保衛戰，國民黨中央黨部派人來遊說，要我合作悔過。我說要放大家一起放，不要害人一輩子。」

魏廷朝等人被捕，警總以兩起爆炸案、指揮全台暴動及破壞台美關係罪嫌逮捕他們，疲勞審訊，刑求，其中謝聰敏被刑求得特別厲害，李敖則被強咬與台獨有關，而事實上李敖只是反對兩蔣，主張自由主義與人權，他根本不贊成台獨。

後來松山機場也發生定時炸彈爆炸案，手法跟前兩次一樣，既然他們八人被抓了，怎還會發生？警總也懷疑有問題；就連美方也質疑，會不會國民黨自導自演？當局轉而朝涉及「台獨聯盟台灣本部案」調查。

「兩個半台獨」之說

謝聰敏說，「兩個半台獨」這句話是魏廷朝編的，出獄後他跟魏廷朝埋怨：「我聽不懂你說的『兩個半台獨』，害我被特務刑求。」魏廷朝告訴他，國際特赦組織秘書長馬丁・恩納爾斯來台，黨外領導人高玉樹、郭雨新都不願出面接待，覺得台灣無人有勇氣支持台獨，才說台灣只有「兩個半台獨」，兩個是他與魏廷朝，半個是李敖。

「我聽不懂也不承認「兩個半台獨」，特務再度殘酷刑求，以注射藥物等方式向我逼供，在疲勞訊問後的頭昏目眩、神智模糊下，我寫下『台獨聯盟台灣本部案』自白書，應特務要求，無中生有羅織的五位委員分別是：林二、李敖、唐培禮太太，已改嫁倪文亞的郭婉容與李政一。」[31]

謝聰敏說，彭明敏逃亡到美國後，透過唐培禮寫信給他，要他在台灣設立「台獨聯盟台灣本部」，並擔任主任委員，給他化名「邱奕發」，並找五位委員，但遭他拒絕。幸好他拒絕，否則一旦被抓，將足以致人於死。[32]

密信在《紐約時報》刊出

「我與謝聰敏、李敖被捕入獄，本是『秘密關門打狗』的小案件，幸謝聰敏被關在保安處地下室時，認識日本人小林正成，寫了封秘信，託小林正成出獄時帶出去，結果信的內容刊在《紐約時報》，卻變成國際大案

魏廷朝（中）第二次入獄，一九七二年攝於軍法處的同樂晚會。

件，讓警總審判也不敢隨便。」

警總與調查局特務逮捕魏廷朝、謝聰敏、李敖，頗有不滿彭明敏逃亡，將氣出在他們身上的意味，魏廷朝、謝聰敏更感受這次被捕偵訊，與上次有極大落差，不僅關在地下室不見天日，禁止接見會面，也動輒刑求，還好謝聰敏機警寫了封信給小林正成帶出去，於一九七二年四月廿四日在《紐約時報》刊出，造成轟動，後來還列入美國國會聽證會紀錄。

此信本想在日本發表，但因日本與國民黨政府關係佳，沒有日本報紙敢登，最後此信交給梅心怡，送到美國，才在《紐約時報》發表。

等審一年　度日如年

魏廷朝、謝聰敏、李敖等八人的案子，直到一九七二年二月廿八日才送到軍法處，二月廿九日開庭，並以「參加彭明敏為首的叛亂組織，意圖顛覆政府」，以「二條一」起訴；謝聰敏當過工兵，也被質疑懂爆破，李敖則被以「二條三」起訴。

「雖被起訴，因此事件已在紐約時報發表，後來還列入美國國會聽證會紀錄，按以往經驗，知道應該不會被處死。後來審判時，國際特赦組織派美國加州大學教授司馬晉（James Seymour）來台，想進入旁聽，雖遭阻止，但已對政府造成壓力。」

四月底一審判決，謝聰敏、李政一、劉辰旦、郭榮文、詹重雄各有期徒刑十五年，魏廷朝、吳忠信各十二年。李敖以替彭明敏傳遞密函，參加以彭明敏為首的叛亂團體，提供泰源監獄政治犯名單給國際特赦組織秘書長，被科以預備顛覆政府罪，判處有期徒刑十年。負責跟監謝聰敏的便衣警察洪武雄，因洩露機密，以包庇叛徒罪，被判處十二年徒刑。33

「二進宮」暗無天日

「第二次坐牢，跟第一次差很大，換了三個地方，前四年過著暗無天日的生活。被抓後偵查了一年多，關在博愛路警總保安大隊地下室，是獨居房，不要說看不到陽光，更不曾看到月亮，沒有廁所，屎尿都拉到痰盂內，第二天再倒；獨居室又濕又暗，整日只聽到抽風機的聲音，還與蟑螂、老鼠為伍。」

魏廷朝一審宣判後，移監到新店廿張的軍法處看守所，同樣見不到太陽，也是獨居房，他在十五、十六房都待過，除了大門整日緊鎖，下方還有個送餐的小洞，在裡面痛苦難耐，只能捶牆壁跟隔鄰的獄友，透過洞口講話，最常跟他講話的是建國中學教官馬正海，他因曾參加共匪組織要自首，所以他任何人都告，連蔣經國都被他告。

「在軍法處看守所等待二審，因一拖再拖，平日又無人可以講話，很多語言都忘記了，偶而有人來會面，『舌嬡』竟打結，有些話竟忘了怎麼講？心情非常鬱卒。」

蔣介石去世獲減刑

直到一九七五年四月五日蔣介石去世，蔣經國被擁立為國民黨主席，七月蔣介石過世百日，立法院通過減刑條例，合乎減刑條件的受刑人獲釋，監獄中留下的政治犯大減；而魏廷朝等人的案子也拖到九月一日，國防部才發回軍法處更審，於九月十五日審理，廿五日宣判。

謝聰敏等七人變更條文，「二條一」被打掉，改科以「受叛徒之指使擾亂治安罪」，謝聰敏改判處有期徒刑九年九月，李政一九年，魏廷朝、吳忠信、劉辰旦、郭榮文、詹重雄各八年半。李敖仍舊被科以「預備顛覆政府罪」，但刑期改為八年半。[34]

受蔣介石去世減刑條例，每人減刑三分之一刑期，「二進宮」的謝聰敏、魏廷朝各坐了六年六個月及五年八個月的牢，李敖也坐五年八個月。令李敖最不滿的是更審時，另七人的「二條一」被打掉，就只剩他是「預備顛覆政府罪」的叛徒，真是荒唐。

那年十二月廿二日，李敖、魏廷朝、謝聰敏與李政一，被送到土城「仁愛教育實驗所」接受感化教育，找了一群學者給他們「洗腦」。因謝聰敏不配合，後被送回軍法處看守所；李敖則不滿魏廷朝講他是「兩個半台獨」的半個，在獄中不跟魏廷朝講話。

註[28]——魏廷朝《台灣人權報告書：一九四九—一九九六》，頁九五—九六。

註[29]——李敖《李敖大全集廿》，台北榮泉，一九九五年，頁一一二—一一四。

註[30]——謝聰敏〈君子和而不同〉，一九八五年六月二十九日，美國《美麗島》二四五期。

註[31]——張炎憲、陳美蓉、尤美琪《台灣自救宣言：謝聰敏訪談錄》，頁一四八—一四九。

註[32]——張炎憲、陳美蓉、尤美琪《台灣自救宣言：謝聰敏訪談錄》，頁一五一。

註[33]——魏廷朝《台灣人權報告書：一九四九—一九九六》，頁九六—九七。

註[34]——魏廷朝《台灣人權報告書：一九四九—一九九六》，頁九四—九七。

硬漢中的硬漢：謝聰敏

謝聰敏在魏廷朝過世時，寫了篇〈男人中的男人——哭同窗魏廷朝〉；而謝聰敏學識、膽識、機智均過人，他無懼酷刑，被釘上腳鐐，他絕食、逃獄，極度挑戰威權，在魏廷朝心目中更是「硬漢中的硬漢」。

謝聰敏在門禁森嚴的監牢，仍有辦法將獄中黑暗，源源不斷傳出獄外發表，託日人小林正成送出的「獄中來信」，在美國《紐約時報》刊出，更是震驚海內外。他擔任立委時，除積極調查過去冤獄，也為轉型正義催生立法，貢獻卓著。

接待國際特赦組織秘書長

「謝聰敏是我那屆台大法律系榜首，

謝聰敏和魏廷朝是台大法律系同班同學。攝影／邱萬興

日文佳，腦筋好，更有超乎常人的毅力，他是我兩度獄中的難友，被刑求得最厲害，但他敢絕食、逃獄，一度病危，九死一生，更有辦法將獄中黑暗面傳遞到外頭，永不屈服，是我心目中『硬漢中的硬漢』。」

彭明敏於一九七〇年一月三日逃亡到瑞典後，魏廷朝、謝聰敏、李敖變成情治人員的「人質」，遭廿四小時監控。那年八月十四日國際特赦組織秘書長馬丁．恩納爾斯（Martin Ennals）來台，「黨外」要角無人敢接待，大膽跳出來接待的是謝聰敏，無懼被特務跟監，照樣與他去拜訪李敖，並將泰源監獄政治犯名單交給馬丁．恩納爾斯，後在台獨刊物《台灣青年》刊出。

「彭明敏以前是聯合國代表團顧問，卻選在聯合國席位保衛戰時『逃亡』，情治人員的憤怒可想而知，我與魏廷朝、李敖就成了人質。」謝聰敏也深知彭明敏逃亡後，他

二〇〇七年，謝聰敏出席景美人權園區開幕，幫他攜帶出密信的小林正成也出席，見證當年白色恐怖。攝影／邱萬興

們處境危險，隨時都有可能再被逮捕，結果一年後三人真的先後被捕，罪名是兩起「莫須有」的爆炸案。

託小林正成帶出密信

「關在保安大隊地下室時，日本人小林正成因散發反動傳單也關在那兒，機警的謝聰敏跟他搭上了線，拜託他一旦出去幫我們帶信，把我們的冤情轉告給海外朋友，謝聰敏將案情用廁所草紙寫好，放在廁所隱密處。」

小林正成被關三個月後獲釋，再被驅逐出境，一般囚犯釋放前，依例要全身脫光檢查，連肛門都要檢查。據魏廷朝回憶，小林正成事前與謝聰敏取得默契，待全身檢查過後，再以拉肚子為由要上廁所，而獄卒也未懷疑，小林正成乃到廁所將密信取出帶出去。後來此信在美國《紐約時報》刊出，震驚海內外，「否則我們怎麼死都不知道。」

謝聰敏回憶錄也說，一九七一年五月十七日，台獨聯盟成員小林正成因在台灣散發「台灣和中國都是聯合國的會員國」傳單，被捕入獄，關在保安處二號房，他關在隔壁一號房，但牢房是無窗密室，兩人未曾見面。

直到有天小林正成用日文鬧房大罵，獄卒聽不懂日語向謝聰敏求援，透過傳紙條始知小林想抽煙，而小林也好奇醫師怎老往謝聰敏牢房跑？有天牢房密室空調壞掉，大家排排站在走廊外透氣，兩人始認識。「他知道我就是二月以來被逮捕下落不明、海外關切甚深的謝聰敏，並進而相識相惜。」

八月下旬某日，即將釋放的小林突然跟他說：「我明天出獄，幫你帶信。」他一聽精神大振，熬夜寫下密函，揭發同案難友們被抓被虐待的恐怖紀錄。他不敢確定小林正成是否順利帶出此信，甚至還為此一度忐忑不安。

多年後《中國時報》記者張平宜小姐訪問小林正成，才得知當天小林正成出獄後為躲過全身搜查，將此密信先用飯粒黏在廁所洗手台後面的隱密處，再借尿遁攜出。他遞送出去的信件交給台獨聯盟，台獨聯盟找日本報社刊登，卻沒有一間日本報社敢刊登此文。戰敗後的德國熱心人權工作，戰敗後的日本則對前日本殖民地冷漠以待。[35]

日本媒體不敢刊出

「此信本想在日本發表，但因日本政府與國民黨政府關係佳，沒有日本報紙敢發表，最後此英文信交給梅心怡送到美國，一九七二年四月在《紐約時報》發表，造成轟動，後來還列入美國國會聽證會紀錄。」

魏廷朝認為，他與謝聰敏、李敖被捕入獄，本是秘密關門打狗的小案件，因紐時的報導，卻變成國際大案件，讓警總審判時不敢隨便。審判時，國際特赦組織派美國加州大學教授司馬晉（James Seymour）來台，想進入旁聽，雖遭阻止，但已對政府造成壓力。

謝聰敏回憶錄則說，因日本媒體不肯刊登，許世楷只好把信送到美國交給彭明敏，但彭先生取得文章之後，連著三、四個月卻不見刊登，直到雷震聽到謝聰敏戴腳鐐即將被槍決的消息後，半夜趕緊去敲田朝明醫師的家門，說謝要被槍斃了，田醫師小趕快把消息傳到日本。

獄中來信刊在《紐約時報》

消息傳到日本後又再傳給彭先生，那篇「獄中來信」就這樣經過三、四個月，才找到在《紐約時報》工作的包德甫（Fox Butterfield）發表，於一九七二年四月廿四日刊在《紐約時報》。使得美國國會開始注意台灣人權與外交的問題，美國眾議院也組「人權調查團」，由眾議員吳爾夫（Lester Wolf）率團來台調查，想見謝聰敏，但來台行程只有二十四小時，警總以車程太遠為由騙吳爾夫，結果沒有探望到他。[36]

彭明敏受訪說，他逃亡到瑞典後，國民黨將氣出在魏廷朝、謝聰敏身上，謝聰敏託小林正成帶一封信出來，最後到他手上，他一度不敢交給媒體刊登，是擔心若發表，謝聰敏遭報復，定被刑求得很慘。

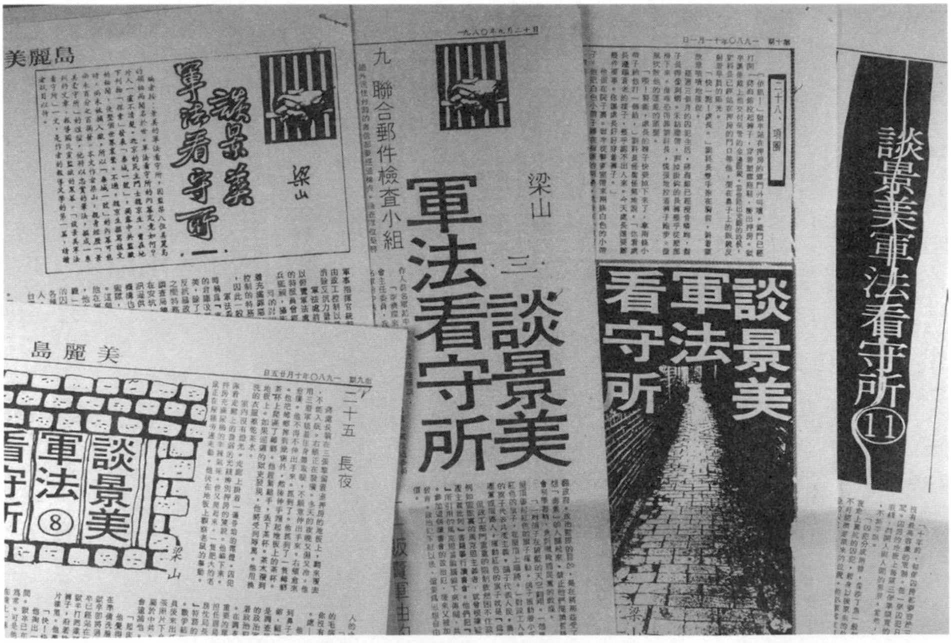

謝聰敏在海外的《美麗島周報》發表「談景美軍法看守所」文章。

他再透過管道問謝聰敏，謝聰敏說沒有關係才交給《紐約時報》發表，美國國會還召開聽證會，他也兩度出席。此信刊出後，國民黨情治人員震怒，結果謝聰敏被刑求得很嚴重，謝聰敏是抱著「犧牲小我，完成大我」的精神，想把事情鬧大。

遭報復刑求戴腳鐐

「我第一次出獄後，透過孟絕子介紹，認識一位美國《西雅圖日報》記者，他剛好來台灣，我告訴他許多牢裡刑求、不人道的事蹟，在《西雅圖日報》見報。第二次被關，託小林正成送出去的信，因我不怕刑求才登，我抱著非死不可的決心，事情要弄大才高興。結果《紐約時報》登出來了，造成轟動，我卻再遭受嚴重刑求。」

《紐約時報》刊出謝聰敏的「獄中來信」，所換來的除遭到嚴厲刑求報復，也再給他戴上腳鐐，而一般被釘上腳鐐者大都是面臨死刑的重刑犯。但「不知道為什麼，已被宣判死刑反而更加惜自己的身體」，謝聰敏反開始重視運動，在放風時戴著腳鐐跑步運動，為防止運動時腳鐐摩擦皮膚破皮，他還將襯衫撕成細片包紮在踝上。

謝聰敏的妹妹謝秀美在他入獄後，參與國際特赦組織的人權工作，除在《自立晚報》刊出聲明啟事「胞兄謝聰敏因涉嫌彭明敏案於六〇、二、二十三被捕」啟事，讓外界知道，以免造成冤獄外，知道哥哥在獄中生病，也透過國際特赦組織日本分部大阪支部的三宅清子和梅心怡（Lynn Miles）等人，再透過日本台獨聯盟許世楷太太盧千惠等人幫忙，輾轉獲得美國國務院與國際特赦組織重視，國際特赦組織致函台灣省政府，要求派一位諾貝爾獎的胃腸科專家來台替謝聰敏診斷病因，但遭國民黨當局拒絕。[37]

謝聰敏常說，監獄裡有兩種組織，一種是官方的行政組織，另一種是政治犯間彼此援助的組織，這是政治犯的生命線。這方面謝聰敏特別有辦法，如他寫的《談景美軍法看守所》就是他坐政治牢時，傳送到外發表的。

流亡海外　關心台灣

一九七九年九月廿八日，謝聰敏搭西北航空公司班機到日本，日本「台灣政治犯救援會」的清水小姐來接機，並受到國際特赦組織日本支部副理事川久保公夫的熱忱接待。在東京與彭明敏見面，他也見流亡海外十年的彭明敏，兩人百感交集。

那年年底台灣發生「美麗島事件」，魏廷朝第三度被捕入獄，他則前往瑞典、美國。一九八〇年在紐約與小他十五歲的邱幸香結婚，婚後遷居洛杉磯，參與《美麗島週報》創辦，後經營汽車旅館，因曾發生爆炸案及遭槍擊才結束營業。

一九八六年，參與《台灣民報》創辦，九月民進黨在台灣成立，出任「台灣民主運動海外組織」秘書長，並於十一月三十日與海外黑名單人士許信良、林水泉等人推動黑名單返鄉運動，在東京成田機場闖關失敗，直到一九八八年才返回台灣。

積極立法推動轉型正義

謝聰敏回台後當選第二、三屆立委，除舉辦雷震案、山東煙台聯中校長及學生冤案等多場公聽會外，對白色恐怖時期政治冤獄，也積極推動轉型正義，通過《戒嚴時期不當叛亂暨匪諜審判案件補償條例》，使得很多受害人及家屬獲得補償。

謝聰敏出獄到美國與小他十五歲的邱幸香結婚，一起為台灣人權打拚，現夫婦住在林口。

註㉟——張炎憲、陳美蓉、尤美琪《台灣自救宣言：謝聰敏先生訪談錄》，頁一五四—一五六。
註㊱——張炎憲、陳美蓉、尤美琪《台灣自救宣言：謝聰敏先生訪談錄》，頁一五七—一五八。
註㊲——張炎憲、陳美蓉、尤美琪《台灣自救宣言：謝聰敏先生訪談錄》，頁一四二、頁一六八—一七一。

快意恩仇俠客：李敖

魏廷朝曾說「我有一個半朋友」，一個是邵子平，半個是李敖，可知他與李敖相知之深

「我在步校受預官訓，認識台大歷史系畢業的馬宏祥，他早李敖一屆，兩人常通信，一通就是一、二十張，信件常被扣留檢查。馬宏祥說李敖是奇才，一九六〇年夏，安排我們在台北一家冰店見面認識。李敖給我第一印象是反應很快，討厭國民黨，胡適迷。」

其實李敖跟魏廷朝同年考上台大，李敖考取法律專修科，第二年重考上歷史系。魏廷朝念台大時就知李敖的才氣，常穿長袍馬褂，寫文章發表。

李敖是近代文壇奇才，與魏廷朝在牢中雖有小誤會，但無損二人友情。
圖片提供／艾琳達

託梅心怡帶信成罪狀

一九七〇年一月三日，彭明敏逃亡到瑞典，一月廿三日接受美國《新聞週刊》專訪，台北情治人員才知曉，隨即魏廷朝、謝聰敏、李敖開始被跟監，一年後三人也被捕入獄。李敖被捕除了長期反對兩蔣專制，挑戰當局；遭跟監時「戲弄」情治人員遭報復外，亦跟兩件事有關，一是託梅心怡幫彭明敏帶信，一是反跟監照片刊在台獨刊物《台灣青年》。

梅心怡（Lynn Miles）是美國人權工作者，長期關心台灣政治受難者，跟李敖熟識。據李敖說彭明敏有次託他轉寄一封信到國外，他交給弟弟李放，在送梅心怡上飛機時帶出境，梅心怡在登機時向李放打個手勢沒問題；李敖轉告

一九七〇年代李敖與美國人權工作者梅心怡。圖片提供／艾琳達

彭明敏，彭明敏聽了很高興。之後，梅心怡無法再入境，理由是彭明敏被捕入獄判決，託梅心怡轉信，竟列為罪狀，理由是未檢舉還幫助。[38]

李敖說，彭明敏託帶的信是封口的，無法窺知內容，託梅心怡帶封信，而不經過郵局，難道就犯法不成？這犯了什麼法？不犯法，又檢舉什麼？

國際特赦組織關心政治犯

「一九七〇年八月十四日國際特赦組織秘書長馬丁．恩納爾斯（Martin Ennals）來台，特別關心柏楊（郭衣洞）案與菲律賓于氏兄弟案，黨外沒有人敢帶路，是由謝聰敏接待。」

魏廷朝與謝聰敏陪馬丁．恩納爾斯拜會李敖，馬丁想見柏楊太太艾玫，李敖還請「小蕾」打電話給艾玫，但艾玫後來沒有出面，柏楊一度懷疑李敖想借此機會接近艾玫，但顯然柏楊誤會了，李敖是「好心遭雷打」，致李敖說「你可以不承認你的道德，但不能不承認我的審美標準。」

謝聰敏問馬丁．恩納爾斯，國際特赦組織有辦法伸援台灣政治犯嗎？他說只要有名單，會正式發函給AI聲援，乃開始蒐集泰源監獄與景美看守所政治名單，其中景美看守所拜託蔡金鏗幫忙，蔡金鏗拜託到市場採買的政治犯，趁帶班班長在外面等時，在市場內交名單，結果這些名單被馬丁帶出去，令國民黨特務非常憤怒。協助的林順益、曾勝賢也受到牽連。

跟監照成台獨「證據」

「馬丁．恩納爾斯到台灣，國民黨對他又怕又恨，派三名特務跟蹤，連同監視魏廷朝、謝聰敏與我的也跟到我家。我向外指著說：『你們看，我家對面變成警察局了！』就在『行客拜坐客』裡，我把一些被跟監的照片和泰源監獄名單，交給了馬丁。沒想到這些名單與照片後刊在《台灣青年》一百廿期，成為台獨『證據』。」

李敖在〈我才「妨害軍機」呢？〉指出：《台灣青年》是日本台獨機關誌，在「台灣泰源監獄政治犯名單」大標題前，加了一段前言，指蔣政權以恐懼手段統治人民，隨時隨地可以巧立名目逮人捕人，尤其逮捕反蔣人士時，不但不說明理由，不提示拘票，而且被捕後行方不明，裁判秘密。所以現在因反蔣而被捕的所謂「政治犯」的確數到底有多少，極難獲知，但從各種資料估計其數將近萬人。

最精采的是，在名單最後還附張照片，標題說：蔣家對於反對他的所謂「政治犯」，就是在釋放後也經常派遣特務跟蹤，此張照片是其鏡頭之一（本聯盟在島內的秘密盟員攝）。照片是從他家四樓窗口偷照的「跟監」現場，他變成了台獨聯盟「在島內的秘密盟員」！公然「黃袍加身」。[39]

李敖也不滿特務指他與彭明敏秘密交往，其實交往完全公開。一九六七年七月三日，彭明敏來信給他想請調查處長王淦吃飯，就是證據；而調查局長沈之岳請吃飯，也是專門請彭明敏和他兩人。說秘密與彭明敏交往，竟秘密到情治人員頭上，天下有如此秘密乎？[40]

不滿被誣指為台獨分子

李敖因跟彭明敏交往，遭情治人員報復；而魏廷朝、謝聰敏在特務刑求下，硬要他倆咬出李敖也是台獨分子，因這樣符合情治人員的利益，既可「修理」李敖，亦可將案子做大，領取更多獎金。

李敖不滿謝聰敏被刑求逼急，隨口說出台灣有五位台獨成員，李敖是其中之一；魏廷朝則說「台灣有兩個半台獨」，兩個是他與謝聰敏，半個是李敖。這三位在彭明敏逃亡後，被情治人員跟監，本是相知相惜，但在特務刑求、疲勞審訊及離間下，卻搞到互不信任、猜忌。

「出獄前一年，我與李敖、謝聰敏、李政一移監到土城清水坑仁愛教育實驗所，因彼此間不滿，懷疑對方『咬』他，共處一室卻從爭吵到不講話，最後以傳紙條度日，究竟誰是誰非？」

在仁教所開「洗腦」專班

「當局後來給我們四人開個『洗腦』專班，授課教授都是仁教所選的所謂名師，有林鐘雄、毛樹清、任卓宣、施敏雄、陶滌亞、柴松林、魏蕚、李鴻禧、項迺光、喬寶泰等十餘人，仁教所少將副主任、上校教導長也常陪我們上課。」

「魏廷朝出獄後跟我說：『只要有反國民黨的事，就算我一份，不必通知我了。』其言甚壯，聞之可喜。」

其實，李敖判刑的證據有三，一是幫彭明敏託梅心怡帶出密信，二是洩露泰源監獄名單，三是家藏文件入夥罪。所謂台獨證據，反而是他所拍的照片被刊在《台灣青年》。

魏明美說，她大哥與李敖坐牢時，廷昱也會到李家幫忙，甚至陪李敖的母親看病，因此李敖認為廷昱比他弟弟李放更值得信賴。[41]

俠義心腸 愛恨分明

「假託我的話來攻擊李敖，實在毫無道理。攻擊李敖，應該攻其所短，豈能攻其所長？……李敖是最可靠的朋友，也是最難纏的敵人，在困難的環境中，經常接濟難友，有許多受過他恩惠的人，在十幾年後始終對他懷念不已……。」

「李敖對朋友有俠義心腸，但也愛恨、敵友分明，他幫慰安婦打官司，日文資料要我翻譯，知道我窮，馬上先預付五萬元稿費給我。」魏廷朝第三次出獄後，與李敖仍有來往，只是沒有以往密切。

一九九九年十二月廿八日，魏廷朝突因心肌梗塞去世，李敖為號召海外台灣人捐錢，帶頭捐了一萬美金，並寫了首詩悼念：

魏胖魏胖，不幸身亡；精神不死，笑貌如常。音容宛在，君將遠颺；我心實慟，顧曲周郎。

魏胖魏胖，南方之強；吾道已孤，留我直航。人飢己飢，聊儲靈糧；美金一萬，送做私房。[42]

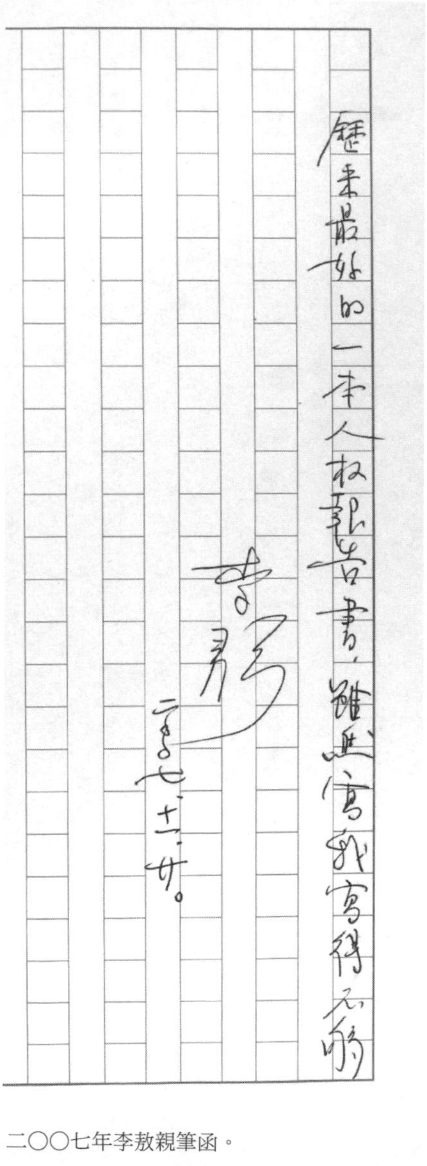
歷來最好的一本人權報告書，雖然寫我寫得不夠
李敖
二〇〇七.十二.廿。

二〇〇七年李敖親筆函。

註㊳——李敖《你不知道的彭明敏》，台北商周，一九九五年，頁一八三。

註㊴——李敖《李敖大全集廿》，頁一二六—一二八。

註㊵——李敖《你不知道的彭明敏》，頁一四三。

註㊶——李敖《李敖大全集廿》，頁一七九—一八三。

註㊷——魏廷昱、巫秀淇、邱萬興《顛覆朝廷的魏廷朝》，頁九九。

監獄的黑暗與特權

李敖曾說「天下沒有白坐的黑牢」，他第一次坐牢出獄後，寫了不少監獄黑暗面。魏廷朝「三進宮」坐了十七年餘的黑牢，從白色恐怖後期坐到解嚴前夕，更看盡監獄的黑暗與醜陋。

牢內與牢外一樣，為了生存，都在鬥爭，牢內小社會「弱肉強食」尤為嚴重，有辦法的政治犯可西裝革履出牢門談生意，香菸、毒品照樣進監牢；而凌晨獄卒敲斷死刑犯腳鐐的「噗刺！」「噗刺！」聲，則令人不寒而慄。

白色恐怖時期人犯暴滿

「一九五一年前後白色恐怖風聲鶴唳時，平均三、四坪的牢房關著二、三十人，廿四間牢房最多時曾關達上千人，政治犯只能側睡、輪流睡，根本無法睡好，痛苦不堪；因沒有廁所，房內還要放一個屎尿桶，大家拉的屎尿都在桶內，惡臭難聞。」

魏廷朝在保安處看守所住在三個床鋪的病房，那時政治犯已不到百人，進入白色恐怖後期，他遇到一個早期的政治犯，帶著羨慕眼光跟他說：「你們坐牢與我相比，有如天堂與地獄。」

彭明敏在《自由的滋味》也說，有位被關十三年的政治犯告訴他，一九四九到一九五〇年間蔣經國在島內進行大整肅，以確保他的父親能夠安全撤退到台灣。監獄擠滿著犯人，無

景美看守所的仁愛樓。攝影／邱萬興

法同時躺下，必須輪流睡。當時政治犯很少受到正式審判，大都以點名方式宣讀刑罰，十年、十五年、無期、死刑等，而且無法上訴。43

槍決前看守所的氛圍

「死刑犯若第二天清晨要伏法，前一晚看守所伙食會加菜，常是加一大塊豬肉，一般是星期一、三晚上，福利社老闆與所長會留守，因大家都有第六感，都吃不下飯。死刑重犯在百日內要提出上訴，六十天內會覆判，軍法處一審，軍法局二審，若上訴被駁回，死刑犯也會算自己的伏法日，故星期二、四會穿著整齊，準備上刑場。」

魏廷朝曾目睹四名死刑犯被拖出去槍決的身影，犯人被判死刑，牢方就將腳鐐焊接在犯人腳踝上，一直到執行死刑槍決前才去除。平日看到戴腳鐐的死刑犯放風，只能碎步行走，鎯鐺的腳鐐聲，已讓人看了不忍；而行刑前用鑽錘敲擊死刑犯腳鐐，所發出的「噗刺！」「噗刺！」聲，更刺痛每位受刑人心房。而此「噗刺！」「噗刺！」敲擊，常持續一、二十分鐘。

其實，只要第二天清晨有死刑犯伏法，前一晚大家既吃不下，也睡不著，而天未破曉，監獄辦公室燈亮了起來，福利社老闆會準備饅頭與酒送行，經軍官驗明正身後，交給憲兵隊帶出去槍決，執行槍決與拍照者都有紅包。

臨死前的人性與氣概

「我見到第一位遭槍決者是中校營長馬彪，他被押出來時還高唱義勇軍進行曲，高喊毛澤東萬歲！結果馬上被人塞住嘴巴，大家目睹私下說『這個政治犯是真貨哦！』最有風度的是一位曾任台北市稅捐處長者，他伏法前一一跟牢友說『保重！』『保重！』因為牢內規矩是不能說『再見』的，再說他也無法再見到大家了。」

這兩位死刑犯令魏廷朝印象特別深刻，臨死前還表現出應有氣概，以及做人的禮貌與風度，令他非常佩服。另兩位伏法者則人幾乎已癱軟，是被獄卒挾著出去槍決。當時第一號房關了三位女性受刑人，每次槍決日，她們都會唱聖歌給他們送行，令人聽了特別悲切。

肛門塞鈔票　監牢內拜佛

「我曾與一名十八歲的竊盜犯同房，晚上上廁所一個多小時卻拉不出來，臉色鐵青，極為痛苦，要我協助他，問他原因？他說他不是拉屎，而是肛門用油紙包了卅張百元鈔塞進去，『拉』不出來。」

魏廷朝知道人犯常用肛門藏東西，監獄連肛門都要檢查，但一下子塞那麼多鈔票還是第一次看到。原來這名竊盜犯專偷銀樓，被捕後現場表演，他將所偷的三粒鑽石，偷偷塞給押他的三名刑警，反正那是贓物。

刑警為回報他，讓他入牢有錢好過，用油紙塞鈔票進肛門，並通過獄卒的檢查。當時沒有千元鈔，還是百元鈔硬塞進去，真是厲害。得到鑽石好處的刑警，不但在他肛門塞鈔票「回報」，還答應通知他的女友送棉被、夾克及吃的。

魏廷朝關在台北看守所，有次換牢房發現有香爐、觀音像及一束香，令他好奇牢內可以燒香拜佛嗎？到了下午他更驚訝，每個房間竟然有熱騰騰的湯圓紅豆湯，原來是家住桃園觀音的死刑犯古永城，上訴駁回，發回更審。照規定死刑犯要上腳鐐，他發回更審表示有希望免除死刑，因此請牢友們吃湯圓紅豆湯。

魏廷朝發覺一般監獄比軍事監獄還黑暗，受刑人跟管理員講話要半跪。一般監獄傳出的菸是一包一千元，現金是五百元，故監獄內照樣有菸，甚至連安非他命都可以進來，難怪李敖會說「天下沒有白坐的黑牢」。

政治犯西裝革履談生意

「看守所內有洗衣部、裁縫工廠及土木工程隊，因工資比外面便宜，外面廠商根本標不過，致常議價，看守所內有名邱姓政治犯被判十年，口才、酒量、交際均佳，白天常西裝革履出去應酬談生意，晚上才換上囚服跟大家一起吃大鍋飯。」

第一次坐牢後期，魏廷朝與謝聰敏都被移監到新店廿張景美看守所，魏廷朝被分派管理撞球場很輕鬆，但所方怕他的思想影響阿兵哥，再派他到洗衣工廠門市，負責送洗衣服的清點。

那時台北市公車、郵局的制服都是看守所承包；台大、大同工學院的衣服也是看守所內承洗。致所長每見有政治犯或軍事犯進來，都私下稱是「財神爺」來了。所長從上尉幹到中校一直不想走，過年也載著滿車禮物去送禮。

在軍法處看守所有兩位受刑人家裡開電影公司，分姓趙與姓劉，透過兩人關係每星期有兩場電影可看，一人主持一星期，也趁此機會可以出去半天，帶影片及放映師進來，大部分是港片舊片，映前也不必唱國歌。

少了政治犯　多了軍事犯

魏廷朝第三次坐牢時，發現軍法處看守所的政治犯少了，變多的是軍事犯，走私軍火、槍械，販賣軍油，私賣軍火案層出不窮，以致軍法官常出入。他也看到江南案或「一清專案」

一九八四年江南命案發生，國防部情報局長汪希苓被判無期徒刑、褫奪公權終身，因當時蔣經國總統交代、郝柏村參謀總長下令，於一九八五年軍法處另外興建「汪希苓特區」特殊空間。攝影／邱萬興

的受刑人，這些進來的犯人都戴眼罩，矇著眼睛，腳戴腳鐐，不是江湖人物就是流氓。

江南案受刑人享特權

「江南案的情報局長汪希苓中將、副局長胡儀敏少將、第三處副處長陳虎門上校，也關在軍法處，但他們『關』在特別房，住的環境有如別墅，有五種報紙、電視可看，除了不能隨便進出軍法處大門外，在軍法處內行動自如，管理人員都是中校以下，碰到這些長官還要敬禮，喊『長官好』。」

汪希苓是不滿旅美華裔作家劉宜良（筆名江南）出版《蔣經國傳》，批評蔣經國，以一百萬美金代價，指派竹聯幫總堂堂主陳啟禮、吳敦、董桂森「為國除奸」，於一九八四年十月十五日在美國殺害劉宜良。陳啟禮等人回國時，汪希苓等還在機場貴賓室熱烈歡迎；後因此案引起美國聯邦調查局重視，當局在紙包不住火下，才展開逮捕，並在全台執行「一清專案」，抓了三百多名竹聯幫分子。

軍法處後以「公務員利用職務機會共同殺人」，判汪希苓無期徒刑，胡儀敏、陳虎門各兩年半有期徒刑。以前沒人敢惹特務機關，現連情報局長汪希苓都判無期徒刑，「神聖不可侵犯的地位掉了下來」，特務威信掃地。

魏廷朝在軍法處目睹汪希苓雖被判無期徒刑，卻享有特權，他們三人可以自由接見，汪希苓有晨跑習慣，每天衛兵也要跟他一起跑，哪裡像在坐牢？

坐牢讓人個性大變

「坐牢會讓人性情大變，我比較穩定。跟我同房的吳文賢，每天發怒，跟太太吵架，甚至跟我下棋輸了也生氣，故我不跟他下。王拓常觸景傷情，周平德喜歡唱歌，他教我唱閩南語歌《杯底不可飼金魚》，我則用簡譜教他十首日本歌曲。范振佑有錢，跟同房吵架到互罵，申請調房。蔡有全與陳忠信同房，但不講話，平日屁股對屁股，同仁傳紙條傳到蔡有全時又傳回來。」

註43——彭明敏《自由的滋味》，頁一九三—一九四。

肆、美麗島事件再度入獄

魏廷朝與張慶惠結婚

一九七六年九月廿三日，魏廷朝第二次出獄，工作更難找，仍靠翻譯賺稿費餬口，住在埔心，經弟媳楊金妹老師介紹，認識在內壢國中教書的張慶惠。一九七七年十月卅一日結婚，十一月十九日發生「中壢事件」。

張慶惠的母親張許嬌妹是許信良的堂姊，因魏廷朝是「二進宮」政治犯，許信良又脫黨參選縣長，為保護魏廷朝，魏、張兩家都婉謝許信良前來參加婚宴，但一九七九年底的「美麗島高雄事件」，魏廷朝仍躲不過再入獄命運。

母親急著想抱孫子

魏廷朝第二次出獄時已四十一歲，母親彭銀妹更關心他的婚姻，要求他的妹妹介紹一位地下產婆給他，但女方父親到戶政事務所查他的資料「滿堂紅」，馬上疏遠、反對。

張慶惠說，魏廷朝會結婚，主要是順從母親，他也曾告訴老友戴國煇：「不是很想結婚，一個人比較自由，結婚是為了傳宗接代。」

弟媳牽線「樓台會」

「二弟媳楊金妹是楊梅鎮瑞埔國小老師，她學校同事唐梅妹老師，與內壢國中老師張慶惠是初中同學，我出獄後在二弟廷洋家翻譯，弟媳與唐梅妹有意撮合我與張慶惠。」

兩人「樓台會」前，楊金妹跟張慶惠說：「我大伯不相親，他怕別人看不中意，他會受傷。」張慶惠回說：「我是女生，別人不中意，我也會受傷。」後在魏廷洋家吃飯，張慶惠對魏廷朝第一印象是忠厚、靦腆，並發現他的牙齒有點參差不齊，後才知是坐牢時遭刑求打壞的。

「春假相約到石門水庫阿姆坪遊玩，坐桃園客運去，我準備了水果、壽司等食物，還帶了傘，阿姆坪遊艇可坐廿餘人，但當天沒有其他遊客，也下雨，魏廷朝卻包了一艘船，後到湖邊公園，兩人話不多，他多數時間在看書，我則看風景。」

一九七七年三月廿九日青年節，張慶惠與魏廷朝第一次出遊，發現魏廷朝木訥，不浪漫，兩人個性、興趣差了很遠，但魏廷朝已盡量牽就她，高二退學立志自修考大學的他本不看電影，也跟她進了電影院。

中壢最有名的蓬萊冰果店

「位於中壢市大同與中平路口的蓬萊冰果店，清涼的冰品，寬敞潔淨的環境，是早期學子們聚會的好場所，也是情侶約會、相親的好地方，綿綿冰、綠豆冰都是招牌。」

魏廷朝念義民中學初一時參加全縣國語演講比賽，念中壢初中的張月鴻也參加，結果他得第一名，張月鴻第三名，後來他念成功中學，張月鴻念北一女；認識張慶惠後，才知張月鴻是她二姊。初中同學許介鱗也住在中平路，雖是閩南人，因住在客家庄，客家話講得非常流利。

魏廷朝覺得張家條件比魏家好，自己又是政治犯，年逾四十，而且張慶惠也當老師，知識程度不會差很多，只要對方不嫌棄就好了。

大哥尊重張慶惠抉擇

張慶惠認為魏廷朝坐牢被關一次、二次，不會有第三次吧？

魏廷朝非常感謝張慶惠明知他是「二進宮」政治犯，仍願意嫁給他，除了欣賞他的文史素養外；也許是姻緣前世定。

中山女高、實踐家專畢業的張慶惠，在內壢國中教國文、家政。她發現魏廷朝的詩詞歌賦比她強，他雖是政治犯，但很多學者、教授碰到他卻非常尊重，如他跟楊國樞、鄭欽仁教

一九七七年十月卅一日，魏廷朝與小他六歲的張慶惠結婚。

《自由中國》發行人雷震為台灣民主人權坐了十年牢。圖為魏廷朝與張慶惠結婚，他前往祝賀。

授談文史，都是「平起平坐」，不得不佩服他在牢裡仍持續念書，甚至在翻譯日本文學名著。

婉謝許信良來參加婚禮

「一九七七年十月卅一日結婚，許信良那時正在競選桃園縣長，且是脫黨參選，競選總部就在魏廷朝元化路住家旁，情治人員天天搜證、跟監，岳母擔心扯上政治，母親也希望婚禮單純，還拜託許信良不要到場參加婚禮，可知當時魏、張兩家對政治又驚又怕的程度。」

魏廷朝與張慶惠結婚，很巧竟選在蔣介石生日那天，「黨外」民主前輩《自由中國》發行人雷震特地趕來參加他的結婚茶會，讓魏廷朝非常感動。

疼惜太太如單親媽媽

「我與太太的知識程度不會差很多，夫妻

不會吵架，但對子女教育常起爭執，太太希望孩子接受音樂、英文教育，我對孩子比較放任。她一直是非常敬業、認真的老師，因兼教家政，還到台北跟傅培梅學料理。」

魏廷朝婚後，生活方式跟著調整，母親、魏廷昱也搬來跟他夫婦一起住，隔年（一九七八）兒子新奇出生，因工作不好找，繼續從事翻譯工作，生活的壓力太太擔得比他還重。

一九七九年七月《美麗島》雜誌創刊，為了生活，加上自己對寫作、編輯也有興趣，出任《美麗島》執行編輯，沒想到只發行四期就被查禁。十二月十日發生高雄「美麗島高雄事件」，

一九七八年長子魏新奇誕生，魏廷朝洋溢初為人父的喜悅。

魏廷朝有子萬事足。

三天後他第三度被捕入獄，那時張慶惠也身懷六甲，他入獄一個月後，女兒魏筠出生。

婚姻貴在給對方空間

「文學大師鍾肇政的夫人張九妹沒念書，是傳統客家婦女，只是給他生兒育女，照顧他的生活，外人看來，鍾老婚姻平平淡淡，不熱不冷，跟他現實生活的多彩多姿落差很大。其實，鍾老能毫無後顧之憂，專心創作，是張九妹給鍾老很大的『空間』，是真正幕後功臣。」

魏廷朝也談到婚姻的經營，非常欣賞鍾肇政夫婦的相處模式。

「佢哦！吃飯看書，屙屎看書，落大雨，屋肚漏水，佢脈介唔使愁。」張九妹曾以這句話說鍾肇政的好命；鍾肇政為回報老伴，張九妹晚年病重時，日夜都守在病榻邊，服侍湯藥[44]，直到病逝。

蛇食「拐仔」連三次？

「太太當然會擔心我再坐牢，我也老實告訴她：『蛇食拐仔（青蛙），有可能一次、兩次，亦有可能會第三次。』不敢保證不會再坐政治牢。」

魏廷朝婚前跟張慶惠打了預防針；而張慶惠也認為不會倒霉到第三次被關吧！沒想到一九七九年十二月十三日魏廷朝因「美麗島事件」第三次被捕入獄。

鍾肇政支持魏廷朝參選立委，對落選感到惋惜。

註44——何來美〈魯冰花養分孕育，鍾肇政衝破濁流〉，收錄於何來美主編《客家身影》，台北聯合報，二〇一一年，頁十四。

從中壢事件到高雄橋頭事件

一九七七年底五項公職人員選舉，國民黨因「作票」爆發「中壢事件」，退出國民黨的許信良高票當選桃園縣長。一九七九年一月二十二日，許信良為聲援前高雄縣長余登發、余瑞言父子，南下帶頭抗議遊行，發生「高雄橋頭事件」，後遭監察院彈劾，桃園縣長遭停職。

坐過兩次政治牢的魏廷朝剛結婚，雖小心翼翼，避免碰觸政治，但後來出任《美麗島》雜誌執行編輯仍遭波及，成為「三進宮」政治犯。

退黨宣言　弄假成真

「許信良是國民黨栽培的菁英，當省議員時出版《風雨之聲》、《當仁不讓》，因

許信良在省議員任內出版《風雨之聲》、《當仁不讓》，決定角逐桃園縣長。
圖片提供／邱萬興

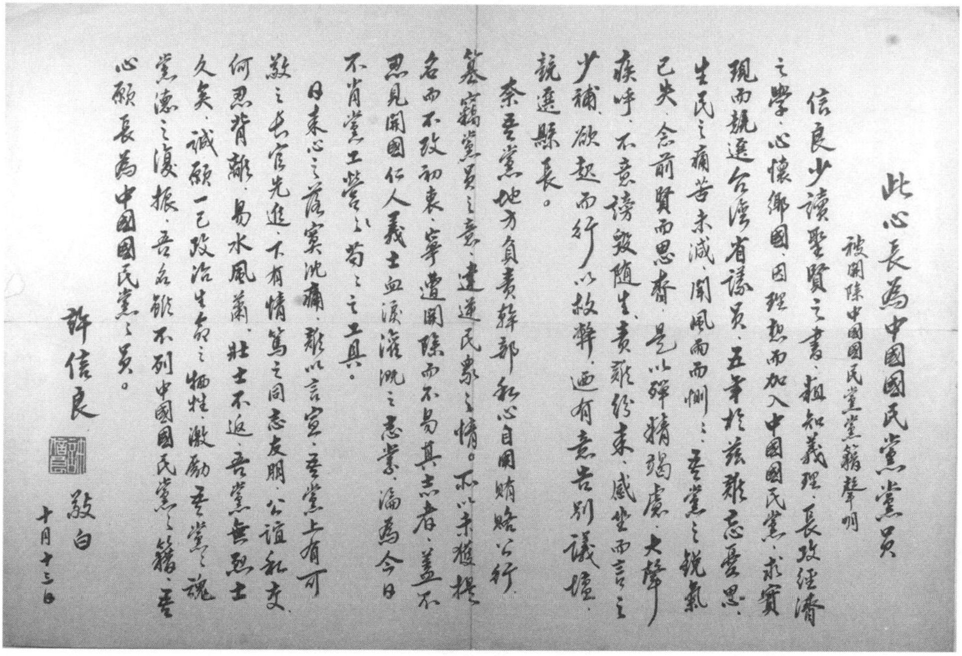

此心長為中國國民黨黨員

被開除中國國民黨黨籍聲明

信良少讀聖賢之書，粗知義理，長攻經濟之學，心懷鄉國，因理想而加入中國國民黨，求實現而競選台灣省議員，五年於茲，兼志晝思，生民之痛苦未減，聞風雨而惻惻；吾黨之銳氣已失，念前賢而思齊，是以殫精竭慮，大聲疾呼，不意謗毀隨生，責難紛來，感坐而言之少補，欲起而行以救弊，迺有意告別議壇，競選縣長。

奈吾黨地方負責幹部，私心自用，賄賂公行，篡竊黨員之意，違逆民眾之情。不以未獲提名而不改初衷，寧遭開除而不易其志者，蓋不忍見開國仁人義士血淚灌溉之志業，淪為今日不肖黨工營營苟苟之工具。

日來心之蒼寞沈痛，難以言宣，吾黨上有可敬之長官先進，下有情篤之同志友朋，公誼私交，何忍背離。易水風蕭，壯士不返，吾黨無烈士久矣，誠願一己政治生命之犧牲，激勵吾黨之魂，黨德之復振，吾名雖不列中國國民黨之籍，吾心願長為中國國民黨之員。

許信良 敬白

十月十三日

〈此心長為中國國民黨黨員〉的退黨聲明。圖片提供／張富忠

行為超過國民黨期許，並揚言參選縣長，到處拜會地方人士，也來拜訪我，有人懷疑我是許的幕後人士。後來許信良寫了〈此心長為中國國民黨黨員〉的退黨宣言，並有人散發傳單，指宣言是魏廷朝寫，簡錦益書，讓我非常困擾。」

張慶惠說：不想讓剛出獄沒多久的魏廷朝再度捲入政治是非，魏廷朝當時很討厭國民黨，跟國民黨沒有感情，也寫不出這樣的筆調，何況他只會白話文，不會用文言文。

肥料服務到家　到府收購稻穀

魏廷朝說當時許信良的競選總部，還掛了青天白日滿地紅國旗及黃花岡七十二烈士像，再仔細比較他的競選政見，只有兩條跟國民黨提名候

選人歐憲瑜不一樣，一是肥料服務到家，二是到府收購稻穀。因許信良是李煥愛將，也只攻擊地方黨部腐敗，沒有攻擊中央黨部。

「許信良，農家郎，為正義，全省名揚。力爭降低田賦，高價徵糧。全面減稅，學生安康；不為利誘，不畏權勢……我們支持許信良、許信良、許信良……。」許信良以「新精神、新人物、新桃園」為訴求，以閩南語歌謠《四季紅》的曲調譜改編《我們支持許信良》競選歌曲，在大街小巷傳唱。

共產黨才作票「指桑罵槐」

魏廷朝認為許信良畢竟是學政治的，知道國民黨的弱點，手腕極高，在投票前三天在競選總部貼出「只有共產黨才作票，發現作票立即喊打，打死共產黨！」的大字報，呼籲支持者前往投開票所監票，這張「指桑罵槐」大字報，也真的激起選民的投票意願，並前往投開票所關心，成為勝選策略。

老夫婦投的票被塗成廢票

十一月十九日當天上午十時卅分，一對老夫婦進入圈票處許久沒出來，投開票所主任監察員范姜新林（中壢國小校長）進入圈票處詢問，在旁投票的邱奕彬、林火鍊發現范姜新林將老夫婦投給許信良的票塗抹成廢票。

老夫婦走出投開票所，邱、林兩人告訴老夫婦「您們投的縣長票已成廢票」，老夫婦再走回投開票所要求范姜新林補發選票，范姜新林拒絕，雙方吵了起來，引來投票群眾聚集。

檢察官據報，將老夫婦及證人帶到中壢警分局問話，卻讓范姜新林繼續執行工作，檢察官的偏袒行為迅速在中壢市傳開。到下午二時卅分，數名群眾衝進投開票所，把范姜新林推出來，警察前來解圍，檢察官乃將范姜新林帶進中壢警分局保護，結果引來更多群眾包圍，脫序的群眾一發不可收拾。

國民黨作票爆發「中壢事件」

「後聽說檢察官讓范姜新林從警分局後門溜走，群眾嘩然，不滿群眾從四方蜂擁而至，將分局包圍，憤怒群眾拿石頭砸分局門窗、掀翻警車、憲兵車。憲警雖發射催淚彈想驅散群眾，但人潮

桃園縣長選舉因作票案引發「中壢事件」，不滿群眾包圍中壢警分局，燒毀警車。攝影／張富忠

仍一波波擁至，在黑暗中傳出槍聲，造成二死一重傷，死者是中央大學學生江文國、中壢市青年張治平，重傷的是劉姓少年。」但此消息一直未受到官方證實。

魏廷朝回顧「中壢事件」，鬧了近二天，他想去看，被太太勸阻。因中壢警分局遭縱火，警察都跑光，連軍隊都出動了，但受蔣經國之命沒有進來，因蔣經國擔心再發生「二二八事件」。不僅軍車被燒了多輛，連隔壁的消防隊都遭殃，中壢陷入無政府狀態。

許信良當選桃園縣長

當晚桃園縣宣布「宵禁」，這是戒嚴令下第一次最大的群眾暴動事件，開票作業時，各票箱傳回的票數都是許信良遙遙領先，當年電視臺已有選情報導，但就是不報桃園縣的消息。許信良以二十三萬票贏過國民黨提名的歐憲瑜十四萬票，贏了九萬多票，當選桃園縣長。

這次選舉是在野黨外力量前所未有的反撲，除了許信良，全台當選的「黨外」縣市長還有台中市長曾文坡、台南市長蘇南成與高雄縣長黃友仁。七十七席省議員中，「黨外」亦當選了廿一席，包括桃園縣的黃玉嬌、宜蘭縣的林義雄、南投縣的張俊宏、屏東縣的邱連輝等省議員都高票當選，加速日後臺灣民主運動的開展。

以前國民黨提名者當選幾乎百分百，這次連國民黨組工會主任李煥都親自南下到中壢農會二樓成立指揮部，結果歐憲瑜還是慘敗，也給未來有意參選的「黨外」人士極大鼓舞。

魏廷昱成許信良「死忠」

中壢事件後，魏廷昱後來積極投入「黨外」政治的輔選，擔任「黨外」雜誌的編輯、發行人，對台灣民主政治、人權也高度參與，所以「黨外」私下將魏廷朝、魏廷昱兄弟稱為「大魏」、「小魏」。但兄弟行事風格卻迥然不同，「大魏」敦厚、憨直，擇善固執；「小魏」機警、聰明，行事務實。

一九七八年，魏廷朝兒子魏新奇出生，年底增額立委、國大代表選舉，桃園縣長許信良有如全縣「黨外」總幹事，國代北區推呂秀蓮、南區簡錦益、立委推張德銘，都被選民看好。魏廷朝被褫奪公權，沒有選舉權與被選舉權，只有幫人抬轎的份。

「中壢事件」後魏廷昱（右一）進入許信良服務團隊，與大哥魏廷朝（右二）、張富忠（左一）等人合影。

正當選戰正熱時，美國宣布與中共建交，與台灣斷交，台美關係改以《台灣關係法》取代，蔣經國乃以《動員戡亂時期臨時條款》緊急處分令暫停增額中央民意代表的選舉。

邱奕彬因中壢事件被起訴找張德銘律師辯護

魏廷朝在「中壢事件」後認識牙醫師邱奕彬，要求幫忙找律師，魏廷朝透過康寧祥介紹張德銘，張德銘律師是小他三屆的台大法律系學弟。

「中壢事件」作票案，檢察官對范姜新林以證據不足不起訴，目擊作票證人邱奕彬醫師被處有期徒刑一年半，緩刑三年，遭外界批評司法不公。

對邱奕彬被控僞證案捨棄上訴的聲明

●張德銘

六十七年八月十八日，也就是高等法院對邱奕彬被控僞證案宣判「上訴駁回」後一個月差兩天，我終於接到了判決正本。我對本案既已完全失望，那麼判決書的製作與送達拖延了幾天，我當然也懶得去追究個中原因了。

根據刑事訴訟法的規定，不但我的當事人邱奕彬有上訴權，就是我這個辯護人也有權爲被告的利益而獨立上訴；然而，鑒於法院在處理這個案件的全部過程中，始終不曾讓我們覺察出半點司法人員在辦案時應有的風骨，我們便在十天之後——六十七年八月二十八日，決定不再上訴。

由於我的當事人明示捨棄上訴，我大可不必再向法院陳述捨棄上訴的意旨。我必須做的，只是把我們對本案的最後感想，直接向所有關心本案的父老同胞們報告。

在一個標榜民主法治的國家中，只有當法院表現得有擔當、有魄力、能不怕權勢、能服膺眞理、能獨立裁判、能忠於職責、能全心全力調查證據的時候，它的民主法治才有前途，它的國民才能眞正享有自由和平等，而政治性案件，正是考驗法院是否具備上述資格的試金石。

中壢事件所引發的兩個案件——邱奕彬被控僞證案以及楊盛國等被控騷擾警局案，無疑是考驗我國六、七十年來推行民主法治成果的大好機會。這兩個案件的第二審判決正本，幾乎同時送達我的事務所；然而，我們所採取的行動，却有不上訴與上訴的區別。造成上訴區別的原因，在於承審推事的有無魄力。

上訴的意義，本在針對有缺失的判決，替受冤屈的當事人爭取平反的機會。可是，假如判決的缺失大到足够使人對法院完全喪失信心，那麼上訴還有什麼意義可說！就算有意義，也只是對準無罪蒙冤的當事人心靈，再狠狠地刺上一劍而已！

在邱奕彬被控僞證案的上訴理由書中，我們提出了許許多多疑點，要求庭上確實澄清；可是遺憾得很，在判決書中，我們竟看不到法院表現出一絲誠意，可以供作我們上訴的參考！

爲什麼邱奕彬本於自己的確信而作證，居然會被宣判有罪？法理何在？

爲什麼范姜新林一再公開違規助選，甚至非法侵入圈票帷，手觸別人選票，竟能完全得到檢察官和法官的保護？

爲什麼選票上會有紅色的印漬？民政局自治課長黃新郎又爲什麼不敢當庭用圈筒連續圈選幾十次給大家看？

爲什麼廖宏明檢察官始終以犯罪嫌疑尚不明瞭的「他」案處理本案，直到最後一天才突然改爲可能涉及犯罪嫌疑的「偵」案？

爲什麼選票不按規定方式包封，不在騎縫處加蓋選務人員的印章？

爲什麼開票報告表上的選票數，會多於選舉人領票清册上的選票數？

爲什麼本案經高等檢察處命令轉移台北地方檢察處偵查，而廖宏明檢察官仍還自批不將有關選舉部分抑留自辦？

爲什麼……？

由於法院從頭到尾不肯在這些關鍵性的問題上給我們合理的答覆，甚至根本沒有盡到最起碼的責任——把應該調查、能够調查的證據加以調查，我們爲了不願使我們對司法僅存的一點信心由於本案而徹底崩潰起見，惟有拿出壯士斷腕的決心，忍痛聲明：「我們不願提出明知無望的上訴，以免讓法律的尊嚴再度横遭蹂躪！」

最後，我要深深感謝全國關心本案的同胞們。由於大家熱心的支持，我們才有勇氣在無比的壓力下挺起肩膀，爲爭取司法的獨立與人權的尊嚴而作不懈的奮鬪。我願意在此鄭重地向大家呼籲：

讓我們一同爲我國的司法獨立而奮鬪到底！

讓我們一同來開創一個完全民主、完全自由、完全法治的社會！

張德銘律師為邱奕彬醫師辯護。

聲援余登發父子海報。圖片提供／艾琳達

以涉嫌叛亂逮捕余登發父子

許信良就任縣長後，積極執行稻穀、肥料免費服務到家政策，獲得廣大農民的好評，有些縣市政府也跟進，進而刺激中央政府提高稻穀收購價格，減免田賦、水租等政策。

正當許信良主持縣政普受好評時。詎料，一九七九年一月二十一日清晨五點，調查局人員潛入高雄縣橋頭鄉八卦寮余宅，押走余登發；上午十時，又在縣長黃友仁（余登發女婿）公館逮捕余登發之子余瑞言。他們被捕的罪名是「涉嫌叛亂」。叛亂的內容則是一位於一九七八年十月被捕並已經起訴的「匪諜」吳泰安供稱，曾將「革命動員第一號令」經余瑞言交給余登發，並派令余登發為「高雄台南地區最高指揮司

一九七九年，黨外人士開始了三十年來戒嚴令下第一次的示威遊行，走在最前面是手持「堅決反對政治迫害」大布條的陳菊、陳婉真。攝影／陳博文

令」。余登發父子被捕消息迅速傳遍黨外陣營。

戒嚴令下第一次的示威遊行

高雄縣前縣長「黨外」黑派大老余登發、余瑞言父子，被捕消息迅速傳遍黨外陣營，輿論譁然。桃園縣長許信良認為應予聲援，去找康寧祥、陳鼓應，結果康不參加，陳則支持。

「許信良以慰問余登發父子方式策劃遊行，弟弟廷昱是許信良信徒，不但參加，晚上到旅館住宿時，大家怕被抓都不敢出示身分證，也是魏廷昱挺身登記。他們從余登發老家橋頭集結遊行，再前往鳳山及高雄火車站，抗議國民黨政府侵犯人權。」

魏廷昱與大哥住在一起，魏廷朝後才知道弟弟小魏參加三十年來戒嚴令下第一次的示威遊行。一九七九年一月廿二日是以化整為零方式集結，上午九時，各地黨外人士陸續抵達高雄橋頭余家。參加者還有林義雄、黃順興、許信良、陳菊、曾心儀、陳婉真、陳鼓應、姚嘉文、王拓、陳博文、張俊宏、張春男、邱連輝、何春木、楊青矗、邱茂男、周平德、魏廷昱、蕭裕珍、賀端藩、艾琳達、施明德等人。遊行結束後，接連兩天，黨外人士也到警總交涉，然而國民黨當局態度強硬，毫不讓步。

四月二十日，監察院指許信良「擅離職守，參與簽署不當文件及未經核准的遊行，並違法助選，證據確鑿，顯有違法失職之嫌」，通過彈劾許信良，並移送司法院公務員懲戒委員會懲處。

六月二十九日，公懲會宣布許信良「懲戒休職二年」。許信良因為聲援高雄橋頭卻丟掉縣長職務，但贏得高雄余家的感恩，從此高雄余家感謝許信良縣長的義氣。

一九七九年二月四日，黃信介到許信良縣長公館致送「人權萬歲」匾額。

《美麗島》雜誌只發行四期就因「美麗島事件」被迫停刊。
圖片提供／邱萬興

任《美麗島》執行編輯

一九七九年八月，《美麗島》雜誌創刊，由許信良擔任社長，情商魏廷朝擔任執行編輯，薪水三萬元，他總算有個正職工作。因總編輯張俊宏擔任台灣省議員，政務繁忙，編務主要由他與陳忠信負責。

《美麗島》雜誌雖僅發行四期就因「美麗島高雄事件」被迫停刊，魏廷朝不幸第三度入獄，他卻領教了「黨外」要角的文采與風格。

許信良三顧茅廬

「許信良找過我三次，希望我出任執行編輯，太太認為我既有前科，教書沒人敢用，連身分證職業都是『無』，不是辦法，那時候幫出版社翻譯被倒了二十幾萬，收不到錢。也不能老是當『幽靈翻譯作家』，由反對傾向贊成，而我喜愛文史，自信寫稿、改稿還可以才答應。」

一九七九年八月《美麗島》雜誌社創刊，發行人黃信介，發行管理人姚嘉文、林義雄，社長許信良，副社長黃天福、呂秀蓮，總編輯張俊宏，總經理施明德。第一期《美麗島》問世出刊引起轟動，第一期就造成轟動，一再加印，最後銷售數為七萬本，創下當時雜誌銷售量的最高記錄。各地服務處於九、十、十一月陸續順利成立後，《美麗島》即成為「黨外」的代名詞，成為實質的「黨外總部」。

《美麗島》雜誌執行編輯除了魏廷朝，另一位是陳忠信，東海大學畢業，與許信良交情良好，在編輯台有如許信良的代理人。張俊宏雖是總編輯，但因是省議員，多數時間在省議會很忙，主

《美麗島》雜誌於一九七九年八月創刊，由黃信介（前排中）擔任發行人，許信良（前排右三）擔任社長，魏廷朝（後排右四）擔任執行編輯。
圖片提供／艾琳達

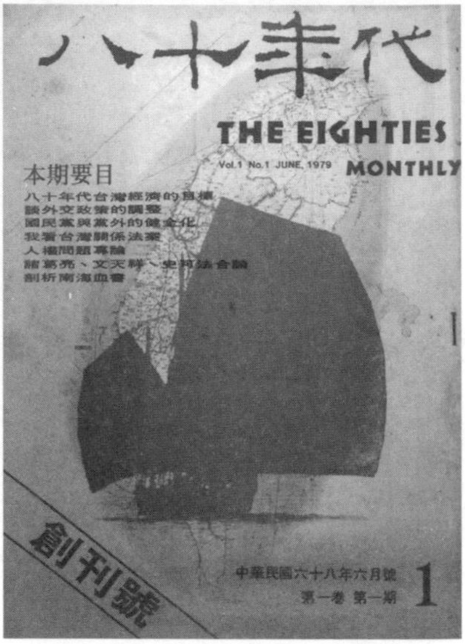

一九七九年六月康寧祥創辦《八十年代》。

要編務是魏廷朝與陳忠信負責。

自《自由中國》、《文星》等批判國民黨當局的雜誌，在一九六〇年、一九六八年先後遭停刊後，台灣政論性雜誌沈寂了多年，直到一九七五年八月黃信介、康寧祥、張俊宏再創《台灣政論》雜誌，以「國會全面改選、解除戒嚴、解除黨禁、報禁」四大訴求為發行宗旨，由黃華擔任副總編輯，結果四個月就被國民黨當局停刊，黃華被以叛亂罪判處有期徒刑十年。

康寧祥創《八十年代》

一九七九年六月，康寧祥立委號召一群「黨外」學者，發行《八十年代》政論雜誌，由江春男（司馬文武）擔任總編輯，參與學者有陳永興、彭百顯、林濁水、李筱峰、范巽綠、陳忠信等人，剛發行銷售量即達兩萬份，致許信良對《美麗島》雜誌的發行充滿信心。

「《美麗島》雜誌社組織，由社務委員組成，多達六十一人，除網羅全台『黨外』要角，還包括傾向統一的《夏潮》成員，陳忠信也被許信良從《八十年代》挖角過來。」

魏廷朝負責編務，發現一九七七年「中壢事件」後，「黨外」勢力快速竄起，已有政黨的雛形，成立《美麗島》雜誌，也是希望透過各縣市成立分社方式來發展「黨外」力量。

《美麗島》創刊號賣了七萬本

《美麗島》雜誌創刊號於八月十六日發行，魏廷朝見創刊號發行量高達七萬本，越編越有興致，很多「黨外」支持者一出版就把雜誌「吃下來」，個人買一、二百本的大有人在，銷路最好時多達十餘萬本，而海外很多內幕消息，也優先提供給《美麗島》。

「《美麗島》雜誌銷路那麼好，除發行宗旨『團結、民主、救台灣』，旗幟比《八十年代》鮮明，發行量馬上超越《八十年代》；而施明德喊出《美麗

一九七九年七月九日美麗島雜誌社召開會議，確定內部高層的人事任命案，出席者有黃信介、許信良、姚嘉文、施明德、張俊宏、魏廷朝、黃天福、呂秀蓮。照片提供／艾琳達

島》雜誌社是『黨外』總部，對渴望台灣走向民主、政黨政治的民眾亦更具號召力。」

寫了三期社論

「除了第一期社論是陳忠信寫的外，我寫了二、三、四期的社論，其中〈韓國革命的啟示〉，還引起中央日報批評是鼓勵叛亂。我寫的〈客家義民爺信仰〉亦遭人投書指『客家義民是清國奴』。」

《美麗島》雜誌內容除「海納百川」容許各派內容，也尊重專業，如請林鐘雄談經濟，尤清、姚嘉文論法律。亦開闢類似「民意廣場」園地，供讀者投書，內容原則上不剪不改，但意見相同的只挑具代表性來刊。

魏廷朝寫了篇〈客家義民爺信仰〉，結果有人投書指義民爺跟清朝的曾國藩一樣，指這些客家義民是「清國奴」。他答覆說，這是很嚴肅的歷史問題，義民爺是否為「清國奴」？不要有太強烈的族群偏見。

成「黨外」團結象徵

「有《台灣政論》前車之鑑，張俊宏本以為《美麗島》辦一、二期會遭取締，沒想到越辦越好。原編輯部太小，施明德租信義路國際學舍對面巷子，林義雄家二樓當辦公室，但後來也感覺太窄，許榮淑建議再另租，但還沒有搬，就發生『美麗島事件』，雜誌也遭查禁。」

魏廷朝特別懷念雜誌出刊經銷售搶搬的場景，真是「洛陽紙貴」，許信良赴美時，《美麗島》出了八、九月兩期，接著十月、十一月也順利出刊，因銷路好，經銷商有的直接到編輯部搶載，台北市萬華華西街還傳出有人來搶雜誌，最高售量曾高達十四萬本。

雜誌出刊前忙不過來，陳菊、陳秀惠、黃昭輝、張溫鷹、張富忠等人也趕來幫忙，黃信介立委為了慰勞編輯部辛勞，還帶大家到台北市的師大路吃牛肉麵。

「美國人問我什麼是『美麗島』，我說是『Formosa』，葡萄牙人到台灣的驚呼！」而《美麗島》雜誌會紅，魏廷朝認為不是言論問題，而是它已成為「黨外」團結力量的象徵。

許信良率妻小赴美

「難留志士騰雲去，切盼英雄捲土來」，一九七九年九月廿日，許信良率妻小前往美國，魏廷朝寫了這首詩送行。黃信介、呂秀蓮、施明德等「黨外」要角及大批桃園縣鄉親都趕到桃園機場送行，將機場大廳擠得水洩不通。那時是許信良一生中最風光的時候，儼然是「黨外」政治明星。

美麗島事件出庭應
訊的大陣仗。
攝影／周嘉華

美麗島高雄事件

魏廷朝在《美麗島》雜誌擔任執行編輯，感受到雜誌影響越來越大，挑戰國民黨當局容忍度。沒想到一九七九年十二月十日國際人權日，真的爆發「美麗島高雄事件」，前往採訪的魏廷朝亦遭波及，第三度被捕入獄。

諷刺的是，在庭上判他六年徒刑的審判長黃金瑞，後來讓美麗島受刑人假釋的法務部長施啟揚，都是他台大法律系同學。因他是減刑犯，未滿五年又再犯，需再補兩年十個月的刑期，使他感嘆「坐牢坐到滿滿」。

許介鱗、謝聰敏先後示警

「美國在台協會事前已得到情報，『黨外』人士若於國際人權日到高雄遊行聚眾，警備總部準備抓人，我曾提醒魏廷朝不要南下高雄，會有危險，但魏廷朝還是去了，結果被抓。以當時氛圍，蔣經國起碼會依法，沒有下去高雄應不會被抓。」

許介鱗當時在台大法學院任教，得知初中同窗魏廷朝到《美麗島》雜誌擔任執行編輯，曾提醒他要注意，以免再入監，但魏廷朝只是前往高雄採訪，沒有演講，依然被捕。

與許信良同時獲准出國的謝聰敏，也嗅出當局可能再逮捕的氛圍，提醒魏廷朝，「依照我的判斷，國民黨一定還會抓人，警總之所以批准這麼多反對運動人士出國，是因為他們打

算減重，先放一些人出國，然後再準備動手抓人……，如果你怕被抓第三次，就趕快離開《美麗島》雜誌社。」㊺

不容《美麗島》變相組黨

國民黨當局最在意的是反對人士的「組黨」，一九六〇年九月逮捕《自由中國》雷震，即是雷震正與本省籍政治人物研商成立反對黨；《美麗島》雜誌在各縣市成立分社，亦有政黨雛形，總社有如「黨外」黨部，分社有如分部，已挑戰當局容忍底線。

《美麗島》雜誌社決定在十二月十日國際人權日，於高雄市舉行遊行演講活動。後引起警總關注，即陸續傳出黃信介住處、高雄、屏東分社分遭人破壞，並有人遭軍用斧頭砍傷。

「鼓山事件」刺激群眾

「十二月九日下午，美麗島高雄分社為次日國際人權日演講活動宣傳，義工姚國健、邱勝雄從分社準備開出宣傳車廣播，遭警方制止，但姚、邱堅持將車開出去，在鼓山警分局附近遭警方攔下，沒收擴音器，姚、邱也被拖進分局毆打，引起蘇治芬、施明德、蔡有全、蘇秋鎮等人關切，率群眾前往鼓山分局抗議，要求放人。」

魏廷朝當晚也得知高雄市「鼓山事件」，姚國健、邱勝雄被保出來時，臉都被打腫，蘇治芬一時竟分辨不出誰是邱，誰是姚？也造成「黨外」支持者群情激憤，各縣市分社得知，決定十日高雄人權會活動加強動員。

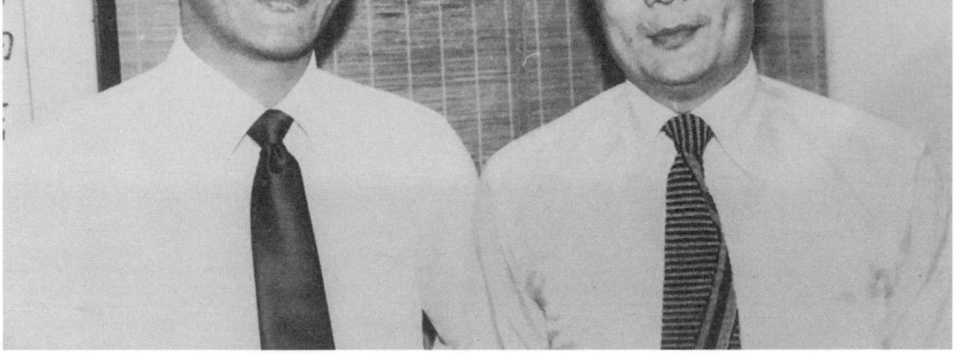

鼓山事件的受難者姚國健與江鵬堅立委合影。

「當天編輯部人馬也南下高雄，七點在大同路集合，參加遊行者以外地人佔多數，姚嘉文、施明德與警方交涉，態度較強硬；國民黨也派出王姓監委、關中與黃信介、張俊宏談。」

鎮暴警察與遊行群眾對峙

魏廷朝與弟弟魏廷昱也在遊行隊伍中，他估算持火把遊行者約有幾千人，群眾由施明德、姚嘉文律師領導，警總則由南部司令常持琇指揮。當遊行隊伍到達原申請卻未核准的演講場地高雄市扶輪公園時，已被警方封鎖，隊伍再遊行至大圓環（今高雄捷運美麗島站），當臨時演講場地。

主持人蘇治芬、邱垂貞在台上唱歌，接著黃信介、邱連輝、呂秀蓮、康寧祥輪番上台演講；警總則安排大

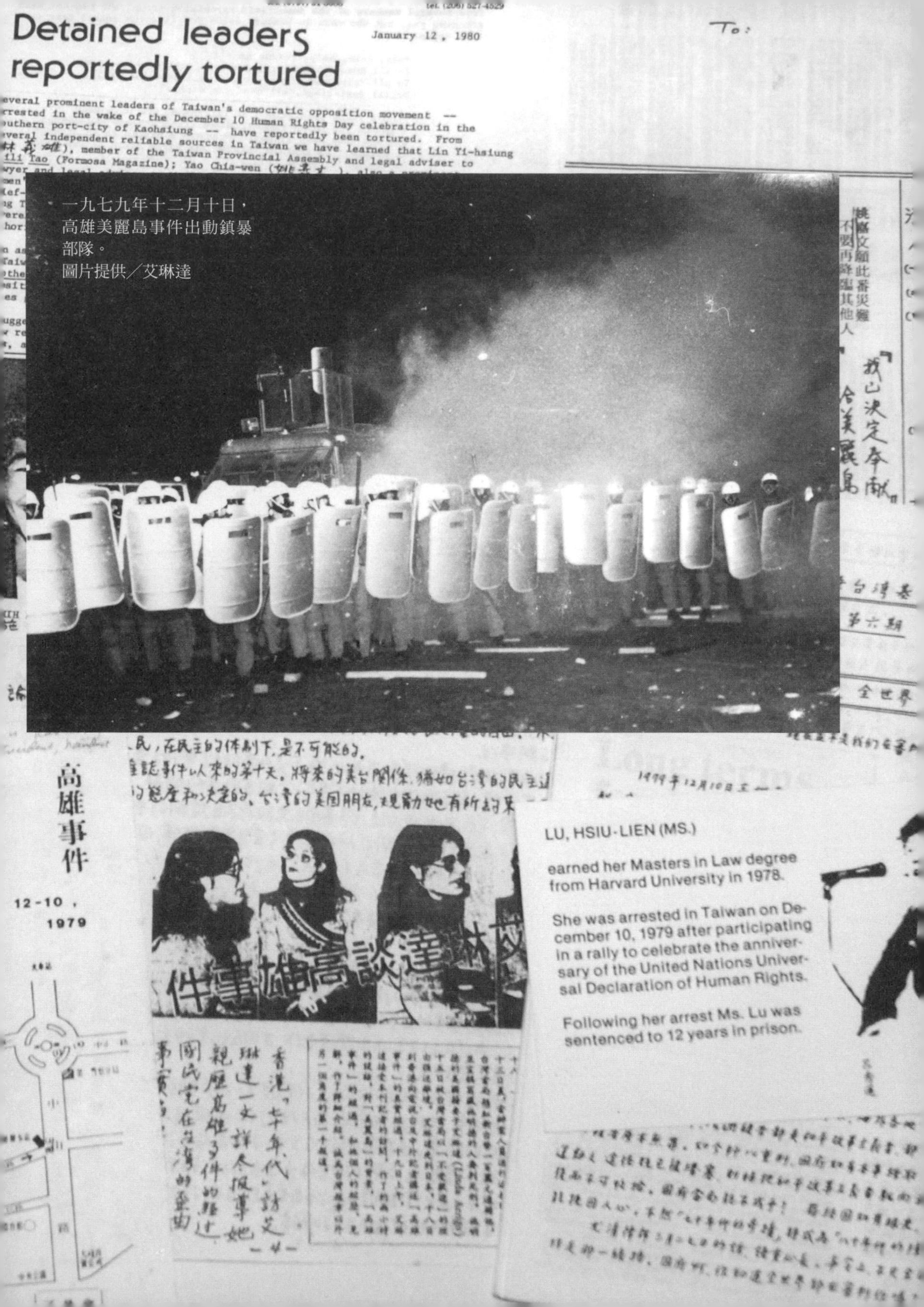
Detained leaders reportedly tortured
January 12, 1980
To:
everal prominent leaders of Taiwan's democratic opposition movement --
rrested in the wake of the December 10 Human Rights Day celebration in the
outhern port-city of Kaohsiung -- have reportedly been tortured. From
everal independent reliable sources in Taiwan we have learned that Lin Yi-hsiung
林義雄), member of the Taiwan Provincial Assembly and legal adviser to
Tao (Formosa Magazine); Yao Chia-wen (姚嘉文
高雄事件
12-10,
1979
艾琳達談高雄事件
LU, HSIU-LIEN (MS.)
earned her Masters in Law degree from Harvard University in 1978.
She was arrested in Taiwan on December 10, 1979 after participating in a rally to celebrate the anniversary of the United Nations Universal Declaration of Human Rights.
Following her arrest Ms. Lu was sentenced to 12 years in prison.

一九七九年十二月十日，高雄美麗島事件出動鎮暴部隊。
圖片提供／艾琳達

台灣民主運動海外同盟
Overseas Alliance for
Democratic Rule in Taiwan
P.O. Box 57355, Washington, D.C. 20037
U.S.A.
(703) 522-2810 • (703) 528-8649

快訊

To:

No. 30

艾琳達在東京控訴國民党的謊言。贊助者共「日本台灣政治犯救援会」→

民主最後碰到鉄牆，能保証人民不吊煙嗎！↓

到底誰用武？→

高雄事件的見証

Gail Arrigo Shih

※又播艾琳達最新消息：施明德手中握有確鑿的証據，耶班劫粗揭毀「美麗島」雜誌自吧仔社的流氓與國民党有特殊關係。

close friends--have been arrested
l Law in Taiwan. They are publishers,
two Provincial Assemblymen, one
ndidates for election to the Central
with sedition - punishable by from
ath. They were working for freedom
ns that we American fought for 200

ate Department announced that the United
billion worth of new weapons. Stop the
ship until it is firmly determined by
the persons arrested have not been
s a mini... we have despaired
ivil

Gover
it is
t wan
s Act
ement o
reafi

lever
has
he cor
tes th
crati

you to
sman
Ask t

ators
arms
ghts

hingt
ingto

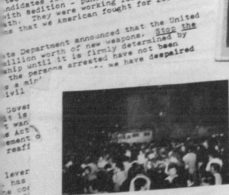

批鎮暴警察，與遊行群眾對峙。呂秀蓮希望大家要打拚，鎮暴警察不要靠過來，若發生事故，警察要負責。康寧祥也要求鎮暴部隊不要靠近，並高喊「台灣民主萬歲」。

因群眾越聚越多，鎮暴警察開始施放催淚瓦斯驅散群眾，但反激發群眾不滿，場面也漸失控，並有群眾突破鎮暴警封鎖線，與警方發生衝突。

暗巷中竄出暴徒打人

「突然在暗巷中有人持竹、木棍打人，內有便衣、警察、流氓，場面亂成一團，張春男見狀呼籲大家不要打，都是自己人。我與弟弟魏廷昱發現有一女孩昏倒在地上，合力想將她抬到附近醫院就醫，但她不要，只好放在樹下讓她休息。」

場面失控後，演講舞台也散了，走了近一小時，碰到林義雄、黃順興，人群都散了。之後他們兄弟、楊小姐及施明德的徐姓助理，一起搭車回中壢、台北。

「《美麗島》稿子也曾不見一張，當時即懷疑是有人偷拿出去給有關單位。」魏廷朝嘆國民黨特務早就派人在《美麗島》雜誌臥底。

邱垂貞因唱了首那時禁歌《望春風》，在「美麗島」大逮捕時也被捕，坐了四年半黑牢。

警總快速「大逮捕」

「第二天媒體一面倒全在罵『美麗島』群眾暴亂、滋事，不守法，打傷一八三名憲警。十二月十二日晚上，黃信介、施明德、姚嘉文、張俊宏等在台北召開記者會，對高雄事件真

一九七九年十二月十四日，美麗島受難家屬攝於景美軍事監獄前。前排右起張俊宏太太許榮淑、田孟淑（田媽媽）、曾心儀、魏廷昱、邱奕彬妹妹邱靜美、艾琳達、紀萬生太太、陳忠信太太唐香燕（左一）。後排右起魏廷朝太太張慶惠、張富忠母親、陳鼓應太太湯鳳娥（右四）、呂秀蓮的姊姊（右五）、林義雄太太方素敏（右六）、王拓太太（右七）、姚嘉文太太周清玉（右八）、張富忠父親（後左四）、包奕洪（後左五），美國人權工作者艾琳達隔天被驅離出境。

魏廷朝因美麗島事件第三度入獄，圖為他一九八一年出庭應訊的神情。
攝影／周嘉華

相加以說明，指責國民黨來台灣那麼多年沒做過好事，國民黨才是叛亂團體，還批評媒體報導不公平。」

十二月十三日凌晨一點，國民黨特務開始抓人，而且動作非常快。其實，群眾被打傷的更多，怕被逮捕牽連，不敢到醫院，當局也鼓勵媒體渲染暴力事件。

為阻止十二月十日的「美麗島」群眾遊行，警總曾派員對集會演講地點進行交涉，希望改在室內，但施明德、姚嘉文不讓步，堅持要在室外。結果當天有便衣警察、流氓、軍人混在群眾中打警察，先鎮後暴。

母親目睹兒子被帶走

「十二日警備總司令汪敬熙下令，十三日起全島同步大逮捕，凌晨五時卅分我準備到平鎮棒球場運動，剛出家門就被特務帶走，母親在住處親眼目睹。特務直接把我送到警總軍法處，沒有刑求，但恐嚇我說：『你坐過兩次牢，希望能合作，先寫一千字的悔過書。』接著開始疲勞審問。」

魏廷朝除拒絕寫悔過書，並正告他們說：「我是《美麗島》雜誌執行編輯，我有持火把、有遊行，但我沒有與人衝突，我沒有錯。」因坐過兩次政治牢，深知政治犯罪行的輕重，完全看當局，「欲加之罪，何患無辭」。

一個月後，魏廷朝被關進軍法處看守所十四號房，大房間可睡六人，卻擠進十人，都是跟中國漁民買金條的犯人，他們都知道「美麗島事件」，但他告訴他們「媒體的報導是錯的」。

美麗島事件的辯護律師群，有多位都成為民進黨政壇要角。圖片提供／李勝雄律師

咬舌自盡未遂　刑求耳朵打聾

「我只是參加遊行就被捕，視政治犯好欺負；邱奕彬根本沒有參加高雄遊行，卻因『中壢事件』舊案找他麻煩，他在牢裡抗議，咬舌自盡未遂；紀萬生的一隻耳朵在刑求時也被打聾。」

魏廷朝「三進宮」後生氣的說：「以後反國民黨的事不必通知我，都算我一份。」可知他對國民黨當局的痛恨。

除了受軍法審判的施明德、黃信介、姚嘉文、林義雄、林弘宣、呂秀蓮、陳菊、張俊宏等八人引起國際媒體注意外，被送到台北地方法院的四十餘人，則被以「暴力犯」當作刑事案件審判。視他們為「暴力犯」的理由是：卡車上有整車木棍證據，但這些木棍根本沒有解開，一根也沒有用。

「施明德鑑於九月八日《美麗島》雜誌社在中泰賓館舉行創刊酒會，《疾風》雜誌李勝峰等人糾眾前來抗議，後要求群眾拿附近工地木棍，必要時跟『疾風』人馬對抗，『疾風』人馬始悻悻然離開，這些木棍是他準備用來嚇阻的。」

魏廷朝發現這些木棍根本就沒有解開使用，卻變成憲警拿來反咬「美麗島」的證據，實在冤枉，得不償失。而當天從暗巷中竄出來打人的，有人說是國民黨動員地方角頭流氓滋事，亦有人說是連長帶部隊進來打人。

陳若曦回台勸蔣經國

「『美麗島高雄事件』大逮捕引起國際輿論關注，旅美作家陳若曦回台灣提醒蔣經國，若沒判好，恐會變成第二次的『二二八事件』。」

警總軍法處以「意圖顛覆政府並著手實行之」之叛亂罪，起訴黃信介、施明德等八人，此罪在白色恐怖時期是「二條一」，唯一死刑。一九八〇年四月五日宣判，吸引大批國際媒體採訪，除施明德判無期徒刑、黃信介有期徒刑十四年，其餘六人都判有期徒刑十二年。他們向國防部軍法局上訴，五月十九日駁回定讞。

「國民黨政府說是輕判，但外國媒體普遍認為判得荒唐，太重。只在國際人權日持火把遊行、演講，連槍枝都沒有，也沒有包圍、攻擊政府機關，連顛覆一間房子都有困難，如何顛覆政府？又如何著手實行？」

政府為討好這些外國記者，雖給予高規格接待，結果他們卻給國民黨政府極差的批評。

司法審判未受媒體重視

「不同於八位軍法大審的政治犯，我們變成暴力刑事犯，很倒霉，像無父母一樣。辯護律師由我大學法律系同學陳繼盛全接下來，再分給其他律師。張德銘律師因被抓獲釋，迴避此案，派他律師事務所的年輕律師林勤綱幫我辯護。」

魏廷朝等四十餘人被依《懲治叛亂條例》移送台北看守所，不少人遭到刑求，如坐太空船、灌辣椒水等，魏廷朝倒沒有。一九八〇年六月二日宣判，魏廷朝被依《陸海空軍刑法》六十二條「多數人集合暴行脅迫警察」判刑六年，共有卅三人被判刑，其他人無罪釋放。

美國人權工作者梅心怡在日本郵寄美麗島救援傳單到世界各地人權團體。

「我們寧願軍事審判，受到媒體注意，變成刑事案件後，反變成黑箱作業。」

周平德、邱茂男、王拓、楊青矗、蔡有全、紀萬生等人都不服判決。

審判長是大學同學

「審判長黃金瑞是我台大法律系司法組同學，他問案笑嘻嘻，全聽上面的，像在演一場戲。我只是《美麗島》執行編輯，當天去採訪，沒有任何暴力行為，卻被當作『暴力犯』判刑，怎令人心服？」

辯護律師林勤綱雖勸魏廷朝跟法官態度要柔軟，不要辯，以爭取減刑，但魏廷朝個性耿直，也學法律，自認沒錯，仍辯到底，並要求所有被告都要判無罪。黃金瑞認為他太硬，跟老同學頂嘴，是『膿頭』，結果沒有半點同窗情，仍維持原判六年。

「有位蔡姓法官代表國民黨參選國大代表，辯護律師尤清大聲喝斥應迴避，驚動整個法庭，因尤清一喝，一鳴驚人，其他辯護律師蘇貞昌、謝長廷、陳水扁、江鵬堅等也都表現傑出。」

許多美麗島受刑人在第二審時獲減刑，還有三人改判無罪，如紀萬生從五年變四年，邱垂貞、楊青矗也有減，邱垂貞在庭上還唱了《望春風》。沒有被減刑的是魏廷朝、周平德、邱茂男、王拓與蔡有全。

一九八五年台灣人權促進會成立製作的「釋放所有政治犯」海報。

共坐十七年餘「政治黑牢」

「美麗島事件」司法審判受刑人，因政治敏感，台北監獄不敢給予假釋，直到魏廷朝同學施啟揚接任司法行政部長時，有人建議他「亂世不一定要用嚴法，更何況現在不一定是亂世」，他乃准予美麗島刑事犯減刑，魏廷朝依規定服刑四年半也可以假釋。

但因他第二次入獄時，判刑八年半，減刑三分之一，未滿五年又再坐牢，之前未服完的兩年十個月還要再執行，故他又再移送軍法處補了兩年十個月的牢，變成最晚出獄的「美麗島事件」刑事犯，共坐了十七年三月又七日的「政治牢」。

註㊺——張炎憲、陳美蓉、尤美琪《台灣自救宣言：謝聰敏先生訪談錄》，頁二七一。

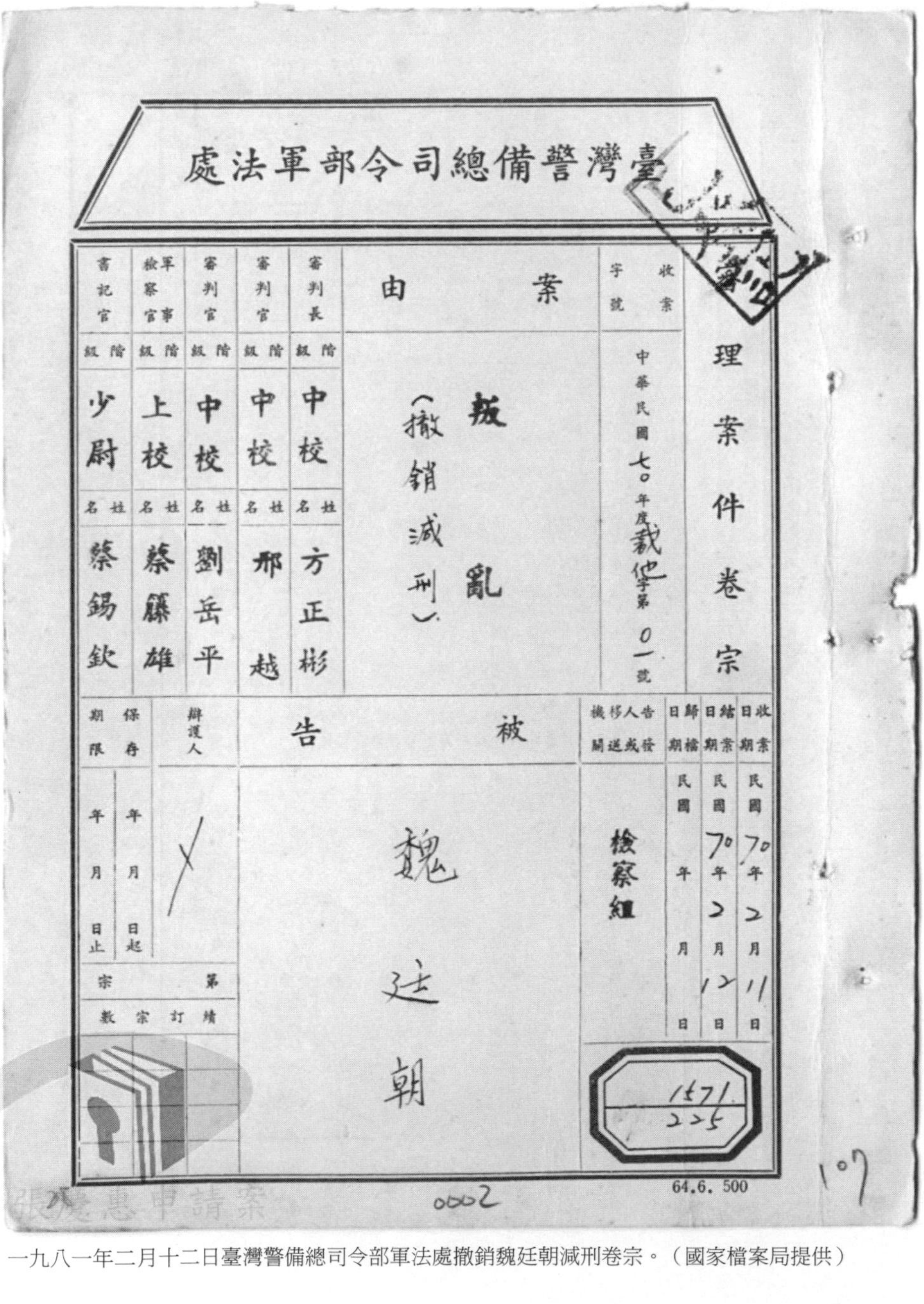
臺灣警備總司令部軍法處

理案件卷宗

收案字號：中華民國七〇年度裁他字第〇一號

案由：叛亂（撤銷減刑）

	審判長	審判官	審判官	軍事檢察官	書記官
階級	中校	中校	中校	上校	少尉
姓名	方正彬	邢越	劉岳平	蔡籐雄	蔡錫欽

收案日期：民國70年2月11日

結案日期：民國70年2月12日

歸檔日期：民國 年 月 日

告發人或移送機關：檢察組

被告：魏廷朝

辯護人：╱

保存期限：年 月 日起 年 月 日止

續訂宗數：第 宗

1571
225

64.6. 500

0002

107

一九八一年二月十二日臺灣警備總司令部軍法處撤銷魏廷朝減刑卷宗。（國家檔案局提供）

一九八一年二月十二日魏廷朝撤銷減刑裁定書。（國家檔案局提供）

台灣警備總司令部裁定

七十年潭裁字第七號

聲請人　本部軍事檢察官

受刑人　魏廷朝　男，年四十五歲（民國廿五年三月廿七日出生），台灣省桃園縣人，業雜誌社編輯，住桃園縣平鎮鄉和平路五十號，身分證字號：[redacted]，現在台北監獄執行中。

右聲請人因受刑人叛亂案件聲請撤銷減刑，本部裁定如左：

主　文

魏廷朝減刑撤銷。

理　由

軍事檢察官聲請意旨略稱：受刑人魏廷朝前犯懲治叛亂條例第四條第一項第十款：受叛徒之指使擾亂治安罪，經本部六十四年度諫判字第四十九號判決，處有期徒刑八年六月，褫奪公權六年，並依六十四年罪犯減刑條例，減處有期徒刑五年八月，褫奪公權四年確定，發監執行。至六十五年十月廿二日執行期滿出獄後，於五年以內即六十八年十二月十日再犯多衆集合為暴行脅迫率先助勢罪，經台灣高等法院六十九年度重上訴字第一三二號刑事判決

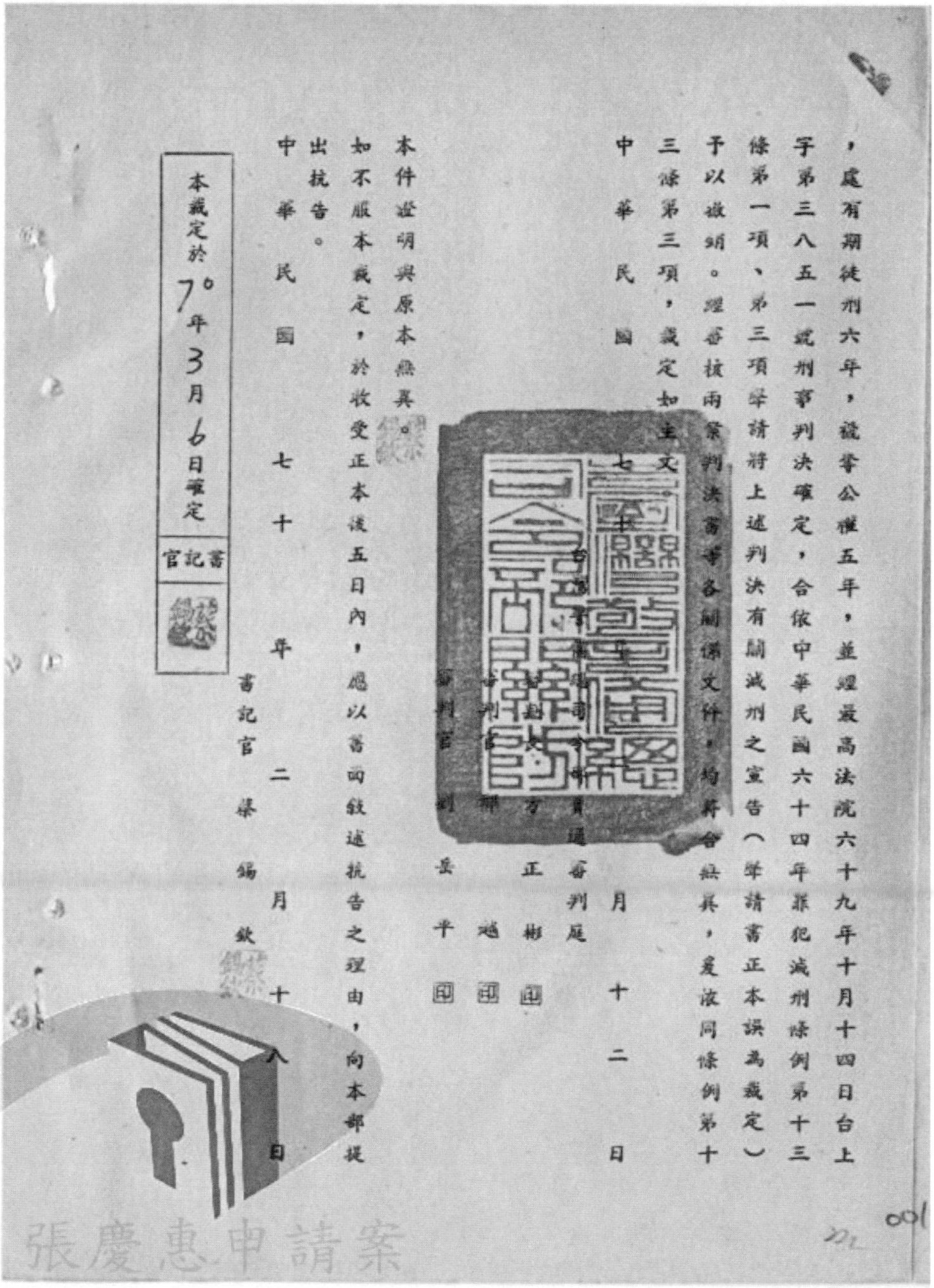
，處有期徒刑六年，褫奪公權五年，並經最高法院六十九年十月十四日台上字第三八五一號刑事判決確定，合依中華民國六十四年罪犯減刑條例第十三條第一項、第三項聲請將上述判決有關減刑之宣告（聲請書正本誤為裁定）予以撤銷。經審核兩案判決書等各關係文件，均屬合法無異，爰依同條例第十三條第三項，裁定如主文。

中華民國七十年一月十二日

台灣警備總司令部普通審判庭

審判長 方正彬

審判官 柳　通

審判官 劉岳平

本件證明與原本無異。

如不服本裁定，於收受正本後五日內，應以書面敘述抗告之理由，向本部提出抗告。

中華民國七十年二月十八日

書記官 蔡錫欽

本裁定於70年3月6日確定

書記官

一九九九年十二月，美麗島事件廿週年晚會在高雄市舉辦。攝影／邱萬興

一九九九年十二月，魏廷朝（前排右三）出席美麗島事件廿週年晚會，與多位難友合影。

啞啞吐哀音

魏廷朝一生三度入獄，分接到父親、二姊及母親的噩耗，但父親與二姊過世，無法返家奔喪，只能在獄中捶心頓足，暗自流淚；母親去世前三天，他見到病危的老母，但告別式前一晚才被獄卒押回家祭拜。

身為人子，生前無法盡孝，死後連奔喪都難，讓他想起白居易的詩《慈烏夜啼》，自責「父歿喪不臨，其心不如禽」，非常不孝。

父子關係亦師亦友

「父親畢業於台北師範，算是地方菁英，但個性『硬殼』，日治時期跟日籍校長、庄長對立，打過架，最後被貶到後龍，淪為工頭，還好那時家裡還有些產業，但光復後父親事業失敗又愛賭，變成無產階級，致他對我這個長子寄望特別深，希望我改革不平等的社會、政治，為社會中下階層人謀福利。」

魏廷朝雖不滿父親魏維崇好賭，卻感佩他教育的開明、放任，而父親日文佳，常鼓勵他看日文名著，俄國作家屠格涅夫的小說《父與子》，就是父親鼓勵他看的，「父親很少以上輩人來管我，反而更像是我的老師、朋友。」

「我念書出社會後，常給父親寫信，平均兩星期一封，雖很少回信，但我知道他很高興

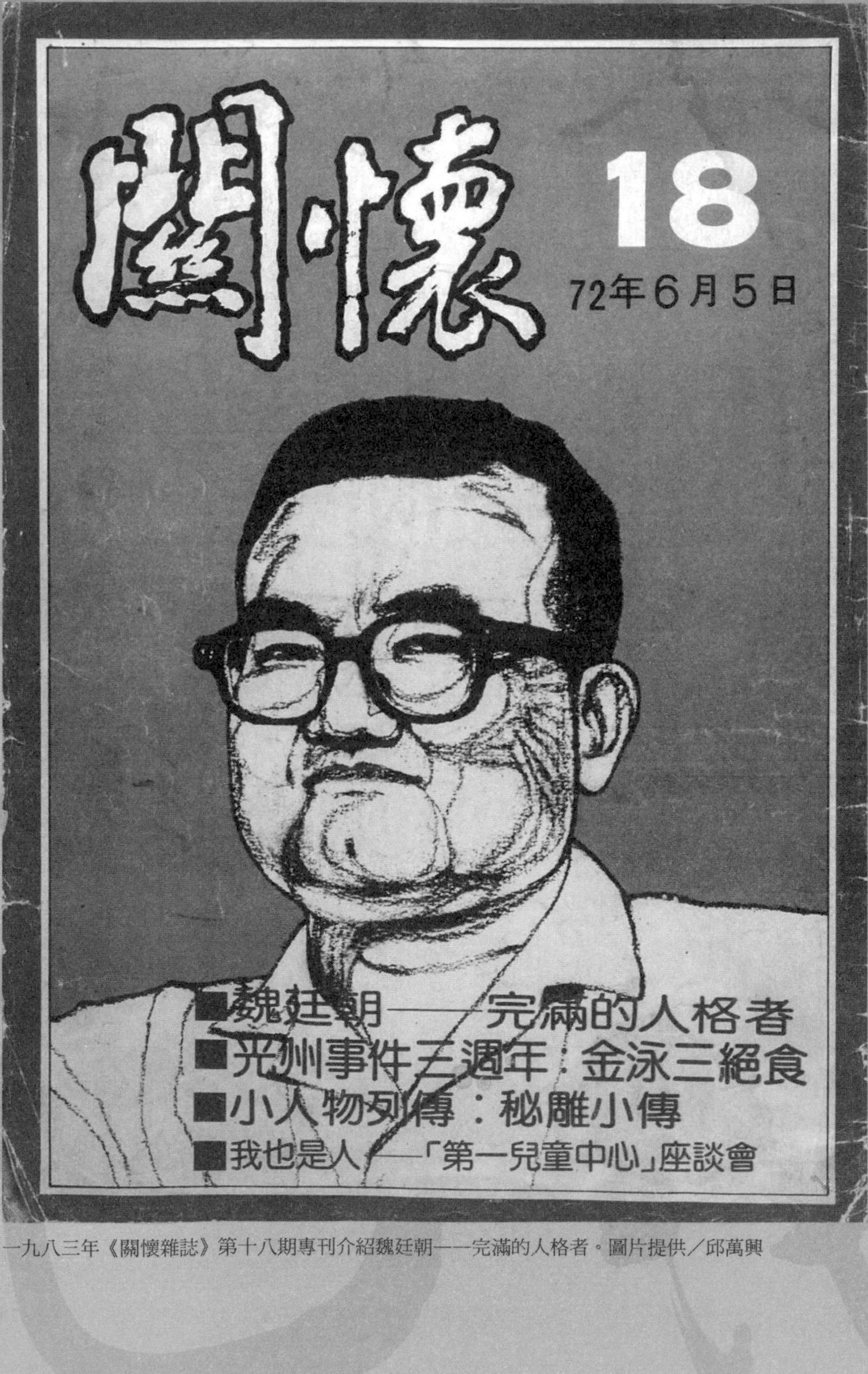

一九八三年《關懷雜誌》第十八期專刊介紹魏廷朝——完滿的人格者。圖片提供／邱萬興

收到我的信，我跟殷海光、彭明敏、謝聰敏、李敖、郭廷以交往他都知道，也認同我跟他們來往；近代史我比他強，日文、日本史則是他教我。」

受父親影響，魏廷朝的日文特別好，魏維崇常自豪地說「廷朝是我的得意門生」；弟妹們也說：「我爸的朋友只有一個，那就是大哥。」

魏維崇年輕時身體很壯，常跟魏廷朝比摔角，但後來失意、熬夜、沒有運動，身體每下愈況，四十八歲時不幸中風。一九六三年，魏廷朝進入中央研究院近代史研究所擔任助理研究員，每逢週末都回楊梅埔心家，與父親「談心」。

父親失心到處找子

「我因「台灣自救宣言案」被捕失蹤後，父親非常擔心，但他不知道我在那裡？到處找我，曾到台北《文星》雜誌社找蕭孟能，問我草擬的憲法在那裡？那時他精神已有點失常，甚至不知道如何回家，是李敖把我父親帶回家。」

一九六四年中秋節，魏廷朝未回家過節，也沒到台北二姊家，且音訊全無，大弟魏廷俊到南港中研院近史所了解，發現他與彭明敏、謝聰敏因寫了《台灣自救宣言》被捕，連近史所同事吳章銓因口袋裡有張魏廷朝留的紙條，也無端受波及，後來釋放，卻被刑求得很慘。

父親探監　無法言語

「我判決坐牢沒多久，父親來探監，看到父親身體與精神狀況都很差，已經不會講話。我告訴父親我身體很好，也有看書，希望他放心；只見父親淚眼汪汪，一直點頭，卻不會講話，我心裡即有不祥之感。」

一九六六年夏，魏維崇到看守所探望愛子，看到父親無法言語，非常不捨，這是魏廷朝最後一次見到父親，隔沒多久（一九六六年九月廿六日）父親就去世，得年五十八歲。

魏維崇病逝，魏廷朝三天後在牢裡接到噩耗，內寫「父死速回」，卻無法讓他返家奔喪，他悲慟地在牢裡嚎啕大哭，並想到唐代詩人白居易的詩《慈烏夜啼》：

慈烏失其母，啞啞吐哀音。晝夜不飛去，經年守故林。夜夜夜半啼，聞者為沾襟。聲中如告訴，未盡反哺心。百鳥豈無母，爾獨哀怨深。應是母慈重，使爾悲不任。昔有吳起者，母歿喪不臨。嗟哉斯徒輩，其心不如禽。慈烏復慈烏，鳥中之曾參。

父歿喪不臨　其心不如禽

「太太曾講我太『無情』，但政治犯本就『忠孝難兩全』，我坐牢未能奔喪是不孝，是我人生一大遺憾！真是『父歿喪不臨，其心不如禽』啊！」

魏廷朝以慈烏的孝心，反諷自己未報親恩，連父親去世都無法奔喪，真是連禽鳥都不如啊！

張慶惠說，公公與丈夫魏廷朝的感情最深，魏廷朝因「台灣自救宣言案」被關後，公公要魏廷俊、魏廷洋去找，得了嚴重憂鬱症，到後來幾乎精神分裂。公公過世時，丈夫未獲准奔喪，但他生前深得人緣，送葬隊伍多達二、三千人，可說倍極哀榮。

魏廷朝未能奔喪，在獄中含淚題了「您留給後人健康、道義、器識、慈愛與雅量」碑文，在妹妹魏明美前來探監時帶回，刻在父親墓碑上。

與他同房的一位少校軍醫獄友，得知他喪父哀慟，趨前安慰他：「我十六歲時在青島被抓，跟山東部隊來到台灣，連跟父母話別的機會都沒有，也不知父母生死，算起來你還比我幸運呢！」

未見廷朝　死不瞑目

「我第三次坐牢時，母親得了肺癌，住在台大醫院病房，彌留前她告訴我的伯母『未見廷朝，死不瞑目』，結果監獄同意我到醫院探望；那時母親一點也不像是個即將離世的人，但三天後母親過世，我接到訃聞，嚇了一跳。」

魏廷朝是在國大代表周清玉與台灣關懷中心的幫忙下，得以見老母最後一面。他覺得母親氣色還不錯，講話也很正常，還安慰母親好好養病，他很快就能出獄了。接到噩耗，才知母親為見他最後一面在力撐，氣色變好，應是圓了見兒心願。

他第三次坐牢滿四年半時，以為可以假釋，母親跟親友們高興的到監獄接他，沒想到他因五年內再犯，還要再服前次獲減刑的刑期，致老母失望而返，而今等不及他出獄竟撒手人寰，讓他非常自責不捨。

母親彭銀妹的告別式在桃園縣楊梅鎮埔心瑞埔國小禮堂舉行，他申請當天一早才回家送母親最後一程，但軍法處看守所只同意他前一晚回家奔喪，晚上近九時他在兩名獄卒押解下回到埔心老家，楊梅警察分局亦派員警維持秩序。

奔母喪引發衝突

「母親的靈位與棺木在埔心老家，兩名獄卒要我在家向母親遺照上個香就要押回，二弟廷洋見狀當場發怒，飛舞著孝杖說『大家都有爺娘，你們這樣做，太沒有人性』，引起很

一九八七年五月魏廷朝第三度出獄返家，首先是給去世的母親彭銀妹上香。

多親友、鄰居圍觀。」

不僅魏廷洋抗議，魏廷昱也打電話給立委許國泰，要求動員群眾過來聲援。兩名佩帶手槍的獄卒見狀，始同意再押魏廷朝到瑞埔國小看看公祭會場。

因簇擁隨行的親友、鄰居相當多，途中有名獄卒用腳踢了魏廷朝的一位外甥，引起這名外甥不滿，險些發生肢體衝突。當魏廷朝扶著母親棺木傾訴，自責不孝時，有名獄卒的手肘還靠在棺木上，態度不屑，也再度引起家屬不滿。家屬雖要求魏廷朝留在靈堂守夜，讓他明天參加家祭、公祭，但獄卒不准，當晚就將他押回。

魏廷洋回憶說，當時台灣即將解嚴，民意高漲，獄卒已不敢那麼囂張，連法務部桃園縣調查站主任葉盛茂為息事寧人，也前來弔唁，並向他的弟弟魏廷昱致意。

「父親去世時不讓我奔喪，母病、過世已准我出去，明顯落差，感覺社會力慢慢強大，而社會力會影響民主化程度，外面變化也會影響政治監獄。」民間一般看法「爺娘死未奔喪，大不孝，比禽畜都不如」，但對坐了三次政治牢的魏廷朝來說，卻充滿著無奈。

伍、「三進宮」後的人生

出獄風光 內心淡定

一九八七年五月廿六日，魏廷朝從土城仁教所出獄，民進黨創黨主席江鵬堅律師率二、三百人高舉「魏廷朝——完滿的人格者」的畫像，風光地接他回家，車隊從土城出發，遊行桃園、中壢市區。

江蓋世問：「國民黨前後三次，關你十七年多，你恨他們嗎？」魏廷朝答：「參加政治活動的人不應有恨，比起別人，我的情況還好。」㊻那年七月十五日台灣解除戒嚴，隔年一月十三日蔣經國病逝，兩蔣威權政治時代結束。

獄中翻譯日本小說《細雪》

「我第三次坐牢，跟第二次一樣，最後一年都被關在土城清水坑的仁教所，已經比較自由，多數時間上課，只做些簡單工作，在作家陳映真的引薦下，遠景出版社老闆拿日本作家谷崎潤一郎（一八八六—一九六五）的小說《細雪》給我翻譯。」

魏廷朝邊讀邊翻，稿酬一千字五百元。谷崎潤一郎曾是諾貝爾文學獎熱門人選，他筆下的東京人是暴發戶，文化水準不如大阪、京都與奈良。文辭皆大阪、京都的關西地區方言，日文程度若不好很難翻。谷崎潤一郎以描寫女性細膩聞名，《細雪》是他的經典之作，美國作家賽珍珠曾推薦他角逐諾貝爾文學獎，惜未獲得。

大家拉起向大魏致最高敬禮布條，「大魏！完全的人格者，阮敬愛您！」在土城仁教所門口歡迎魏廷朝出獄。攝影／邱萬興

看守所凌晨四時就將魏廷朝放了，為不讓接獄者失望，他牽著女兒又趕回土城，綠色小組與媒體也跟拍。攝影／邱萬興

魏廷朝三次進出黑牢，當年尚未出生的愛女魏筠已經八歲，終於等到爸爸回家了，有可以撒嬌的爸爸。
攝影／邱萬興

魏廷朝除翻譯《細雪》外，也翻了兩部日本偵探小說。因成大共諜案入獄的蔡俊軍也在翻，他主要是翻電視節目，如 discovery 頻道節目，稿酬比他多一千元。

提早放人　接人撲空

「我從土城仁教所出獄，當天凌晨四時仁教所就派人載我回家，約早晨五時回到中壢市元化路的家，除了我太太張慶惠外，所方還請附近的里長、鄰長起床見證簽收。」

魏廷朝回到家一會兒天才亮，卻傳回蔡有全、林樹枝、陳永興醫師等人浩浩蕩蕩開著宣傳車，帶著歡迎布條，到土城清水坑仁教所未接到他，以為又跟上次到台北監獄接他一樣，還要繼續關，在大門口與所方人員起爭執。所方為確認他真的出獄了，清晨六時他再坐著專車回到仁教所大門前，接受大家歡迎。

不知所措　淚濕滿襟

歡迎者拉起「人權的鬥士，民主的長城，向大魏致最高敬禮」、「歡迎魏廷朝先生光榮歸來」、「大魏！完全的人格者，阮敬愛您！」、「再見！洗腦中心仁教所」布條，舉起「魏廷朝——完滿的人格者」畫像，以及「爭民主政治三進宮，為台灣前途再出發」等牌子，早在仁教所門口用獅隊擺開歡迎大陣仗。

當魏廷朝在太太張慶惠、女兒魏筠陪同下，步下車時，歡迎者迎上前去獻花、鼓掌致敬，接著鑼鼓喧天，祥獅獻瑞，魏廷朝被突來的歡迎大陣仗，一時不知所措，淚濕滿襟。

一九八七年五月，台北市政治受難者聯誼會迎接魏廷朝出獄，並舉起「再見！洗腦中心仁教所」布條。攝影／邱萬興

民進黨創黨主席江鵬堅與台北市議員顏錦福，前往土城仁教所歡迎大魏出獄。魏廷朝在江鵬堅主席介紹下率先加入民進黨。　攝影／邱萬興

魏廷朝第三次出獄，曾幫施明德易容的牙醫師張溫鷹（左一）前往迎接。張溫鷹於一九九七年當選台中市長。攝影／邱萬興

桃園的鄉親在中壢歡迎魏廷朝出獄。攝影／邱萬興

到場迎接的有民進黨創黨主席江鵬堅、台灣人權促進會會長陳永興醫師、台北市議員顏錦福、張溫鷹、楊青矗、紀萬生、劉金獅、蔡有全等人。至於桃園鄉親來了更多，張貴木、宋添福、許國泰、邱垂貞、鄭寶清、張富忠、吳寶玉……都來了，黨外雜誌許多媒體也派員前來採訪。

坐政治牢不光榮、不恥辱

「不知是在牢裡關太久了，對外面世界感到陌生，當大家要求我與妻子兒女合照、發表感言時，我卻覺得有點不自在，好像在作秀。」

的確，當江蓋世問魏廷朝：「有人認為坐牢能增加『政治資產』，你以為呢？」他答：「我反對這種說法。坐牢不是什麼光榮的事，也不是什麼恥辱。若你坐牢，別人亂捧你，不要上當，也不要接受膚淺的讚揚。」[47]

當天民進黨江鵬堅主席、桃園縣黨部主委邱垂貞也來接魏廷朝，兩人都希望他加入民進黨，他也回應：「我對民進黨感情較深，沒有拒絕理由，但加入前要先了解，因為我與外界脫節太久了。」

「許國泰立委載我回家，吳寶玉也在車上廣播，那時她還沒嫁給黃華。我坐了近十八年牢，非常寂寞，沒想到出獄卻『遊街示眾』，車隊還行經桃園、中壢市區，到中壢遠芳診所前，陳遠芳醫師及邱奕彬醫師都跑出來跟我握手。」

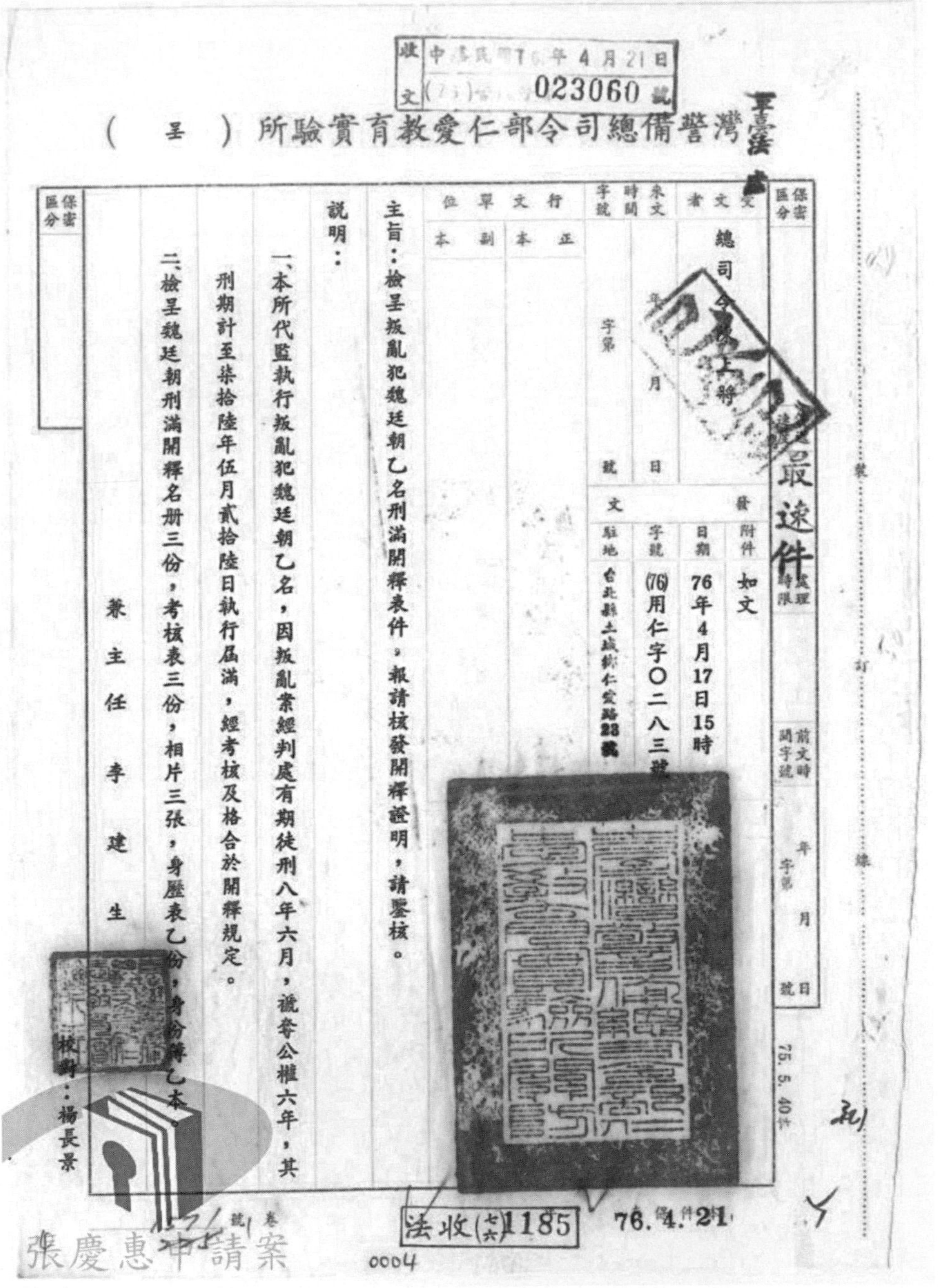

收文 中華民國76年4月21日 023060號
臺灣警備總司令部仁愛教育實驗所（呈）
最速件
受文者 總司令　上將
發文 日期 76年4月17日15時
字號 (76)用仁字〇二八三號
附件 如文
駐地 台北縣土城鄉仁愛路23號
主旨：檢呈叛亂犯魏廷朝乙名刑滿開釋表件，報請核發開釋證明，請鑒核。
說明：
一、本所代監執行叛亂犯魏廷朝乙名，因叛亂案經判處有期徒刑八年六月，褫奪公權六年，其刑期計至柒拾陸年伍月貳拾陸日執行屆滿，經考核及格合於開釋規定。
二、檢呈魏廷朝刑滿開釋名冊三份，考核表三份，相片三張，身歷表乙份，身份簿乙本。
兼主任 李建生
校對：楊長景
法收(七六)1185
76.4.21

仁教所開釋證明書。（國家檔案局提供）

魏廷朝參加「台灣人權之夜」，
並發表演講。攝影╱邱萬興

感受到政治改革氛圍

魏廷朝近中午回到楊梅鎮埔心老家，過爐火驅邪，再到母親遺像、靈位前上香，剃頭、吃粢粑，親朋好友與鄰居也趕來道賀。他發現這次出獄，親友、鄰居的態度變了，顯現民進黨成立後，台灣政治改革風起雲湧，民主多了。

魏廷朝出獄後三天，黃信介、張俊宏、楊金海、顏明聖、黃華也跟著出獄，但不像他出獄時只有一人，成為媒體訪問焦點，以致黃華不禁感嘆：「跟大人物同天出獄撞期，新聞變小了。」

「么弟廷昱最常來看我，我對民進黨的了解大都是他講的。他說我欠外面很多人情，應出去走走。」在魏廷昱的陪同下，他到省議會拜會議長高育仁，

一九八七年六月十四日大魏在台灣人權之夜，台北市金華國中「歡迎歷劫歸來」演講會。攝影／邱萬興

到苗栗看省議員傅文政，高議長還送他紀念酒。到高雄他夫婦受到李慶雄律師、周平德熱忱接待，暢遊高雄，住了兩天。

周平德陪遊高雄、澎湖

周平德也是美麗島案受刑人，假釋前與魏廷朝同關一間牢房七、八個月，他佩服魏廷朝的人品與才學，為讓魏廷朝專心翻譯，教他讀書，牢內清潔打掃他都搶著做，但魏廷朝堅持自己的衣服要自己洗。

「古人道：同君一席話，勝讀十年書，我與魏兄同居在一起，共有二百多個晝夜，只可惜我太笨，記性又差，不然我的肚子會有更多的墨水。」[48]周平德視魏廷朝為他的老師，陪遊高雄後，又隨魏廷朝夫婦遊澎湖。

台灣人權之夜談歷劫歸來

台灣人權促進會、台灣關懷中心為歡迎魏廷朝、黃信介、張俊宏、黃華、楊金海、洪維和、顏明聖等「歷劫歸來」，在台北市金華國中、高雄市體育館、中壢市新民國小連續舉辦了三場「台灣人權之夜」，每場都擠滿了爆滿的聽眾，魏廷朝也發表歷劫歸來的感懷。

台北金華國中這場由蔡有全主持，中壢這場則由桃園縣議會副議長黃金德出錢贊助，現場也打粢粑，魏廷朝以客語演講，王拓幫他翻成閩南語，場面相當熱鬧，至少有五、六千人群眾。他發現繼「中壢事件」後，桃園縣反對黨的勢力又活絡起來了。

出獄只風光一時，魏廷朝感覺已跟社會脫節，美麗島政治犯家屬、辯護律師很多當選立委、國大代表，反而老政治犯遭到冷落。一九八七年七月十五日，總統蔣經國宣布台灣解除戒嚴，台灣民意如脫韁野馬，快速擴散。

參加台灣政治受難者聯誼總會成立

一九八七年八月卅日，數百名曾遭國民黨迫害的政治犯，群聚在台北市國賓飯店，成立「台灣政治受難者聯誼總會」，魏廷朝也受邀。大會成立討論章程時，許曹德站起來發言提案，要求大會把「台灣應該獨立」六個字，列入組織章程裡。當時的《懲治叛亂條例》還沒廢除；刑法一百條尚未修改。如果許曹德的提案通過的話，那麼，「台灣政治受難者聯誼總會」就成了不折不扣的「內亂」組織。

當天，聯誼總會選出的會長是魏廷朝、副會長柯旗化。在大多數政治犯的贊同之下，大會仍然通過把「台灣應該獨立」六個字，列入組織章程裡。魏廷朝認為「聯誼會」應該是維護政治犯的權益與保障，不宜提出強烈政治主張，家人反對他接會長，魏廷朝請辭會長。副會長柯旗化則以剛出獄不久，健康狀況不佳及家人反對為由，也請辭副會長一職。

除了「台灣政治受難者聯誼會」，黃紀南也發起成立「台灣政治受難者暨家屬聯誼會」，並邀魏廷朝參加，他也婉拒參加。

台灣政治受難者聯誼會成立，魏廷朝（右五）被推舉為會長，柯旗化（右六）為副會長。攝影／邱萬興

台灣政治受難者聯誼會於一九八七年八月三十日成立，大會通過將「台灣應該獨立」列入章程。提案人許曹德與大會主席蔡有全於十月十二日被台北高等法院檢查處以叛亂罪嫌收押。這是解嚴後第一個因政治意見的表達而被國民黨當作「叛亂行為」處理的案件。攝影／邱萬興

許曹德、蔡有全遭起訴判刑

八月卅日當天晚上，蔡有全在金華國中演講會上，公開聲明他主張台灣獨立。這剛好給國民黨一個機會，把「台獨提案人」許曹德和「公開主張台獨者」蔡有全，一齊起訴。

「我沒有參加『台灣政治受難者聯誼總會』會務，由楊金海、黃華接棒主持聲援蔡許案活動。國民黨提案將『台獨』列入組織章程的許曹德、蔡有全，十月十二日被以叛亂罪嫌逮捕收押、起訴。這是解嚴後國民黨政府處理的第一件叛亂案，後也引發支持者激烈抗爭。」一句話六個字判刑二十一年。一九八八年一月十三日，蔣經國因病去世，三天後，一月十六日，台灣高等法院重判許曹德有期徒刑十年，蔡有全十一年。

關心客家語言文化傳承

作家鍾肇政看著魏廷朝長大，還差點成為他的導師，魏廷朝後從龍潭轉學到楊梅，但他對鍾肇政一直行弟子之禮。解嚴後，鍾肇政為爭取客家族群的權益與尊嚴，帶頭發起成立「台灣客家公共事務協會」。

一九八七年十二月廿五日，一群旅居台北的客家知識分子不滿政府廣電政策，幾乎無客家頻道，籌資了一百餘萬元，創辦《客家風雲》雜誌，由胡鴻仁擔任發行人、社長梁景峯、副社長林一雄、邱榮舉、總編輯陳文和、副總編輯鍾春蘭、客家研究中心主任戴宗立、總經理魏廷昱、副總經理黃安滄，標榜為客家發聲，為客家運動暖身。

「主要成員以中壢客家人為主，我因弟弟廷昱邀稿，也寫了好幾篇文章，甚至到日本教書時還寫。」因老兵思鄉爭敢開放中國探親的聲浪高漲，《自立晚報》記者李永得、徐璐於九月突破禁忌，從東京前往中國採訪十四天，揭開中國神秘面紗，魏廷朝記得首期封面人物就是為老兵中國探親探路的李永得。

一九八七年，蔣經國健康狀況很差，十月十四日主持國民黨中常會時，也順應輿情，以人道立場決定開放，並於十一月二日受理老兵中國探親申請。隔年（一九八八）元旦再解除報禁，一月十三日蔣經國去世，副總統李登輝接任總統，兩蔣威權政治時代正式結束。

註46——江蓋世〈我不是坐牢，我是休息——魏廷朝出獄訪問記錄摘要〉，收錄於魏廷昱、巫秀淇、邱萬興《顛覆朝廷的魏廷朝》，頁一〇一。

註47——魏廷昱、巫秀淇、邱萬興《顛覆朝廷的魏廷朝》。

註48——周平德〈悼念台灣人格者——魏廷朝先生〉，收錄於魏廷昱、巫秀淇、邱萬興《顛覆朝廷的魏廷朝》，二〇〇一年，頁七七。

到日本教書

魏廷朝第三次出獄後，感覺跟台灣社會有點脫節，同學邵子平認為他需要心靈「復健」，日本是最適合他的國家，他邊在大學教中文，邊研究台日中關係，與海外黑名單人士都有接觸。

一九八九年，北京天安門廣場發生「六四事件」後，日本學生跟著「反中」，選修中文人數銳減，他也結束兩年半旅日生涯返台。

到日本心理「復健」

「我坐牢太久，生活單調，對外面世界的了解，大都是弟弟魏廷昱探監時，單線告知的，第三次出獄後，在聯合國服務的邵子平寄來五百元美金，要我到日本找他的同學林伯耀，邊心理『復健』，邊教林伯耀中文。」

魏廷朝在川久保公夫（中）的協助下，在大阪法科經濟大學教中文，並與從美國飛來日本的許信良合影。

一九八七年十二月，魏廷朝首次出國，「國際特赦組織」日本台灣政治犯後援會的三宅清子與泰瑞先生到東京羽田機場接機，住在ＹＭＣＡ旅館，晚上並在渋谷俱樂部請他吃飯，也通知立教大學教授戴國煇等多位旅日桃園鄉親作陪，讓他倍感溫馨。

被川久保公夫留下任教

「第二天轉到大阪，『國際特赦組織』台灣政治犯救援會會長川久保公夫到車站接我，他是日本社會主義者，大阪經濟法科大學副校長，他認為日本是最好的心靈復健地，世界各地的資訊都可快速得到，認為我至少要『復健』兩年，建議我留下來教中文。」

大阪經濟法科大學是日籍韓裔所創辦，因韓國人在日本受到差別待遇，好不容易辦了所大學，只有經濟系與法律系，學生只有一、兩千人，川久保公夫雖是副校長，因校長不太管事，校務幾乎是他在管，他人脈很廣，還有人鼓勵他參選大阪府知事。

「川久保公夫給我的條件是，學校提供宿舍，擔任兼任講師，教授中文，每週來三天，每天兩節課，一個月鐘點費十八萬日幣。」

魏廷朝的推薦欄寫「台灣大學教授許介鱗」，聘任審查委員問他：「你除了台大畢業，還有沒有更高的學歷？」他答：「沒有，只有坐過十七年餘的政治牢。」委員們訝異！有位委員脫口說：「這是最難得的學經歷。」

亦有口試委員問他：「如何讓日本人中文發音比較好？更正學生發音？」他答：「學生都用平假名注音，故發音不好，要改用老師的發音；如餃子用平假名注音，很容易發成柚子。」中文講師有四人應徵，只有一位未錄用。

關心台灣政治犯

日本人權工作者川久保公夫、三宅清子等人長期關心台灣政治犯，並給予關懷協助，一九七九年九月廿八日，謝聰敏首度出國到日本，川久保公夫也親切接待。謝聰敏與魏廷朝第二次入獄時，川久保公夫曾投書朝日新聞表達關切；謝聰敏在獄中病篤時，在日本也發出緊急救援文宣，並介紹謝聰敏入獄受難經過。[49]

許介鱗擔任台大法學院院長時，和大阪經濟法科大學結為姊妹校，與川久保公夫是好友，曾多次應邀到該校演講，他也極力推薦魏廷朝到該校教一陣子書，順便進修。

「日本大學生學中文主要是要學分，真正用心學的很少。不過，大學老師很有權威，學校也非常尊重老師。」魏廷朝發現日本大學生學習態度不是很認真，跟他之前想法有落差，

日本人權工作者三宅清子（左一）長期關懷台灣政治犯與救援工作。

以致他質疑日本經濟後來發展遲緩，是否跟下一代的學習態度有關？台灣亦然。

日本教授有絕對權威

他班上有位從京都通勤到大阪的女學生，因打工到凌晨，又趕車上學，上課一直在睡覺。有位英文女老師不滿兩位男學生穿拖鞋上課，連紙筆都未帶，只要得到「上課證」，氣得當場賞學生耳光。因日本大學老師很權威，學生也未反抗。缺席三分之一是零分。

學校很尊重教授教學、考試方法，也尊重老師給分，但校方還是私下拜託老師，盡量讓學生通過。那時日本就業市場好，每位大學畢業都不怕找不到工作。台灣的大學上課有專門人點名，日本則是教授發「點名票」，交出「點名票」表示有上課即可，上課管制並不嚴格。

「教書教久了會懶，因學生太被動了。」魏廷朝也嘆，難怪李敖說教了三年書就懶了。

兼教林伯耀中文

「邵子平朋友林伯耀是福州人，在日本長大，他在京都大學念原子物理，曾參加學生運動，偏左派，遭右派人馬竹棍打傷，患有關節炎。他在神戶開貿易公司，也到大阪法科經濟大學擔任研究員兼課，看我一個月才十八萬日幣，恐難以生活，也要我教他中文。」

魏廷朝要求林伯耀看《新新聞》週刊，翻成日文，林的太太是台中人，因他對政治運動過於熱衷，太太對他頗有微詞。宿舍離學校坐車廿分鐘，魏廷朝買了腳踏車代步。

積極參與學術、公益活動

「我除在大阪參加『雜草社』、『台灣研究會』，也參加了東京的『三木會』。所謂『三木會』是每月第三週星期四的聚會，成員以東京大學教授為主。」

魏廷朝每週只教六節中文課，其他時間他積極從事學術、公益活動，包括每月有一天坐三小時新幹線列車前往東京參加「三木會」。

「雜草社」主要是研究日本外勞、韓僑、中僑問題，常有工人運動或韓僑聚會，魏廷朝也常去。有次太太張慶惠帶兒女到日本探親，一起參加聚會，張慶惠在現場炒米粉，以沙拉醬淋竹筍，大家吃後都讚不絕口。魏廷朝在大阪市立大學的「台灣研究會」，也曾發表〈後藤新平在台治理功過〉文章。

與戴國煇一見如故

「介紹我加入『三木會』的是戴國煇，桃園平鎮宋屋人，到日本才認識他，但康寧祥有次到牢裡看我，他到日本訪問見過戴國煇，戴知道我這個人，並對我坐『政治牢』表示關心。戴國煇與李登輝所學接近，李登輝到日本也找他，後聘他為國家安全會議諮詢委員。」

魏廷朝到日本的「接風宴」，才見到戴國煇，兩人同是桃園同鄉、客家人，又愛文史，可說一見如故，惺惺相惜。戴國煇研究蔗糖經濟歷史，獲東京大學博士，他在東大成立「近代史研究會」，默默研究台日歷史，卻因日本人排外，無法在東大任教，只好在立教大學教書。

戴國煇請魏廷朝在「三木會」演講台灣政治犯問題，他對同鄉非常照顧，魏廷朝也幫他把《台灣總體相》翻譯成中文；日本學者若林正丈很受國民黨重視，也參加「三木會」。許介鱗留學日本東大時，亦參加戴國煇的讀書會，常一起研究的台灣學者還有涂昭彥、劉進慶等人。

婉惜未邁向文史研究

「有一次，邀你到東京一遊，夜宿我『梅苑書庫』。提示了後藤新平相關資料，並婉轉地勸你離開政界的汙泥，找出時間盡快完成博士論文《後藤新平與日常的治台政策》。亦云：我大概可以推薦你返台謀個教席餬口……。你並沒有正面回答我的建言……。我深知你對法西斯的那一口怨氣並沒有真正克服，難於達到揚棄的境地。」

多年後，戴國煇寫了篇〈大魏！你為何要忙著先走〉的紀念文，嘆魏廷朝未走出對「法西斯」的怨氣，邁向他最愛的文史學術研究感到惋惜。[50]遺憾的是，魏廷朝去世一年多後，戴國煇亦病逝。

妻兒到日本度假

「我在大阪時正好舉行『花與綠』博覽會，太太帶著一對兒女到日本探親兩個星期，那時剛好避暑，太太做了壽司，逛了一星期，享天倫之樂，這是我一生中最快樂的親子時光，也是來日本最大的收穫。我們全家也到四國旅行，但九州我沒有去。」魏廷朝一人在日本，

張慶惠連續兩年暑假帶子女到日本看父親，並到四國等地旅遊。

妻小都在台灣，或許是坐牢習慣了，縱有思念，也埋在心裡。

張慶惠兩度率子女至日本，一次是跟團到東京迪士尼樂園遊玩後，留下來與魏廷朝共敘天倫；一次是到大阪參觀「花與綠」博覽會，也順道到四國旅行，無憂無慮，享受快樂時光，也給子女留下難忘回憶。

一九八九年六月四日，北京天安門廣場發生「六四事件」，想學中文的日本人減了大半，連上課堂數也減，雖然合約未滿，川久保公夫甚至希望他再延一年，但靠人不如靠己，決定返台，將排給他上的課，併班交給中國來的一位女老師教。

在日本兩年半最大收穫是了解日本，本想著手研究日本統治台灣五十年的影響，但回國後，投入民進黨的黨務與選舉，受到牽絆，沒有「打鐵趁熱」，冷卻了，就很難繼續了。

日本友人歡送魏廷朝回臺灣。

註㊾——張炎憲、陳美蓉、尤美琪《台灣自救宣言：謝聰敏先生訪談錄》，頁二七七—二八一。

註㊿——魏廷昱、巫秀淇、邱萬興主編《顛覆朝廷的魏廷朝》，頁一〇二。

到中國、美國訪問

魏廷朝旅日期間，曾到北京大學訪問，也回到福建武平祖籍地尋根，給他的印象是落後，「向錢看」，政治比學識重要。他也兩度前往美國參觀訪問，見到很多旅美楊梅客家同鄉及海外的政治異議分子。

從舊大陸到新大陸，發現兩個大國「落差」實在太大；而中國經建這廿餘年來的快速發展，卻是當初魏廷朝始料未及的。

台胞聯誼會派員接機

「一九八九年我隨大阪經濟法科大學副校長川久保公夫前往中國訪問十四天，前七天訪問北京大學，後七天則到上海、廈門、廣州參觀，且到我的祖籍地福建武平尋根，這是我第一次踏上中國土地。」

中國情報、統戰工作很厲害，魏廷朝與川久保公夫剛步入北京機場大廳，就看到「歡迎魏廷朝先生回歸祖國」的布條，中國台胞聯誼會派人來接機，讓他與川久保公夫都嚇了一跳。中國知道他與許信良熟識，也將他視為「美麗島」的人。

「大阪經濟法科大學捐座數學館給北京大學，由副校長川久保公夫代表捐贈，並進行兩校交流，長川久保公夫要我隨行翻譯，接待的副校長學識很差，普通的唐詩都不懂，看來紅

（政治）比教（學識）重要。」

政治比學識重要

魏廷朝踏上古都北京土地，給他的第一印象是「破舊不堪」，中國首善之地竟如此落後，心情難免悸動。在北京七天，跟研究台灣問題的學者有所接觸，而北京與廈門都設有台灣研究所，研讀台灣的報紙、雜誌，說是研究還不如說是搞情報。

中國的社會科學研究院也研究台灣問題，他們認為台灣一定會回歸祖國，不必討論。他們的學術程度很低，主要在應付政治，不是研究學問。北大副校長還騎腳踏車上班，教授宿舍也很小，不到廿坪，還睡竹床。有天晚上七時卅分他到北京一家書店買書，店員竟要他明天再來，感覺服務態度很差，一片死氣沈沈。

武平家鄉落後五十年

「北京、上海市容比較好，但不如台北，十分亂，閒人多，廣州則更差，沿途都有台聯會的人陪我，非常客氣，到了武平深坑祖籍地，武平縣委書記指定人陪我，住在武平人民政府建的賓館，睡的還是八腳眠床，到深坑感覺更落後，種的很多都是梯田，有些田跟榻榻米一般大，也在種，感覺比台灣落後五十年。」

魏廷朝回到武平深坑祖籍地尋根，百感交集，目睹落後景象，難怪祖先會冒著生命危險，飄洋過海到台灣開基散葉。武平深坑幾乎沒有新式建築，小間木造房子也起二樓，人們穿的衣服，不論出外、耕田、在家，幾乎都是同一件，沒有什麼差別，看來破舊灰暗。

看到破舊的祖堂更是難過，只用簡單的紅紙貼，沒人管理、打掃，不像台灣的宗祠，乾淨明亮，香火鼎盛。牆上貼著宗親捐獻祭祖的錢，有些只有幾角，加起來只有十元左右，可能是集資辦三牲祭品吧！中國宗親們拿出紅紙封面的族譜給他看，多數跟台灣的族譜對得上，有些則合不到。

魏廷朝在中國走馬看花十四天，發現中華人民共和國跟過去的傳統的中國已完全脫節、幻滅，共產主義統治發生很大變化，生活在台灣的人沒有經歷過，很難體會。

兩度到美國參訪

魏廷朝（右）到日本教書期間，兩度到美國訪問，還參加當地馬拉松比賽。

魏廷朝旅日期間兩度到美國參訪，一次是應僑選立委張旭成之邀，到美國參加台灣夏令營，見到多位被列為「黑名單」的政治人物與同學；第二次則是與戴國煇同遊美國，在加州見到不少楊梅客家同鄉。兩次訪美都讓他的眼界大開。

「張旭成有陣子在京都府立大學教書，返美時邀我一起到美國參加台灣夏令營，在十餘天的行程中，見到客家會會長劉永斌、以及我的大學同學蔡同榮、江永芳、台灣獨立建國聯盟主席張燦鍙等多人。」

碰到許信良、謝聰敏

「第二次去美國是幫戴國煇翻譯《台灣總體相》，他給我十五萬日幣當

左起黃金春、魏廷朝、許信良、謝聰敏（右一）。

旅費，一起去加州，碰到許多客家鄉親，並有多位是楊梅鄉親，如女作家黃娟。在加州也碰到許信良與謝聰敏。許信良很窮，開舊車，睡的房子是上下鋪，安排我住在范佐春開設的汽車旅館。」

記得當天是一九八九年九月十三日，突然有記者來採訪許信良，說余登發突然死於自宅臥室血泊中，訪問許信良看法，許信良懷疑是遭到謀殺。而許信良也是「高雄橋頭事件」聲援余登發的領導人。兩度一起坐牢的獄友謝聰敏，那時亦跟許信良在一起。

「那天我見到許信良之後，許信良就計畫搭載的漁船偷渡返台了，一直想闖關回台，而我返回日本時，並不知道他會利用漁船偷渡返台。」

許信良偷渡返台

果然，許信良是一九八九年九月廿七日搭乘「金滿財號」漁船偷渡，被高雄緝私艦在外海查獲，押到土城看守所，十月十日大批群眾前往抗議，引發警民衝突，史稱「土城事件」。十二月廿三日，許信良被高等法院以預備叛亂罪判處有期徒刑十年。一九九〇年五月廿日，李登輝就任第八任總統，獲得特赦。

魏廷朝於一九八九年先後到中國與美國參訪，發現舊大陸與新大陸這兩個大國，有如天壤，「落差」實在太大，認為中國短時間內要成為先進的國家太難了。

但很多人意想不到，中國近卅年來的發展卻有如「大躍進」，經濟與國家基礎建設發展的驚人速度，這可能連魏廷朝也始料未及的吧！

一九九一年，魏廷朝（右二）擔任民進黨桃園縣黨部主委，執行長為江瑞添（左一）。

一九九一年，魏廷朝與立法委員許國泰在民進黨桃園縣黨部。

爺孫般的親子關係

魏廷朝第三度入獄時，兒子還在襁褓，女兒尚未出生，出獄時子女已念小學，晚年才得子女的他，身感虧欠，致他對子女教育放任、疼愛，有如爺對孫；反而早期對么弟魏廷昱要求深，嚴厲如父子。

魏廷朝於千禧年前夕突撒手人寰，剛成年的子女不禁感傷，爸爸扣掉坐牢、赴日教書時間，真正陪子女的時間只有十年，非常不捨。

新奇對爸爸的印象

一九七八年，長子魏新奇出生，已四十三歲的魏廷朝，老來得子，充滿喜悅；隔年七月到《美麗島》雜誌任執行編輯，太太張慶惠再懷女兒魏筠；正當家庭、工作兩得意時，一九七九年十二月十日高雄發生「美麗島事件」，又讓魏廷朝再陷囹圄，坐了七年六個月的牢。張慶惠有如「單親媽媽」，既要教書，又要照顧一對年幼子女，倍極辛勞。

「我念幼稚園大班對父親才有印象，是個黝黑、長滿鬍渣，非常慈祥，隔著鐵窗與我交談的中年阿伯。」魏廷朝關在景美看守所或龜山監獄期間，張慶惠幾乎每星期，或隔個星期，就帶著兒女探監，因只能隔著鐵窗對話，魏新奇感覺爸爸很慈祥，卻很陌生，像個外人，有時眼眶還含著淚水。

張慶惠帶著兒子新奇、女兒魏筠到土城探監。

爸爸在牢裡，但不論魏家或外婆張家，都是大家族，親友們都非常關照他們，因此魏新奇的童年並不覺孤單；而魏廷朝雖是政治犯，但在「中壢事件」後民智大開，鄉親眼中的父親並非壞人，甚至懷著幾分尊敬，魏新奇從小到大，也沒感受到被歧視。

「你爸爸坐牢，是個壞人。」魏新奇念國小時不滿有位同學罵他，他氣不過揍了他一拳，導師何月雲知道後勸解，並沒有責罵、處罰他，只當眾說：「魏新奇的爸爸雖坐牢，但並不是壞人。」

鐵窗相會父女情

魏筠小魏新奇兩歲，從小她常看別人的爸爸帶女兒上學，非常親暱，很羨慕；而她與爸爸卻只能隔週在鐵窗相見，父親有鬍渣，又黝黑，看來有點老，但很慈祥，都對她微笑。魏筠長相秀氣，看來不像魏廷朝，致她在學校也很少人知道她是魏廷朝的女兒，並不覺有異樣眼光對她。

魏廷朝三度入獄，第二、三度後期都送到土城仁愛教育實驗所接受「洗腦」教育，找些教授進行政治思想教育。後期張慶惠帶子女探監時，已經可以進入仁教所，與魏廷朝一起談心、嬉戲，常常一待就是大半天，魏廷朝與子女間的親密關係也漸漸升溫。

「那時黃華叔叔也在仁教所，也會跟我們兄妹玩。」魏新奇、魏筠異口同聲說，除了母子三人常去探監，廷昱屘叔也常陪同前往，偶而還會帶些「黨外」雜誌或書籍給父親與黃華，讓他們了解外面的政治氛圍。

給子女書信加注音

「爸爸常給我們兄妹寫信，字跡非常工整，怕我們有些國字看不懂，都加了注音符號，甚至連信封都加了注音。」魏新奇、魏筠至今仍保存著父親寫給他們的書信，已保存得發黃，這是父親對子女最深的愛。魏廷朝給子女的信，平均一、兩星期就一封，他出獄後到日本大阪經濟法科大學任教期間也未中斷。

魏新奇自認沒有爸爸的文采，寫給父親的信或作文常被改得密密麻麻，有點挫敗感，甚至要他重寫；但對他的

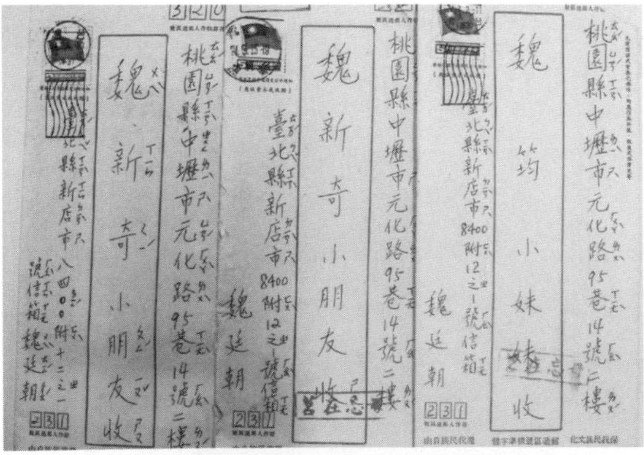

魏廷朝給子女的信都會加注音。攝影／邱萬興

口氣非常溫和，有如朋友般，亦像爺待孫。屘叔廷昱看在眼裡，認為父親對么弟有如對兒子，非常嚴厲；對自己的子女反而非常溫和，有如對孫子女。

魏新奇觀察父親對屘叔的期許，就像當年大伯公魏維水對祖父魏維崇一樣，充滿移情作用，自己做不到的，希望弟弟能完成。大伯公要考秀才時，碰到乙未割台，科舉夢斷，希望移情給祖父；同樣地，父親反「法西斯」坐牢三次，在牢裡成不了大事，也盼自小聰明的屘叔好好念書，有番作為。

父親對屘叔要求嚴厲

「屘叔廷昱聰明，小時後頑皮不愛讀書，父親愛之深，責之切，因在牢中無法看管，代父親責罰的是大叔廷俊、二叔廷洋，曾被綁在樹上打過，致屘叔長大後，對大叔、二叔多少有點不滿。」

魏新奇曾聽屘叔跟他抱怨，父親對他非常嚴格。不過，姑姑魏明美卻說，屘叔雖不愛讀書，但比爸爸聰明，爸爸在牢關久了，與社會脫節，判斷事情往往不如屘叔。

魏廷朝在牢裡除寫信給妻子兒女，也常寫信給么弟廷昱；而最常陪張慶惠母子探監的也是魏廷昱，魏廷朝愛文學、歷史，書信談最多的是人生哲學與歷史典故小說。

有回給魏廷昱的信，評《三國演義》，他指「作者羅貫中同情蜀，仇恨或蔑視魏、吳。以蜀為正統，曹、孫變成奸賊，魏、吳人物通通不是好東西，蜀國人物均予誇張。蜀實力遠不如吳，就用煙幕，使讀者對蜀有幻覺。如赤壁之戰，周瑜功最大，難以抹殺，就說他一切

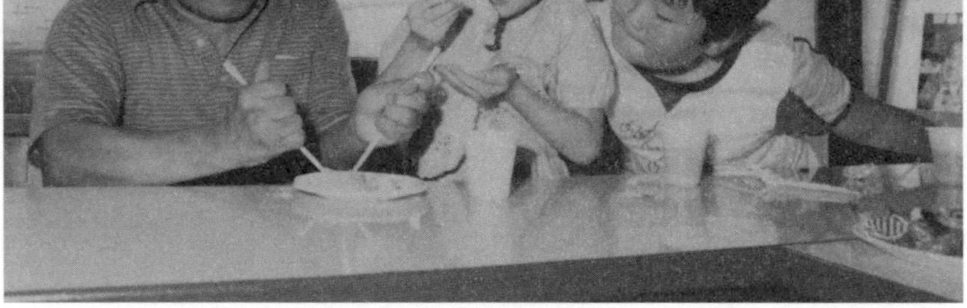

魏廷朝出獄當天，父子女三人共嚐客家粢粑。
攝影／邱萬興

計謀不出孔明的意料，必待孔明借東風，他的火攻始能奏效。……沒有讀過演義的蘇軾寫的周瑜，『羽扇綸巾談笑間，強虜灰飛煙滅』，多像演義中的孔明！周郎草船借箭，變成孔明之功。……」

父子女爭食客家粢粑

「最懷念的是爸爸出獄當天，有如家族辦喜事，鄉親們手持歡迎布條、木牌，在鑼鼓車隊、鞭炮的歡迎聲中遊街，晚會並辦歡迎演講會，熱鬧非凡。晚上回到家都飢腸轆轆，父子女三人爭食晚會帶回來的客家粢粑，發現爸爸超愛吃甜食，那晚的粢粑也特別好吃。」

魏筠從那晚起才真正感覺家裡有爸爸了，當晚爸爸還開玩笑做個籤桶說：「今晚我們家來抽戶長吧！」媽媽則回應說：「我這個單親媽媽戶長當太久了，戶長理應還給爸爸當。」

魏廷朝出獄半年後，發現自己似跟社會脫

節，在同學邵子平、國際特赦組織台灣政治犯救援會會長川久保公夫的支持下，前往日本大阪經濟法科大學教中文，又再度與妻子兒女分離。

魏筠說，那時總統是李登輝，家裡好不容易有戶長，怎又不見了？她因似懂非懂，一度氣得寫信問爸爸說：「是不是李登輝不讓您回來？」媽媽檢查信後告訴她這不是李總統的錯，不能亂寫。

暑假兩度到日本旅遊

「父親在日本教了兩年多的書，順便進行心靈療癒，寒假回台過年，暑假則兩度帶我們到日本探親，遊了東京迪士尼樂園，參觀花與綠博覽會。」魏新奇、魏筠特別懷念兩度日本行，只是父親住的宿舍非常小，只有十四坪大，四人住在一起非常擠。他們買周遊券，有回爸爸竟然弄丟了。他們也去過伊豆半島、廣島、東京，也到四國島旅行，度過非常難忘的時光。

魏新奇、魏筠高中都考上桃園第一志願武陵中學，魏新奇後考上長庚大學物理治療系，魏筠第一年考上輔大景觀設計學系，與宋楚瑜的女兒宋鎮邁是同學，她不滿意後休學重考，沒想到發生車禍，腿受傷，住院期間她發覺父親對她的愛已到寵愛的程度。

「父親陪我住了七、八天的醫院，擔心聯考到了，還陪我念書，要我背英文名著，爭取英文作文成績，我本想念大傳、英文，但他認為念法律、歷史才是真正學問。」魏筠重考感覺不是考得很好，若念法律落在輔大、東吳間，她本想回輔大有伴，但爸爸希望她念英美法，選擇東吳法律系。

魏廷朝對女兒寵愛有加，與愛狗合影。

陪女兒找宿舍　洋溢著幸福

「魏筠重考上東吳大學法律系，魏廷朝帶著女兒到台北找宿舍，並到博愛路拜會擔任律師的同學方智雄，方智雄的夫人看了這對父女，不禁說：『老魏，您坐牢那麼久，還有一個那麼漂亮、可愛的女兒，好像您的孫女般，您好幸福哦！』」

那時是一九九九年九月，魏廷朝回到家向太太轉述，並跟張慶惠說：「很多人坐牢，妻離子散，我卻還有一個完整的家，感覺很幸福哦！」那時的魏廷朝真有「吾家有女初長成」的快樂，是他人生中最感幸福的時光，卻沒想到三個多月後卻辭世。

張慶惠說，她若跟魏廷朝有爭執，女兒定說「不可以欺負爸爸」，父女是一國的。

寵愛女兒有求必應

魏筠說，父親很窮，卻很慷慨，每次到台

北寶島客家電台上節目後，就到台北的東吳大學看她，不但請她吃大餐，連她的同學也一起請，有次一請就是十位同學，她還擔心爸爸有錢付帳否？

因深受老爸寵愛，每次媽媽若罵她，一定躲到樓上找爸爸，發現爸爸有時也上樓「避難」。「沒有爸爸的家不像個家，大魏去世後，魏筠曾有一年未曾在家中過夜，連回來『做七』，晚上也回台北宿舍住。」張慶惠深刻體會到女兒與爸爸的深厚感情，隔了好幾年心情才調適過來。

父親驟逝　晴天霹靂

魏新奇、魏筠對父親晨跑突然去世，都無法接受。魏筠小時候曾陪爸爸晨跑，魏新奇也認為老爸生活很有規律，還每天量血壓，卻走得那麼突然。學醫的他認為可能跟家族的遺傳因子有關。

魏新奇說，父親去世前，正好是二〇〇〇年總統大選前夕，知道宋楚瑜因爆發「興票案」，當時父親就斷定聲勢正旺的宋楚瑜會出局，陳水扁會當選總統，可惜他未度過千禧年就去世，成為一生最大的遺憾！

魏廷朝參選立委，彭明敏到場授旗。

政治風骨不敵選戰冷酷

坐過十七年餘政治牢的魏廷朝，一九九五年首次投入立委選舉，面對台灣政治環境的急速變化，他無懼權勢的風骨，卻不敵選戰的冷酷，以第二高票落敗；他的落寞，讓桃園鄉親看了不忍。

美麗島政治犯家屬獲得高票支持

外界會認為「坐政治牢，可以累積政治資本」，是因一九七九年「美麗島事件」發生後，從一九八〇年的增額立委、國大代表選舉起，很多美麗島受刑人的太太（如許榮淑、周清玉、方素敏），辯護律師（如蘇貞昌、尤清、陳水扁、謝長廷、張德銘），在選戰中都高票當選，以致一九八〇至一九九〇年代，支持「黨外」（民進黨）的選民把這些政治犯家屬與辯護律師大量送進國會、省議會或縣市政府。

選民的投票行為，反映出對政治犯太太的同情，以及辯護律師的崇拜、尊敬。後來美麗島受刑人黃信介、張俊宏、呂秀蓮、陳菊、姚嘉文、施明德等人陸續獲得假釋，以及李登輝總統特赦後，也積極投入選戰，同樣也享受到政治犯的光環。

張慶惠當選國大代表

「一九九一年國大代表選舉，我在平鎮、龍潭、楊梅選區參選，當選吳克清、彭友枝與我三席。喊出口號是魏廷朝妻子、張廖簡的女兒、許信良的外甥女，那時魏廷朝褫奪公權還未恢復，我算是代夫出征。」

張慶惠當選國大代表，她認為除了魏廷朝的政治光環外，也獲得張、廖、簡、許四大家族的支持。一九九五年第三屆立委選舉，魏廷朝褫奪公權期滿，恢復被選舉權，也獲民進黨提名參選。

第三屆立委選舉於一九九五年十二月二日投票，接著第九任總統於一九九六年三月廿三日舉行公民直選，民進黨在立委選舉提名後，也辦理總統候選人黨內初選，許信良積極爭取總統提名，弟弟許國泰為了幫忙沒參選立委。

一九九一年，張慶惠參選國大代表，與林義雄合影。

一九九五年，魏廷朝參選桃園縣立委傳單。

一九九五年，魏廷朝
參選桃園縣立法委員。

一九九五年，魏廷朝參選立委，呂秀蓮縣長到演講場助講。

彭明敏、許信良爭總統提名

台灣第九任總統、副總統選舉，改為公民直選，任期由六年縮短為四年，民進黨採兩階段初選方式產生總統候選人，第一階段是黨員投票與幹部評鑑，有彭明敏、尤清、林義雄與許信良四人競逐，由得票較高的彭明敏與許信良進行第二階段的公民初選。公民初選時，除了客家地區，許信良領先彭明敏外，居族群劣勢的許信良在其他地區都落敗，最後由彭明敏勝出，代表民進黨參選總統。

魏廷朝敗在中壢大票倉

第三屆立委選舉，桃園縣應選八席，有十六人登記參選，民進黨提名魏廷朝、彭紹瑾、鄭寶清、邱垂貞，國民黨提名黃主文、吳克清、朱鳳芝、張昌財、呂新民、

一九九五年，彭明敏與許信良爭取民進黨總統初選政策辯論會。攝影／邱萬興

唐雲明；一九九三年八月十日成立的新黨，提名郁慕明、賴來焜；無黨籍有翁仁彥、林啟榮、彭勝遙、鍾榮炎登記。

十二月二日投票揭曉，民進黨當選邱垂貞、彭紹瑾、鄭寶清。國民黨當選朱鳳芝、吳克清、黃主文。新黨當選郁慕明、賴來焜。賴來焜得四二三一八票（得票率六點六三％），吊車尾當選；呂新民得四〇五三九票（六點三五％），最高票落敗；魏廷朝得三九七六七票（六點二三％），第二高票落選。

在龍潭出生，後遷到楊梅的魏廷朝，主要票源集中在南區的中壢、平鎮、楊梅、龍潭客家庄，他除在楊梅獲十七點七八％選票居冠；龍潭得十六點九八％居第二外；平鎮（十點六％）、中壢（七點七％）得票率都偏低，其中最大票倉中壢排名第七，種下敗因。

那年新黨全國當選廿一席，得票率十三％，躍升為全國第三大黨；國民黨當選八十五席，得票率四十六點一％；民進黨當選五十四席，得票率卅三點二％；無黨籍當選四席，得票率七點七％。

魏廷朝不當選，要怪只能怪自己努力不夠。

不擅選舉　不懂權謀

張慶惠認為，魏廷朝敗選最大因素是不擅於選舉，聲勢很旺，卻不知告急。魏廷朝不當選，也只能怪自己努力不夠。

因北區有同黨邱垂貞、鄭寶清參選，他也未重視北區的經營，單靠南區的票，沒想到北區候選人到南區卻搶得兇。另外新黨竄起，辦客廳會，凝聚了外省眷村票的團結，甚至挖走不少客家票。

的確，連來自苗栗銅鑼的客家子弟賴來焜、北區的邱垂貞，在中壢開出的票都比魏廷朝好，中壢是張慶惠的娘家，但魏廷朝僅得七點七％選票，還不如賴來焜的九點八％、邱垂貞的七點二〇％。

邱垂貞說，魏廷朝在中壢的票開得不理想，的確是敗選因素之一，非常可惜。

邱垂貞被司法審判四年，魏廷朝被司法審判六年，加上原減刑部分，魏廷朝實際坐牢七年六個月。攝影／周嘉華

撰寫台灣人權報告書　壯志未酬

一九九五年魏廷朝參選第三屆立委高票落敗，對政治感到灰心，驀然回首，發現自己最愛的還是歷史研究，在台大許介鱗教授的支援下，開始撰寫《台灣人權報告書：一九四九—一九九六》，並於一九九七年出版。他也到寶島客家電台與巫秀淇共同主持《歷史的窗門》節目，除講述他「三進宮」的人生遭遇，也談許介鱗的《台灣史記》，談古論今，評論時事。正當他找回熱愛的文史、廣播、政論工作時，一九九九年十二月廿八日清晨晨跑時，卻不幸心肌梗塞去世，無法度過千禧年，留下遺憾！

學術研究未打鐵趁熱

「在日本兩年半最大收穫是了解日本，本想著手研究日本統治台灣五十年的影響，但回國後被黨務、選舉牽絆，沒有『打鐵趁熱』，冷卻了，就很難了。」

魏廷朝旅日教書時，戴國煇、許介鱗都鼓勵他朝文史研究，設法取得博士學位，再回國教書，兩位好友都是東京大學博士，台日知名學者，在日本、美國也兩度巧遇許信良，知道許信良要偷渡回台打拚，魏廷朝不久也回台，接任民進黨桃園縣黨部主委與中央執行委員。

魏廷朝撰寫的《台灣人權報告書一九四九－一九九六》。

目睹特務血淋淋鬥爭

坐了十七年餘的政治牢，魏廷朝在獄中看到監獄的黑暗，尤其是情治人員的惡鬥，內牽涉到調查局江蘇幫與福建幫的鬥爭，如曾任調查局第三處長（偵防處長）的蔣海溶、第四處長（海外處長）的范子文都中箭落馬，專門抓匪諜的人最後竟變成匪諜，還被以「二條一」起訴，其中蔣海溶被判死刑，後改判無期徒刑，送綠島管訓，後又調回重審，在牢內自殺身亡。

魏廷朝在獄中目睹情治人員血淋淋的鬥爭，殘酷不輸明代的錦衣衛、東廠、西廠，而獄友李敖也曾說「天下沒有白坐的黑牢」，他也很想把獄中見聞寫下來。在台大政治系教授許介鱗的全力支援下，大半輩子為追求人權正義身陷囹圄的他，在立委敗選後乃著手《台灣人權報告書：一九四九—一九九六》的撰寫。

許介鱗鼓勵寫人權報告書

「魏廷朝日本回來後，我認為他不適合從政，鼓勵他寫作，寫書歷史會留名，文英堂出版社是我辦的，我給他卅萬元稿費，並負責印刷，《台灣人權報告書》就這樣於一九九七年順利出版。」

魏廷朝除依據主要政治案件背景，劃分為大整肅時期（一九四六—一九五六）、《自由中國》時期（一九五七—一九六〇）、台獨蔓延時期（一九六一—一九七〇）、統獨並進時期（一九七一—一九七五）、黨外運動前期（一九七六—一九八〇）、黨外運動後期（一九八一—一九八六）、威權統治時代的結束（一九八七—一九九一）及李登輝時代（一九九二—一九九六）八個時期外，在第一章對台灣人權問題的特殊背景，政治犯的處理方式，戒嚴與軍事審判，秘密拘禁與刑求逼供，亦以自己的經歷或見聞有所深入剖析。

官方檔案銷毀　民間資料流失

彭明敏在該書序言中肯定魏廷朝的法律、史學素養、「三進宮」政治牢的經歷，是最適合撰寫人權報告書的人選，也替白色恐怖留下公正、忠實紀錄。遺憾的是很多檔案被官方刻意銷毀，有更多資料被民間有心流失，要作真正翔實而又完整的報告，恐怕還要等待各關係人的共同努力。[51]

魏廷朝跟彭明敏有同樣的感受，他說：「不要說局外人了，連半生替中統局——調查局賣命效忠，蒙蔣介石總統召見，考績特優，擔任過第一處副處長的李世傑，於一九六六年變成『匪諜』，兩判死刑，坐牢廿年，弄得家破人亡後，憑他的博聞強記，下筆有神，仍然翻不

一九九八年，魏廷朝成立政治受難者平反補償申訴中心。

出調查局的底牌。」[52]

那白色恐怖害者有多少呢？據法務部向立法院所提的報告，軍事法庭受理的政治案件 有二九四〇七件，受難約達十四萬人。然而，據司法院透露，政治案件達六、七萬件，如以每案平均三人計算，受軍事審判的政治受難人應當在廿萬人以上，他們就是「白色恐怖」的犧牲者。[53]

一九九八年，魏廷朝成立政治受難者平反補償申訴中心，為政治受難者服務，也為轉型正義盡分心力。

翻譯《台灣的主張》

「李登輝總統出版的《台灣的主張》是日文寫的，出版商後拜託魏廷朝譯成中文；中壢國小百週年校慶，我碰到李總統問他說您的《台灣的主張》是魏廷朝翻成中文的，現在可以對外宣布了嗎？李總統說：『免驚，對外宣布可以。』」

《台灣的主張》一九九九年五月由遠流出版，當時找魏廷朝翻譯，要求不要具名，沒想到此書出版沒多久，魏廷朝就過世。

註[51]——魏廷朝《台灣人權報告書：一九四九—一九九六》，序頁二—三。

註[52]——魏廷朝《台灣人權報告書：一九四九—一九九六》，序頁十六。

註[53]——魏廷朝《台灣人權報告書：一九四九—一九九六》，引言頁二。

陸、回顧與感念

二〇一七年春，主政已近一年的蔡英文總統，外拒回應中共的「九二共識」，忍受中共外交打壓；內面臨一例一休問題、年金改革壓力，可說內外交迫，舉步維艱，正考驗她的政治智慧、魄力與能耐。

此時，九十五歲高齡的彭明敏為《寫給台灣的備忘錄》新書，正馬不停蹄地簽書。他不禁感慨，一九六四年他與魏廷朝、謝聰敏撰寫的「台灣人民自救運動宣言」，早就指出「一中一台」是國際公認的事實，惜此諤諤之言，未獲當局採納，反遭牢獄之災，否則今天台灣處境怎會如此艱難？

的確，五十二年前的兩岸關係，雖軍事對峙，但中共經濟落後，自顧不暇，台灣邦交國仍多，若能朝「一中一台」，爭取國際社會支持，今天的兩岸關係將是「一邊一國」，而不是「強權壓陣」，讓台灣陷入統獨泥淖。

如今，中國大國崛起，國勢日隆，面對中共的「一個中國政策」，逼統壓力步步進逼，而台灣內部統獨意識形態惡鬥、內耗，卻越加劇烈，局勢越來越困窘。

關懷弱勢的社會主義者

魏廷朝因「台灣自救宣言」成了政治犯，但聆聽他生前廣播錄音帶，看他的手稿，訪問他的好友許介鱗、邵子平、謝聰敏及老師彭明敏後，發現敦厚的魏廷朝，流著曾祖父魏蘭帶、父親魏維崇不服輸、反殖民統治、反獨裁統治的血液。

他並非極端的政治狂熱份子，反是位冷靜客觀的人文歷史學者，他也是位關懷弱勢，想伸張社會公平正義的社會主義者。

他遺傳了父親的硬頸，反威權統治；他的史觀受義民中學老師姚錦、黃賢忠影響甚深，他無法接受敬愛的恩師死於「白色恐怖」槍下，致他高二時寧願退學，不願加入充滿「法西斯」意味的救國團，並靠著努力奮發考上台大法律系。

他的政治思想受屠格涅夫、美濃布達吉、劉慶瑞、殷海光、雷震、彭明敏等人影響，有自由主義傾向，並有更多的社會主義關懷。

嘆「逃亡」傷了妻女

二〇一七年三月十一日下午，彭明敏教授在台北台灣國際會館舉辦《寫給台灣的備忘錄》新書發表會，他致詞說：「自己的人生與文章都到了尾聲，趁此場合向諸親友告別。」並深深一鞠躬，如同謝幕。

「我做人不怕孤單，有陣子我在美國很灰心，就去草地（鄉下）一個月沒見人，整天讀冊，我有冊，就不怕孤單。」除了外傭外，彭明敏目前一人在淡水獨居，他深感當年「逃亡」時的不告而別」，是對妻女最大的傷害。

當天魏廷朝的遺孀張慶惠偕女兒魏筠也出席這場簽書會，魏筠看到獨居的彭教授趨前合影，親切地喊了聲「彭爺爺」，並說「我就像是您的孫女啊！」

魏筠就像是彭爺爺的孫女。

唐培禮在奧勒岡州去世

就在彭明敏發表新書前三天，一九七〇一月三日協助彭明敏化妝「逃亡」到瑞典的美國傳教士唐培禮（一九三七－二〇一七），三月八日在美國奧勒岡州去世，噩耗傳到台灣，讓彭明敏、謝聰敏、張慶惠同感悲慟！

唐培禮一九七一年在魏廷朝、謝聰敏二度被捕入獄後，被國民黨當局驅逐出境，直到二〇〇三年才應邀來台，接受台灣人權團體表揚，二〇一一年二月他在美國出版的《撲火飛蛾》中譯本在台發行，他再來台舉行新書發表會。誠如他在序言說「謹獻給彼得（彭明敏）、馬修（魏廷朝）、東尼（謝聰敏），他們厭倦光說不練，決定奮起而行」

彭明敏說，魏廷朝是位真正用心關懷弱勢，民間疾苦的人，多數同學都想留學，他卻一度想當礦工，體會社會底層生活的艱辛，坐十七年餘的政治牢，無怨無悔，淡薄名利，可惜去世得太早，是台灣社會的損失。

謝聰敏未負此生

謝聰敏說，一九六四年撰寫《台灣人民自救宣言》，幸有魏廷朝這位客家同學加入，讓內容更加精簡、扼要、周延，五十二年來他想做的事都完成了，包括轉型正義的賠償，蔡英文過半數當選總統，連美國總統川普都稱她為台灣總統。唯一的遺憾是魏廷朝過世得太早。

主持《歷史的窗門》節目

魏廷朝生前在台北寶島客家電台主持《歷史的窗門》節目，談古論今，針砭時事，與台長劉慧真合作密切，二〇〇九年劉慧真感念去世的魏廷朝，以《歷史講義》獲得台灣文學獎創作金典獎，其中「八張犁尾，人格者」寫的就是魏廷朝，內容非常生動貼切，可說是「大魏」一生的寫照。

八張犁尾，人格者

三入三出
學毋會乖
旦係反威權个事
算倨一份
毋使先通知

分人奪去
十七年，三隻月
又七日
拿毋走
主張
自救个權利

八月半个暗晡
花好月圓
為著理想
分人抓去坐籠仔
俚
有愛無恨

有人講
「悔過書」做得換來自由
還有人講

魏廷朝寶島客家電台主持《歷史的窗門》節目，一九九七年與台長劉慧真合影。

舞政治就係舞錢
偓恬恬
毋想應

交出一本厚厚个人權報告
偓一生人个註腳
係毋係
有人讀得識？

「心訓」當作座右銘

魏廷朝譯「心訓」勉勵家人，當做魏家座右銘：

人生最快樂的事，就是終生有志業。
人生最悲慘的事，就是做人欠涵養。
人生最寂寞的事，就是吃飽沒事做。
人生最醜陋的事，就是見不得人好。
人生最高貴的事，就是為善不求報。
人生最美麗的事，就是處處有愛心。
人生最悲哀的事，就是處處編謊語。

魏廷朝寫的「心訓」，二弟魏廷洋雕成木匾懸掛在客廳當作家訓。

魏廷朝雖是政治犯，但弟妹都無怨尤，並以大哥為榮，二弟魏廷洋還請人將「心訓」雕刻，掛在牆頭。

《自救宣言》經得起時代考驗

魏新奇說：「父親一生坐三次黑牢雖不好受，但叔叔、姑姑也受到影響，尤其小父親一歲的大叔魏廷俊，常必須代父親扮演長子角色，所承受的壓力更大，致鬱鬱寡歡，五十三歲就因肝癌去世。屘叔魏廷昱是陪著我們兄妹長大，感謝屘叔常陪我們去監獄探監，也於六十一歲那年不幸因病去世。」

「父親對歷史研究最有興趣，在近史所擔任助理研究員時曾學德文，考慮留德；第三度出獄到日本教書，戴國煇也鼓勵他取得學位，邊教書，邊從事歷史研究，可惜早逝。」

魏新奇認為父親就是台灣近代史人物，也是歷史學家，以他對社會弱勢的關心，對政治犯的同情，若給他適當職務定能發揮；父親生前也認為陳水扁會當選總統，在推動台日關係上也使得上力，可惜去世得太早。

魏筠當了多年書記官，最近受桃園市長鄭文燦倚重，擔任桃園市非營利組織發展中心主任，也在中央大學法律研究所進修，她學法律好打不平，伸張正義，也關心社會弱勢，對政治也感興趣，頗有父風。

民主運動的播種者

「魏廷朝廿九歲坐牢，四十二歲結婚，共坐了十七年餘的『政治黑牢』，五十歲才出獄，一輩子為台灣民主、人權打拚，卻連個立委都沒有選上，六十四歲正值人生盛年又突然心肌梗塞去世，可說一輩子沒有『出頭』過、享福過，鄉親們不捨，我身為妻子更是心疼。」

陳水扁總統讚許他是「台灣人的良心」、「完美的人格者」。副總統呂秀蓮認為他是「掛滿民主勳章的鬥士」。兩度獄中難友謝聰敏肯定他是「男人中的男人」。陳菊說他是「寂寞的先知」。彭明敏則譽他是「台灣民主鬥士」、「知識分子的典範」。

張慶惠緬懷丈夫，除用心栽培一對子女，念茲在茲的是希望能完成他生前未完成的回憶錄《賭鬼的後代》，忠實記錄他為台灣民主、人權、前途奮鬥的人生。她認為魏廷朝、謝聰敏與彭明敏教授師生三人，在充滿肅殺的「白色恐怖」年代，敢冒死寫《台灣人民自救運動宣言》，使她想起法國名畫家米勒的名畫「播種者」，他們師生三人就是台灣民主運動的先驅，偉大的播種者。魏廷朝雖坐「政治牢」，但出獄後並未憤世嫉俗，心理也沒有怨恨，讓她非常敬佩。

魏廷朝是台灣近代史上反獨裁統治的代表性人物，師生三人共撰的《台灣人民自救運動宣言》，半世紀後仍經得時代考驗，是台灣真正的民生先知。

法國名畫家米勒的名畫「播種者」。

《附件一》

台灣人民自救運動宣言

一個堅強的運動，正在台灣急速地展開著。這是台灣島上一千二百萬人民不願受共產黨統治，不甘心被蔣介石毀滅的自救運動。我們要迎上人民覺醒的世界潮流，摧毀蔣介石的非法政權，為建設民主自由，合理繁榮的社會而團結奮鬥。我們深信，參加這個堅強運動，使這個崇高的理想早日實現，是我們每一個人的權利，也是我們每一個人的責任。

一

「一個中國，一個台灣」早已是鐵一般的事實！

不論歐洲、美洲、非洲、亞洲，不論承認中共與否，這個世界已經接受了「一個中國，一個台灣」的存在。

即使在亞洲政策上陷於孤立的美國，也只有少數保守反動的政客，在炒「不承認主義」的冷飯，輿論主流，尤其是知識分子，都要求在法律上承認「一個中國，一個台灣」，以謀中國問題的最後解決。美國的外交政策也正在往這個方向發展。

為什麼美國還在口頭上把蔣政權當作唯一合法的中國政府？因為美國要藉此與中共討價還價，以達成有利的妥協。美國跟中共在華沙談了一百幾十次，美國一直強調了只要中共放棄「解放台灣」的要求，美國對中共的門將永遠開放著。

蔣政權只靠美國第七艦隊苟延殘喘，我們絕對不要被「反攻大陸」這一廂情願的神話矇住眼睛，走向毀滅的路上去。第七艦隊一旦撤退，蔣政權在數小時內就會崩潰。「反攻大陸」云云，只是蔣介石用來維持非法政權和壓榨我們的口實罷了。

二

「反攻大陸」是絕對不可能的！

凡是具有起碼常識的人們，都會毫不遲疑地下這樣的判斷。蔣介石控制下的軍隊，頂多是一個防禦力量，而絕不是一個攻擊力量。它的存在完全依賴美國的軍援，而美援的目標，又僅在保持美國太平洋的防衛線，因此它不可能獲得超過防衛需要的攻擊武器。

它的海軍無法在海上單獨作戰，因為它不但沒有主力艦，連保養一隻軍艦的設備也沒有。它的空軍由短程戰鬥機組織，攻擊所不可欠缺的運輸機和長程戰鬥機卻少得可憐。它的陸軍，仍然以輕裝備步兵為主力，機械化部隊和重炮兵只不過是裝飾品而已。

台灣沒有支持反攻經濟的能力，蔣介石儘管全力支持軍隊，不惜以百分之八十以上的預算做為軍費，但憑這彈丸之地，維持數十萬軍隊平時已苦於奔命，戰時怎能夠供給龐大的戰費？又怎麼能夠補人力的毀滅？

戰爭的目的已不存在，蔣介石雖然在號召自由民主，但處處蹂躪人權，一手把持政權，以特務組織，厲行暴政。有人說，大陸來台人士返鄉心切，容易受蔣介石的驅使。其實，中共國勢的強大，已使百年來飽嚐外侮的民族主義者揚眉吐氣，他們相信，這絕不是貪污無能的蔣介石政權所能望其項背的。我們究竟為誰而戰？為何而戰？蔣介石已失去了使人信服的戰爭目標，誰願為這個獨夫賣命？

蔣介石的官兵把一生奉獻給這個獨夫，請問他們得到什麼代價？一旦年老力衰，不僅不能享其餘生，且被擯去民間，流浪街頭。這種騙局怎麼不令他們痛恨？因此，退伍軍人常說「亡大陸的固然是退伍軍人，亡蔣介石也將是退伍軍人」。

現役官兵的生活，更是慘不堪言，他們常常說，「毛澤東斷了我們的祖宗，蔣介石絕了我們的子孫。」狂者鋌而走險，狷者鬱鬱終日，官兵越規犯禁層出不窮，指揮官能多方籠絡，結果兵比官驕，軍紀掃地。

至於代退伍軍人而入伍的台籍青年，在他們的記憶中仍然留著蔣介石在二二八事變中屠殺二萬台灣領導人物的仇恨，他們雖然三緘其口，始終還是蔣介石的「沈默的敵人」，在軍裝的鐵面孔下，固然看不出他們的思想，他們無論如何不致認賊作父，受蔣介石的奴役。

政工制度牽制軍事行動，減低軍事效能。軍事行動的優點，在於能迅速動員人力物力，完成任務。政工制度則循教條監視軍事行動，政治目的重於軍事目的，政治責任抵銷了軍事效能。雖然軍中明理之士，如孫立人等，曾提出異議，但卻被戴上莫須有的罪名，迄今含冤莫白。官兵常說：「一旦動員，先槍斃政治指導員。」

想一想，一支欠乏攻擊能力的軍隊，在沒有戰費，士氣消沉，效率低落的情況下，和強大的中共作毫無目的的戰爭——這個戰爭叫做「反攻大陸」，而頑強的五星上將蔣介石，卻效法唐·吉訶德高舉一支破爛不堪的掃把，向風車挑戰。

三

為什麼蔣介石仍然高喊「反攻大陸」？

因為這個口號正是他延續政權，驅使人民的唯一手段。十五年來，他一直藉這一張空頭支票，宣布戒嚴，以軍法控制了一千餘萬的人民，他所要的「反攻大陸」的把戲，實在是二十世紀的一大騙局。

國民黨官員何嘗不知道這個騙局不能持久，他們一面將自己的子女和搜刮而來的財富送往國外，準備隨時逃亡，一面扮作江湖郎中，把「反攻大陸」的延命丹餵給死在眼前執迷不悟的蔣介石。

讓我們看看這個口號有什麼魔力：

第一、矇蔽人民，利用人民心理的弱點，以苟延早已喪失存在的蔣政權。部分大陸來台人士，思鄉心切，可因「反攻大陸」的幻想而支持蔣介石，部分台灣人則因盼望政治壓力和經濟負擔減少，而姑且信其有。

第二、可利用非常時期的名義，排除憲法和法令的正當行使，陷害愛國而富於正義感的人們，進一步限制言論，封鎖新聞，控制思想，實行愚化政策。

第三、挾中共以自重，向美國討價還價，作為勒索美援的工具，當中美交涉不順利，或美國向蔣介石施以壓力時，立即在香港放出國共和談的消息，使有恐懼中共病的美國不知所措。

總之，「反攻大陸」的口號，對外可以要挾中共以自重，對內可以厲行恐怖政治，延續政權。

四

蔣介石政權代表誰？

國民政府自稱是「中國唯一的合法政府」。他認為現在的國民大會、立法委員、監察委員都是經過人民選舉而產生的，包括中國大陸和台灣代表在內。我們知道，這些選舉都是十八年以前（一九四七年）舉行的，我們也知道不到二年（一九四九年）中國大陸的人民已痛恨蔣政權的腐化無能，蔣介石雖然擁有數百萬軍隊卻很快地被趕出了中國大陸。顯然，大陸人民已選擇了另外一個政府。當時的國民政府已不能代表當時的大陸人民，何況在十八年後的今天，新的一代已經成長，蔣政權顯然不能代表現在的大陸人民了。

那麼，蔣政權能否代表台灣的人民？三千餘人的國大代表中，台灣的代表只有十餘席，四七三人的立法院中，台灣的代表也不過六名，他們的任期已分別於十二年前和十五年前屆滿，當然不能代表現在的台灣人民，何況二二八事變時，蔣介石屠殺了兩萬的台灣領導人物（當時台灣人口只有六百萬），雖然台灣人一直忍氣吞聲，但他們一直是蔣介石「沈默的敵人」。

談到台灣人和大陸人，我們必須指出，蔣介石政權雖然在口頭上高喊「台灣人與大陸人必須攜手合作」，其實卻最忌諱台灣人和大陸人真正合作，所以極力挑撥離間，無所不為。這種政策，在選舉中表現得最為突出。蔣政權分化台灣人和大陸人，使他們互相猜忌，彼此獨立，以便操縱與統治。因此蔣政權一直防範台灣人和大陸人的竭誠合作，協力消除蔣介石的專制，實現民主政治。當雷震要求台灣人和大陸人合作的途徑時，蔣介石終於撕破了臉皮，不顧國內外輿論的指責，張牙舞爪地將雷震戴上紅帽子。蔣介石深知台灣人和大陸人合作實現之日，也正是他的政權瓦解之時。

或者說，蔣介石政權是國民黨的代表，並且根據他們的傳統的「黨國合一」論也就是代表中國。其實，蔣政權甚至於不能真正代表國民黨。國民黨本身只有獨裁，而沒有民主，絕大多數的黨員，沒有說話的權利，他們的代表，在大會中，只能恭聽頭目的訓詞，鼓掌鞠躬而已。他們只是一群「點頭人」，只能一致通過頭目的提案，至於提案的內容，是不能也不敢過問的。

黨內又是派系分立，在蔣介石的權力鬥爭中，如兩廣勢力，胡漢民、張發奎、李宗仁等被清算的派系固不必說，其他不得寵的派系也不能進入權力的核心。這些被排擠的多數黨員，當然是憤慨而不滿的。黨內明智之士或避口不談政治以作無言的抗議，甚至於積極抨擊，成為反對蔣政權的主流。

我們可以說，蔣政權只是國民黨內少數小人集團的代表。它既不能代表中國、又不能代表台灣，甚至不能代表國民黨。

五

台灣經濟的發展面臨兩大問題，一是龐大的軍隊組織，一是激增的人口。這是不負責任的蔣政權在「反攻大陸」的虛偽號召下自我毀滅的陷阱。

根據蔣政權本年的統計，軍費支出佔預算百分之八十以上，這個數目，並不能概括所有的軍事費用。每年由糧食局供給軍隊二十萬噸米的價格遠低於市價，而且遠低於局定的價格；軍隊的運費、電費以及其他應付公營事業的費用，從未結帳；軍需工廠所得與美援物質拋售所得也歸軍隊所有；軍隊的消費，已超過資本的形成。

激增的人口，也減低了經濟成長的效果，影響所及，失業問題日趨嚴重，尤以農村的情形最為惡劣。台灣的勞動人口約有四百萬人，而失業人口至少在一百萬人以上，約佔勞動人口的四分之一，每平方公里的耕地，要擠一千二百三十人，受大專教育的優秀青年迫不得已，紛紛出國，每年都在千人以上。

蔣政權不敢面對現實，將問題的解決訴諸自欺欺人的「反攻大陸」上面，雖然有些知識分子正直呼喊著，但仍然無濟於事。他們說，主張節育的人是失敗主義者，而把希望寄託在剛出生的嬰兒，認為二十年後，這批後代將為他們執干戈而「反攻大陸」。

許多人以為台灣的土地政策是蔣政權的德政。其實，蔣政權實行土地改革的動機，卻是為了削弱潛在的反對力量。從清朝以來，台灣傳統的政治領導人物，都來自地主階級。蔣介石深知政治人才的興衰對他的專制的影響，因此，先在一九四七年二二八事變時屠殺了兩萬台灣領導人物，又在一九五〇年實施土地改革，打倒傳統的政治領導階級。當然大陸人不屬於台灣地主階級，也是土地改革能實施的主要原因。由於蔣政權傾心消滅地主階級，地方力量終一蹶不振，而農民卻在農產品價格的抑制、無從逃避的重稅、以及肥料換穀政策的重重剝削下，每日為餬口掙扎而無餘力。

經濟政策應該有一套長期發展計劃，但蔣政權所做的，只是不顧經濟原則的盲目的投資，以及表面而臨時性的應急措施。他們為了維持軍糧，不惜殺雞取卵，搾取農民。他們深怕軍費一時中斷，所以不敢面對現實，改革它命脈所在的稅收制度，而任它腐化。他們為了鞏固政權，更與財閥勾結，抑制貧苦大眾，造成貧富懸殊的不安定社會。

讓我們看看到了山窮水盡的蔣政權的最後面目，一方面將它們的劊子手們放在重要的位置加緊暴力統治，他方面以所得「十二億公債」都市平均地權、及變賣公共事業等，來搾取人民，屢次派遣他的掌櫃徐柏園到中南美疏散民脂民膏，大買地產。

六

台灣足以構成一個國家嗎？

國家只是為民謀福利的工具，任何處境相同、利害一致的人們都可以組成一個國家。十餘年來，台灣實際上已成為一個國家，就人口面積、生產力、文化水準條件來看，在聯合國一百十餘國中，台灣可排在第三十餘位。其實許多小國的人民反而能享受更多的福利和文化的貢獻。如北歐各國、瑞士、南美的烏拉圭，都是很好的例子。我們應拋棄「大國」的幻想和包袱，面對現實，建設民主而繁榮的社會。

有人說，蔣介石已成了裸體的皇帝，我們可以坐待他的末日。但是我們不能不想，走到窮途末日的蔣政權，將台灣交給中共。我們更不能不憂慮，台灣將被國際上的權力政治所宰割，所以說我們絕對不能等待。

許多知識分子們仍然在迷信「和平轉移政權」與「漸進的改革」。我們必須指出，如果回顧劣跡昭昭的國民黨史，我們立刻就可以發現，只要剛愎狂傲的蔣介石睜著眼睛，任何方式的妥協不是夢想，便是圈套——專門用來陷害知識分子的圈套。所以我們絕不能妄想「和平轉移政權」而妥協。

我們還要坦誠的告誡與蔣政權合作的人們：「你們應立即衷心悔悟不再為蔣政權作威作福，不再做蔣政權的爪牙耳目，否則，歷史和人民將給你們最嚴厲的制裁！」

七

在台灣這種正在開發中的地區，經濟發展實際上是文化、社會、經濟、政治的大革命，而政治則為一切推動的源泉。台灣儘管具有現代化的良好基礎，可是只要腐化無能的蔣政權存在一天，我們距離現代化仍然非常遙遠，所以我們絕不能期待「漸進的改革」。

基於這種認識，我們提出下列主張，即使流盡最後的一滴血，我們也要堅持到底使它實現。

甲、我們的目標

（一）確認「反攻大陸」為絕不可能，推翻蔣政權，團結一千二百萬人的力量，不分省籍，竭誠合作，建設新的國家，成立新的政府。

（二）重新制定憲法，保障基本人權，成立向國會負責且具有效能的政府，實行真正的民主政治。

（三）以自由世界的一分子，重新加入聯合國與所有愛好和平的國家建立邦交，共同為世界和平而努力。

乙、我們的原則

（一）遵循民主常軌，由普選產生國家元首。他不是被萬人崇拜的偶像，也不是無所不能的領袖。更沒有不容批評的教條。他只是受國會監督與控制，熱心為民眾服務的公僕。

（二）保障集會、結社和發表的自由，使反對黨獲得合法的地位，實行政黨政治。

（三）消滅特權，革除貪污，整肅政風，改善軍公教人員的待遇。

（四）樹立健全的文官制度，實行科學管理，提高行政的效能，確立廉潔公正的政治。

（五）保障司法獨立，廢除侵犯人權的法規，嚴禁非法的逮捕，審訊與刑罰。

（六）廢止特務制度，依民主國家常軌，規定警察的地位和職務，並樹立人民的守法精神。

（七）確保人民對國內外通信、遷徙與旅行的自由，維護開放的社會。

（八）以自衛為原則，裁減軍隊，並保障退伍軍人的地位和生活。

在經濟方面，由於國防負擔大減，我們可以根據長遠的目標和計劃，充分利用人力物力，加速經濟的成長。我們將以民主方式分配經濟權利，廢除個人和階級經濟特權，保障機會均等。我們將建立直接稅制，加強累進所得稅與遺產稅，消除貧富懸殊的現象。我們計劃擴大國家的生產力，消滅失業，普遍提高國民生活水準，使人類的尊嚴和個人的自由具有實質意義。我們將改造農村傳統的生產方式與維護溫飽的觀念，建設科學化、機械化、現代化的農村社會。

過去蔣政權盲目投資、無理干涉企業、以低工資支持資本家、以肥料換穀辦法剝削農民、以消費稅和戶稅增加一般大眾負擔所造成的各種問題，我們將予以徹底解決。

我們確信社會的目的在維護個人的尊嚴，增進人民的福利，因此我們反對蔣政權統治下的恐怖、貪婪與妨礙團結發展的多種措施，而要建立一個互信互助、友愛的社會，使每一個人都能過完美積極幸福的生活。

多少年來，中國只有兩個是非，一個是極右的國民黨的是非，一個是極左的共產黨的是非，真正的知識反而不能發揮力量。我們要擺脫這兩個是非的枷鎖，我們更要放棄對這兩個政權的依賴心裡，在國民黨與共產黨之外，從台灣選擇第三條路——自救的途徑。

讓我們結束這個黑暗的日子吧！讓我們來號召不願受共產黨統治、又不甘心被蔣介石毀滅的人們，團結奮鬥，摧毀蔣介石的暴政，建設我們的自由國土。

愛好民主自由的同胞們，千萬不要因看到黯淡的現實而灰心，而絕望。讓我們告訴你們，國內外的情勢對我們越來越有利，而我們的自救力量正在急速地擴大中。在政府機關、地方團體、軍隊、公司、報社、學校、工廠、農村到處都有我們的同志。我們這個組織，已經與在美國、日本、加拿大、法國、德國的同志們取得密切的聯繫，並且得到熱烈的支持，一旦時機來到，我們的同志將會出現在台灣的每一角落，跟你攜手合作共同奮鬥。

同胞們！勝利就在眼前，團結起來！

這就是我們的標誌。從今天起，它就隨時隨地出現在你們的面前，記住！當你們看到它的時候，這個組織正在迅速地擴大著，這個運動也正在有力地展開著。

《附件二》

《台灣人民自救宣言》警總判決書

台灣警備總司令部判決　　(53)警審特字第一號

公訴人　本部軍事檢察官

被　告　彭明敏　男年四十二歲台灣省高雄市人住台北市[redacted]號業國立台灣大學法學院教授在押

選任辯護人　梁肅戎律師

被　告　謝聰敏　男年卅一歲台灣省彰化縣人住彰化縣[redacted]寄居台北市[redacted]業今日之中國社編輯在押

選任辯護人　李　淋律師

被　告　魏廷朝　男年廿八歲台灣省桃園縣人住桃園縣龍潭鄉埔心里中興路六十五號業中央研究院臨時助理員在押

指定辯護人　本部公設辯護人藍啓然

右被告等因叛亂案件，經軍事檢察官提起公訴，本部判決如左：

主文

彭明敏、謝聰敏、魏廷朝預備以非法之方法，變更國憲，顛覆政府，謝聰敏處有期徒刑十年，褫奪公權六年；彭明敏、魏廷朝各處有期徒刑八年，各褫奪公權五年。

「台灣自救運動宣言」九千六百八十六張，「宣言」稿二份，係題初號鉛字六個，頭號鉛字二十個，換版老五號鉛字四百五十八個均沒收之。

事實

彭明敏、謝聰敏、魏廷朝有師生同學之誼，自民國五十一年起，時相過從，常發不滿現實之言論，迨五十三年四月間，謝聰敏辭去南部工作北來，彭、謝間接觸更趨密切，魏廷朝亦偶爾參與。同年四五月間，謝聰敏主張先用文字表達其政治主張，意圖煽惑社會各界人士群起響應，以達其以非法方法變更國憲，顛覆政府之目的，當獲彭明敏之同意，謝聰敏乃將此意轉告魏廷朝，魏亦表贊同。同年六月間，謝聰敏開始草擬文稿，並分別與魏廷朝、彭明敏商定組織名稱用「台灣自救運動聯盟」，文告名稱用「台灣自救運動宣言」，組織系統用「台灣地圖」圖型。同年八月間，謝聰敏撰就文稿：計分八節約七千餘言，企圖煽惑群眾以非和平之流血方式推翻政府，變更憲法。經魏廷朝先作文字上之修正，復經彭明敏修正同意定稿後，由謝聰敏負責付印，謝以原稿有推翻「蔣政權」等類字樣一百六十五處，若不刪除，不便排版，乃重抄原稿，將上開一百六十五處文字，改寫為推翻「毛政權」等字句，於同年九月十四日洽妥台北市萬華三和印刷廠排版，同月十七日上午，在台北市萬華國洋旅社預定房間，向台北市萬華中南鉛字廠購買鉛字，以備抽換之用；又向聯文紙行購買五十磅模造紙五令，約定當日午前切成四開計一萬張；

，携帶排好之鉛版，通知彭、魏二人至該旅社三二一號房，與彭、魏等共同將鉛版內推翻「毛政權」等一百六十五個鉛字，抽換為推翻「蔣政權」等字。當日下午三時許，謝聰敏即偕魏廷朝携同換好鉛版，前往台北市萬華志馨印刷廠以機密文件接洽印刷，並囑印刷時，不准任何人進入廠房，並將紙送往該廠，該廠主宋玉祥以魏廷朝自稱係國防部人員，但無證件，為避免麻煩，拒絕承印。謝、魏當晚在彭明敏家，商負責洽付印及繳發事宜，同月十八日晚，謝聰敏又向台北市赤峰街三餘印刷文具行，以印製試卷名義洽印，並囑印刷時不准任何人閱覽，須在星期日（即九月廿日）印好，俾應星期一考試之用，議定工資三百元，並將情形告知彭明敏。同月十九日下午，謝聰敏將紙送往該行，二十日上午八時許，謝聰敏先携帶鉛版前往三餘印刷文具行，彭、魏亦相繼趕到，彭明敏至該行門口後，即先赴台北市承德路金海旅社，預定二一一號房間等候，由謝、魏負責監視印刷，當日下午三時許印就九千六百八十六張，運往金海旅社，裝入彭明敏準備好之兩隻塑膠皮箱內，再由彭明敏、魏廷朝運往台北市衡陽路，寄存於不知情之許惠英處，準備以後郵寄本省工商界、教育界、省市議員等。案經台北市警察局即時發覺，追蹤至金海旅社，當場搜獲用包袱包裹之鉛版兩塊，換版鉛字四百五十八個，乃將彭明敏、謝聰敏、魏廷朝一併逮捕，並據彭明敏之供述，於許惠英家起出印就之「台灣自救運動宣言」兩大箱，復在台北市上海路謝聰敏居

所，搜出「宣言」抄稿一份，檢獲鉛字二十六個，轉報台灣省警務處解
送本部，由軍事檢察官偵查起訴。

理由

訊據被告謝聰敏對於自民國五十一年起，先後多次訪被告彭明敏，吐露
不滿現實言論。五十三年四月間，辭去兩部工作而至台北，時與彭、魏
過從，於同年四五月間，主張先以文字表達政治主張，分別獲被告彭明
敏、魏廷朝同意後，於同年六月間開始撰稿，先後脫稿一萬四千餘言，被
告彭明敏認爲太長，應行重撰，與被告魏廷朝商定以「台灣自救運動聯盟
」爲組織名稱，以「台灣自救運動宣言」爲標題，經被告彭明敏同意，
彭並主張以「台灣地圖」圖形爲聯盟標誌，同年八月底，修正稿完成，
內容分八節，計七千餘言，經彭明敏、魏廷朝修正同意，由其負責付印
。旋以原稿有推翻「蔣政權」等類字樣一六五處，若不刪除，不便排版
，乃逕抄原稿，將稿中推翻「蔣政權」等文字，更易爲推翻「毛政權」
等字句。同月十四日，經洽妥台北市萬華三和印刷廠代爲排版完畢，十
七日上午，預定萬華國洋旅社三二一號房間，通知彭明敏、魏廷朝二人在
該社等候，並向萬華中南鑄字廠購買鉛字，以備調換之用；又向羅文紙
行購買五十磅模造紙五令，囑於午前裁成四開一萬張，約當日下午交貨
，再攜帶鉛版至國洋旅社，與彭明敏、魏廷朝等將鉛版內推翻「毛政權
」等一六五處鉛字，易植爲推翻「蔣政權」等字，當日下午三時許裝畢

二

，即携版偕魏廷朝往萬華志群印刷廠接洽印刷，並將紙張運往該廠，該廠主以魏廷朝自稱國防部人員，既無證明，並謂所印為機密文件，印刷時不准任何人入廠房，為免麻煩，拒絕承印。乃將紙張仍寄存華文紙行，鉛版由魏廷朝送至其上海路居所，當晚在彭明敏家便飯，談再洽印及散發問題，約魏廷朝於廿日早上在其上海路居所見面。十八日晚，向赤峰街三誼印刷文具行接洽，偉稱為學校教員，試卷須在星期日一即九月廿日）印好，以便星期一應用，紙張排版均自理，印刷時不准任何人詢問，議定工資新台幣三百元，並告知彭明敏。十九日下午將紙送往該行，廿日八時許，携帶鉛版前往該行，彭明敏偕魏廷朝相繼到達，魏廷朝留下負監印之責，彭明敏則往預定旅社，下午三時許，印就九千餘張，分兩批運往金海旅社二一一號房間，裝入彭明敏預備之兩隻皮箱內，由彭明敏、魏廷朝僱三輪車運寄他人處，準備以後郵寄本省教育界、工商界、省市議員等。彭、魏返旅社後，即被警察當場查獲鉛版、殘版鉛字，與彭明敏、魏廷朝同時被搜捕，並搜出「宣言」、鉛字、抄稿等物。據告彭明敏對於五十一年起，謝聰敏常來訪，談不滿現實言論，魏廷朝亦偶參與，五十三年四月，謝聰敏自南部來台北工作後，來訪較密，謝聰敏以文字表達政治主張之意見，曾予同意，謝聰敏第一次所擬稿長達一萬四千餘言，未修改予以退還，，第二次稿上有「台灣自救運動聯盟」之名稱，「台灣自救運動宣言」之標題，文稿經閱後曾予同意，並贊許謝聰敘寫作技巧高明，主張採用「台灣地圖」圖型為標誌，由謝負責付印，謝重抄原稿，排好版後，於同年九月十七日，通知前往萬華國洋旅社，三人共同抽換「毛政權」為「蔣政權」等鉛字。下午三時換好，謝撈版，偕魏外出洽印，謝聰敏曾告知一家印刷廠不願印，後又另洽妥一家，偕同廿日同往，廿日上午八九時，乃偕魏廷朝至印刷文具行門口，謝旋回家取皮箱兩隻，至金華旅社預定二一一號房間，當日下午二時左右，又去該行告知魏廷朝，皮箱已帶至旅社，下午三時，印好之宣言由謝、魏分兩次送來，裝入皮箱，偕魏廷朝送往衡陽路許宏美家寄存，宣言計劃散發工商界、教育界、各級民意代表及學生等，向內政部稱書籍實發借有台省第六屆縣市議員名冊，本來想以後真要用到時亦可用，故未寄還。在其家中查出該名冊，並在許宏美家起出「宣言」二箱。被告魏廷朝對於五十一年間，因謝聰敏訪彭明敏一二次。五十三年四五月以後，則偕訪次數較多。同年六月間，謝聰敏擬撰宣言時，曾徵求其意見，後第一次稿長達萬餘言，嫌其長，第二次稿於八月下旬完成，應謝約至其居所看稿，並商定以「台灣自救運動聯盟」為組織名稱，「台灣自救運動宣言」為標題，宣言前言為其本人所寫，最後一段為彭明敏所添，並為文字潤飾，主張改變現有制度，重新制定憲法，恐嚇政府從事的人，希望以革命流血推翻政府。宣言由謝聰敏負責付印，為排版方便，由謝重抄原稿，排好版，通知於九月十七日至國洋旅社，三人共同抽換「毛政權」為「蔣政福」等鉛字，當日下午三時談好，至志群印刷廠洽印，因自稱為國防部參謀印機密文件，老闆要看證件，因無證明而拒印，卽將鉛版送上海路謝之居所，紙張仍由謝寄存華文紙行，當晚在彭明敏家便飯，商量再洽印及散發問題，並約好廿日在謝寓見面。廿日上午由彭明敏偕同至赤峰街三館印刷文具行，與謝共同負責監印，當日下午三時印完，分兩批送到金海旅社裝箱，與彭明敏送至信陽路許家四樓寄存，備以後郵寄散發工商界及省市議員等，爭取大家合作，實行革命。同至旅社後，即被警察當場查出鉛版、鉛字等物，與彭、謝同時被捕之事實，業據分別供認不諱，互證相符，核與台北市警察局調查及本部軍事檢察官偵查結果一致。被告謝聰敏向三和印刷廠接洽排版，定國洋旅社房間，在房內撿落鉛字，向華文紙行購紙、切紙、寄紙，在三館印刷文具行接洽印刷。被告彭明敏向金海旅社預定房間，及被警查出鉛字版等情形，經證人江謝清純、陳仲瀛、許木土、蔡遐富、張胡錫棠等各別結證在卷。被告彭明敏、魏廷朝寄存兩箱宣言情形，亦據關係人許惠美供述明確，均相符合。並有獲案「宣言」、抄稿、鉛字版、殘餘鉛字、換版鉛字、台灣省第六屆縣市議員名册等可為佐證。且核其宣言內容：係煽惑群眾應以非和平之流血方式，推翻政府，變更國憲，有印就之「宣言」可資覆按。被告等犯罪事證，至臻明確。雖據被告彭明敏辯稱：㈠提議撰文，起草宣言，係謝聰敏，「台灣自救運動聯盟」一字亦事前無所悉，排版、印刷、購紙均未參與，費用亦非本人所付，提供皮箱僅基於師生之誼而已，並無非法叛亂之認識。(二)將宜言寄存許惠美處，即係封存，自許家返旅社途中，曾對魏廷朝說：「這件事恐怕不妥，郵寄東西就是燒燬它。」證明有封存該宜言之決心。(三)從未從事實際政治，對現實政治無興趣，民國五十一年以後，生活工作備受打擊，情感失去平衡，對個人前途悲觀，終於自暴自棄，感情日趨偏激，雖有藉機發洩滿腔牢騷憤懣之念，絕無叛亂意圖。(四)行為人之思想如何荒謬，是否意在推翻政府，變更國憲，均非叛亂之構成要件，應以其是否企圖使用武力、暴力或其他非法手段為要件。宜言內容未主張使用暴力，處理宜言之方式，僅欲合法影響輿論，改組政府，不足成為叛亂。(五)宜言未發表，僅為意見之形成，應受憲法意見自由之保障，無任何法律責任。如英倫教會間有批評時政之集會，美國南方人士及加拿大魁貝克州，公開主張脫離聯邦獨立，均不受干涉。宜言即令已發表，縱有不妥，亦僅能依出版法處分，本人之行為，僅稍牽涉於謝聰敏之意見之形成過程中，本人既無叛亂之內在意圖，亦無叛亂之外部行動，更無法律責任之可言，尤不能以他人之了解及作為，加諸本人之身。其辯護人辯護意旨：(一)被告謝聰敏所撰文稿，僅有一語有推翻政府字樣，尤未主張以武力、暴力或其他不正當方法，則其私人提供政治見解，以影響輿論，達其改組政府，修改憲法之目的，應無二致，該文用語稍激，謝聰敏既未向彭明敏告以文義，無從[illegible]涵意知

四

何，就彭明敏而言，毫不具有非法推翻政府之故意，被告彭明敏僅有鴻懷之目的，而無組織秘密武力團體，建立地下非法組織等行動與規劃，自無叛亂犯罪之故意。㈡起訴書認被告彭明敏預備以非法之方法，變更國憲，顛覆政府。既曰預備，必須對該兩項罪行有非法着手實行前之準備行為，即一經發動，國憲必被變更，政府必被顛覆，始可謂為預備行為，今我國有數十萬堅強之部隊，豈能為一紙宣言之影響所能顛覆？宣言倘未散發，尤不能起任何作用，故僅係意見之成立，與犯罪之實施不可混為一談，意見自由為人民之基本權利，自不得指為犯罪。㈢據被告彭明敏供：將宣言寄存許宅，謝聰敏、魏廷朝無由取得，且於送存宣言後返旅社途中，曾以閩南語對魏表示焚燬之意，不予散發，極見決心。不發則不能為煽惑之用，亦即不能發生犯罪結果，為不能犯，請予免除其刑。㈣陰謀叛亂，其程度在着手以前，如於陰謀或預備中中止進行，應不為罪，經司法院院字第七八五號解釋有案。被告彭明敏封存文稿，且有煽惑之表示，已如上述，其預備行為，乘以己意中止進行，依上開解釋，自不為罪。被告謝聰敏辯稱：㈠眞正愛國者，須眞實坦誠，檢討改進，憂傷時局，而發出急待改進問題，為寫宣言之動機。且宣言中再三强調反共立場，足見係出於愛國熱誠。㈡憲法第十一條規定人民有言論自由；第一百七十四條規定憲法修改程序。人民自可提出政治意見，爭取輿論支持，一百人中一人之不同意見，自不容迫害，而認為非法，如最高法院院長謝瀛洲先生所著中華民國憲法論，即曾對憲法批評，並提有修正案，安能認為犯罪。㈢起訴書謂被告等預備以非法方法變更國憲，顛覆政府，所謂非法方法，不知何指？如指宣言內容，卻未提出任何方法，即談不上非法；如指準備郵寄或印刷過程，更無非法之可言。其辯護意旨：㈠被告謝聰敏被訴觸犯預備以非法之方法變更國憲，顛覆政府罪，以獲案之「台灣自救運動宣言」為惟一證據。該宣言對政府及總統恣意攻擊，並以推翻　總統與成立新政府為目的，尚無可諱。但究以何種方法為之，並無記載，其原則為循民主常軌，並據歷次自白主張不發生流血事件，顯非非法方法，與該罪或陰謀犯叛亂罪之構成要件不存。㈡被告謝聰敏製作「宣言」，並準備郵寄教育、工商界及省市議員，既為準備郵寄，又未主張採何種非法方法，依最高法院廿二年上字第二二九二號判例意旨，僅係以文字煽惑他人，不足構成叛亂之預備罪。㈢縱認被告犯罪，但從被告所供，主觀上以為變更國憲，顛覆政府，必須有暴動行為；且憲法第十一條規定人民有言論、講學、著作之自由，該被告以為製作宣言，其行為係法律所許可，謂依刑法第十六條免除其刑。㈣如認為尚難與刑法第十六條規定之有正當理由相當，不能免除其刑，亦請依刑法第五十九條減輕其刑。被告魏廷朝之辯護意旨：㈠被告因長期之精神抑鬱，及交友不慎，受人連累，致有此次錯誤思想與行動，如能加以疏導，未始不可覺悟。且情節輕微，事後又坦誠悔悟，請予

五

以交付感化，期寓教於刑云云，以爲辯解。經本庭調查研析結果，茲綜合說明如下：㈠被告等之所爲是否屬憲法言論自由之範圍：查憲法第十一條所保障之言論自由，以合法之言論爲限，此乃民主憲政之通則。又人民對憲法之修改，政府之改組，以著作或循其他合法途徑，發表意見，如最高法院院長謝瀛洲先生所著中華民國憲法論，對憲法提有修正案者，然自應受憲法之保障。但被告等印製宣言，企圖煽惑社會各界人士，應以非和平流血手段推翻政府，變更憲法，係觸犯懲治叛亂條例之犯罪行爲，自不在憲法保障範圍，更非一般普通意見或政治評論，可與相提並論。㈡被告等變更國憲，顚覆政府，是否以非法之方法：按憲法係根據全國民意所制定，爲國家之根本大法， 蔣總統爲依憲法所選舉之國家元首，政府亦係依憲法產生。查被告等所製宣言中，指摘政府爲「非法政權」，强調「決不能妄想和平轉移政權、而妥協」，主張「以非和平之流血方式」以實現其推翻政府，變更憲法之目的，有宣言可憑，並據共同被告[illegible]供明其換絡原印宣言之用意，在求犧牲之減到最低度，希望以革命推翻原有政權等語，有筆錄可稽，其變更國憲、顚覆政府，係以非法之方法爲手段，彰彰明甚。縱宣言全文中，僅一處標示「推翻政府」字句，亦已足以認定其具有顚覆政府之犯意。其次所謂非法之方法，凡以言語、文字及其他一切不合法之手段均屬之，不以使用武力暴力爲限；亦毋須以有秘密武力或地下組織之行動或擬劃為必要。所辯係以合法影響輿論，修改憲法，改組政府，並係企圖以非法方法變更憲法，顛覆政府之說，空言主張，不攻自破。㈡被告等之行為是否構成預備叛亂罪：按叛亂罪行，破壞國家紀綱，危害國家之存立，故懲治叛亂條例所處罰之罪行，有陰謀、預備、及著手實行之分，因情節之輕重，處罰各有不同。該條例第二條第三項之預備以非法方法變更國憲，顛覆政府罪，凡主觀上有以非法方法變更國憲，顛覆政府之意圖，客觀上有達到目的之可能者，有罪即成立。其是否達到最後目的之必然性，其行為是否發生變更，顛覆結果，均非所問。被告等既有推翻政府，變更憲法之意圖，並企圖煽惑社會人士響應，以非和平之流血方式達其目的，其共同撰擬印製宣言之行為，已非僅係意見之形成，而為着手犯罪前之準備行為，了無疑義。其宣言之散發，不問能否發生預期實際效用，其預備行為已經完成，自係構成預備叛亂罪。至獲案宣言雖係被告謝聰敏主稿，但在撰擬印製過程中，曾一再徵求被告彭明敏意見，係為被告彭明敏所不否認之事實；該宣言係經彭明敏同意發給定稿，最後一段且為彭明敏所增添，由被告謝聰敏負責付印，彭明敏並與被告謝聰敏、魏廷朝共同研商如何避人耳目，秘密印製宣言，其在印製過程中，直接間接參與其事，衆據共同被告謝聰敏、魏廷朝等分別供明在卷。其有犯意聯絡，行為分擔，已屬共同犯罪行為，而非單純洩漏秘密，事至明顯。依最高法院二十八年上字三一一〇號及卅四年上字八六二號判例，無解其共犯責任。被告彭明敏辯謂無叛亂罪構成要件之內在犯意，外部行動，其誰置信？被告彭明敏曾受高等教育，豈對宣言之涵義不了解，對宣言之違法性毫無認識，辯理尤難採信。更不能以宣言起草、排版、購紙、印刷，均係謝聰敏負責辦理，費用亦為謝聰敏所付，遽認被告彭明敏無責任。況世界各國國情不同，法律之制定亦各異，自不能以歐美國家之不受法律處罰之行為，而謂我國法律有處罰之規定者，亦不應處罰。至出版法第四十四條規定，出版物之觸犯其他法律者，依各該有關法律辦理，被告等印製之宣言，既屬違法，自非依出版法處分之問題，被告彭明敏謂宣言縱已發表，亦僅能依出版法處分云云，亦屬無據。次查被告等所印製之宣言中第七節乙項原則第一款，雖有「遵循民主常軌」之句，乃指由普選產生國家元首而言，顯係指其完成甲項所揭「顛覆政府」之目標後，始循民主常軌選舉元首，自不容斷章取義，諉卸刑責•共匪以暴力破壞國體，竊據國土，變更國憲，顛覆政府之行為，固為叛亂。被告等意圖以非法方法變更憲法，推翻政府，雖其立場標榜反共，依法亦難謂非叛亂。再查最高法院廿二年上字第二二九二號判例要旨為：「加重內亂罪，以有暴動行為為成立要件，暴動云者，即指多數人結合不法加以腕力或脅迫，使地方人心陷於不安之暴動行為而言，至同條第二項之預備罪，亦必須有暴動之準備行為，若僅以文字煽惑他人犯罪，自己並無暴動之準備者，不能成立本罪」。顯係指刑法第一〇一條第二項，預備或陰謀以暴動犯同法第一百條第一項之罪而言，殊不足以適用於刑法第一百條第二項之罪。被告所爲係觸犯懲治叛亂條例第二條所列刑法第一百條第二項之罪，而非同條例第二條所列刑法第一〇一條第二項之罪，上開判例，自亦無適用之餘地。被告謝聰敏選任辯護人據此而謂僅預備以文字煽惑他人，亦未爲應採取何種非法方法之主張，不足構成預備內亂罪，實屬誤會。㈣被告彭明敏將宣言寄存許惠美家是否封存問題：查被告彭明敏於五十三年九月十七日宣言尚未印妥前，即預先以電話與許惠美約定，此爲其所是認之事實。宣言印好後，逕寄許惠美家中，準備將來散發之用，亦經被告謝聰敏、魏廷朝分別在台北市警察局及本部偵審中供明，其爲有計劃之行爲，而非封存；事至明顯。況經訊據被告魏廷朝否認於五十三年九月廿日，送宣言寄存許惠美家後，返旅社途中，被告彭明敏曾用閩南語對其表示「欲將宣言燒燬」等語，並據稱其本人根本不懂閩南語，是被告彭明敏所辯，毫無根據，飾詞諉卸，不足採信。且據許惠美自白書載：被告彭明敏寄存皮箱後，曾囑不要被雨淋濕等語，倘被告彭明敏果有燒燬宣言之意，又何惜被雨之淋濕？足見其所持辯解，純屬遁辭。㈤被告彭明敏之所爲是否中止或不能犯：查被告等印就宣言，係因案發被警扣押，致無從散發，其非由於被告彭明敏之己意中止甚明。核與刑法第二十七條之已着手於犯罪行爲之實行，因己意中止，或防止其結果發生之中止犯，固不相當。且預備爲着手實行以前之階段，無中止犯之可言，有最高法院廿二年上字九八〇號判例可稽。被告等將宣言印就，卽屬已達預備階段，何況被告彭明敏並無「封存」「焚燬」該宣言情事，已如上述，辯護意旨謂該被告於預備中中止進行，欠缺事實根據，自無司法院院字第七八五號解釋之援用。其次刑法第二十六條但書所定之不能犯，係指行爲人之行爲不能發生犯罪結果，且無危險性者而言。被告等所印製之宣言，主張以非和平之流血方式推翻政府，變更憲法，極盡挑撥煽惑之能事，一經散發，固足發生嚴重之惡果，卽未經散發，其危險性仍然存在，自非不能發生犯罪結果又無危險之適例。㈥被告謝聰敏之所爲，能否適用刑法第十六條之規定：刑法第十六條不知法律得免除其刑之規定，以主觀上自信其行爲爲法律所許可，而客觀上有足以憑信之正當理由爲限。被告謝聰敏係大學法律系畢業，對法律有專門之研究，刑法早於民國廿四年一月一日公布，同年七月一日施行，對內亂罪著有處罰明文；共匪叛亂，政府爲加強戡亂，制定懲治叛亂條例，頒行於茲已逾十有五年。刑事責任如何？犯罪形態及其構成要件如何？該被告不能諉無認識。其所爲係犯罪行爲，尤應有完全了解，辯護意旨謂被告發生錯覺，誤認其行爲爲法律所許可，自認爲有正當理由。㈦被告謝聰敏之所爲，應否適用刑法第五十九條之規定：被告謝聰敏偶因現實與其主觀理想未盡相同，卽首倡以文字煽惑群衆響應，以非法方法推翻政府，變更憲法，並擔任起草，付印等重要犯行之實施，已證同情，乃問為出於愛國熱誠，實屬欺人之談，雖事後具有悔意，僅足供量刑之參考，究與犯罪情狀可憫恕之情形尚不相侔，自無酌減其刑之餘地。（八）被告魏廷朝所為情節是否輕微問題：查被告魏廷朝因交友不慎，思想受人影響，囿於友誼，致共觸法網，固屬事實，但其為意圖推翻政府，變更憲法，而擬印宣言，圖煽惑群眾響應以流血方式達其目的，情節顯非輕微，自無適用戡亂時期檢肅匪諜條例交付感化之理由。綜上所論，被告等所持辯解及其辯護意旨，均無可採。查被告彭明敏、謝聰敏、魏廷朝共同發起印製「台灣自救運動宣言」擬傳散發，企圖煽惑社會各界人士群起響應，以非和平之流血方式變更憲法，推翻政府，係各觸犯預備以非法之方法變更國憲、顛覆政府罪。被告等預備意圖以非法方法變更國憲及顛覆政府，究其犯意、行為及侵害法益均屬一個，仍應為一罪。被告謝聰敏雖首倡其事，姑念其事後尚有悔意，爰從輕論以低度之刑，被告彭明敏在偵查中深知悔悟，被告魏廷朝坦白供述，且均因一時錯誤，致罹重典，犯罪情狀，尚堪憫恕，爰予酌情減輕適當之刑，並予宣告褫奪公權。未發案「台灣自救運動宣言」原稿一份，發案「宣言」九千六百八十六張，係違禁物，發案「宣言」抄稿一份，鐵版老五號鉛字四百五十八個，係供犯罪所用之物，標題初號鉛字六個頭號鉛字二十個，係供犯罪預備之物，且均屬被告所有，依法予以沒收。至鉛字版兩塊，雖供犯罪所用，台灣省第六屆縣市議員名冊一本，供犯罪預備之用，「從當前局勢談反共前途」等鉛字十一顆，係從原販上抽換而來，均非被告所有，包袱一塊，塑膠皮箱兩隻，尚非直接供犯罪構成要件事實行爲所用之物，分別予以發還，合併敘明。

據上論結，應依軍事審判法第一百七十三條前段，懲治叛亂條例第十條後段，第二條第三項，第十二條，刑法第五十九條，第三十七條第二項，第三十八條第一項第一款第二款判決如主文。

本案經軍事檢察官[illegible]蒞庭執行職務。

中華民國五十四年四月十三日

台灣警備總司令部普通審判庭

審判長 范明 印

審判官 張翊支 印

審判官 成鼎 印

右判決正本證明與原本無異。

如不服本判決，應於送達後十日內，以書狀提出於本部，聲請覆判。

書記官 沙思奇

中華民國五十四年四月十五

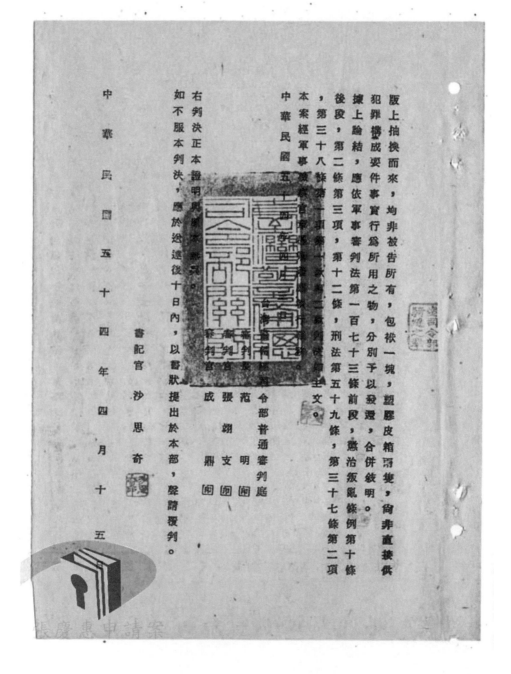

《附件三》

《謝聰敏、魏廷朝、李敖案》警總判決書

（一九七五年九月二十五日更審判決書）

台灣警備總司令部

判決書

64. 6. 3,000張

0004

（國家檔案局提供）

台灣警備總司令部判決

六十四年度諫判字第四十九號

公訴人 本部軍事檢察官

被告 諸聽敏 男，年四十一歲（民國廿三年生），台灣省彰化縣人，住台北市，國民身分證：，業無，在押。

魏廷朝 男，年卅九歲（民國廿五年三月廿七日生），台灣省桃園縣人，住台北市松山區延吉街二三五巷三號，國民身分證：桃楊坡字第一一七七號，業中央圖書供應社編輯，在押。

李　敖 男，年卅八歲（民國廿六年生）吉林省扶餘縣人，住台北市，國民身分證：，業無，在押。

郭榮文 男，年卅六歲（民國廿八年生），台灣省台南縣人，住台南市區民身分證：，業台南仁德鄉大甲國小教員，在押。

詹重雄 男，年卅二歲（民國卅二年生），台北市人，住台北市

[redacted]，國民身分證：[redacted]，
業台北市自來水廠內湖營運所助理技工，在押。

右五被告指定辯護人　本部公設辯護人鄭庭壽
被　　告　李政一　男，年卅四歲（民國卅年[redacted]生），台灣
省台南縣人，住台南縣[redacted]
[redacted]，國民身分證：[redacted]，
業商，在押。

選任辯護人　金品瓊律師
　　　　　　張翊支律師
被　　告　吳忠信　男，年卅二歲（民國卅二年[redacted]生）台灣
省台南縣人，住台南市[redacted]
[redacted]，國民身分證：[redacted]，業無
在押。

選任辯護人　林湖舫律師
被　　告　劉辰旦　男，年卅八歲（民國廿六年[redacted]生）台灣
省台南縣人，住[redacted]，國民身
分證：[redacted]，業環球水泥公司

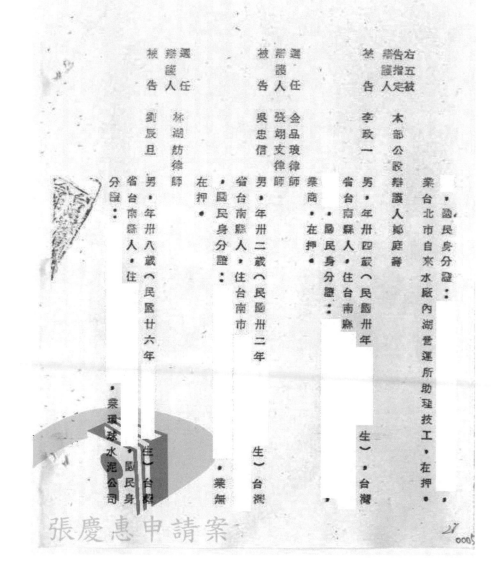

屏東營業所管理員，在押。

選任辯護人　張英傑律師

右被告等因六十一年度，初特字第十七號叛亂案件，經國防部發回更審，本部判決如左：

主　文

謝聰敏、魏廷朝、李政一、吳忠信、劉辰旦、郭榮文、詹重雄，共同受叛徒之指使，擾亂治安，謝聰敏處有期徒刑九年九月，褫奪公權六年，減處有期徒刑六年六月，褫奪公權四年。李政一處有期徒刑九年，褫奪公權六年，減處有期徒刑六年，褫奪公權四年。魏廷朝、吳忠信、劉辰旦、郭榮文、詹重雄，各處有期徒刑八年六月，褫奪公權六年，各減處有期徒刑五年八月，褫奪公權四年。

謝聰敏、魏廷朝、李政一、吳忠信、劉辰旦、郭榮文、詹重雄，全部財產除各留其家屬必需之生活費外，均沒收。

李政一預備以非法之方法顛覆政府，處有期徒刑八年六月，褫奪公權六年，減處有期徒刑五年八月，褫奪公權四年。

叛亂經費美金一千七百七十元，反動賀年片一件，英文版叛亂資料三種共五件，中文版叛亂資料二件，電焊器一個，中文打字機一台，均沒收。

、事　實

彭明敏於民國五十三年間，犯預備顛覆政府罪，經本部判處有期徒刑。

執行中尋准減刑，於五十七年九月出獄，仍不知悛悔，陰謀計劃潛逃國外，從事叛亂活動，於五十八年十二月廿八日夜，邀約謝聰敏、魏廷朝在台北市哈林餐廳聚會，席間彭暗示其將逃亡，指示謝等要聽其指示，從事破壞活動，並囑與李政一連繫，未幾彭果藉外籍人士協助逃亡海外，並透過某外籍人士與謝、魏取得聯繫，謝聰敏即遵囑，經常將國內叛亂活動狀況，及有關資料轉交彭明敏以供運用，彭明敏亦託國外人士攜帶叛亂費用美金三千二百五十元，及「顛覆工具使用法」一册，轉交謝聰敏，謝於收受上項財物後，即託蔡金鐘代購中文打字機一台，備供打印有關擾亂治安文字之用，並將「顛覆工具使用法」一書交李政一閱讀，五十九年三月，謝聰敏又於接受彭明敏函囑後，轉示李政一積極網羅偏激份子，吳忠信、郭榮文、劉辰旦，迨至五十九年九月，謝接獲叛徒彭明敏來信指示，轉促李政一、蔡金鐘、吳松枝（另案判決確定）等探查政府軍政高級首長行踪，將由日本僱用槍手謀刺，及爆炸美國在台機構，以擾亂治安，破壞中美友誼，李政一即於五十九年九月底，由台北到台南市[illegible]處，吳忠信住所內，邀集劉辰旦、郭榮文、吳忠信等人共同商討爆炸事宜，決定以台南美國新聞處為目標，由劉辰旦覓取炸藥，吳忠信負責裝置定時炸彈，郭榮文因曾在美國新聞處補習過英文，環境較熟，由其擔任放置定時炸彈工作，同年十月初，劉辰旦以朋友需用炸藥炸魚[illegible]藉口，[illegible]乃要劉秀絹向台南環球水泥公司雇員陳

二

28 000

源成，索得巨人牌60%GG膠質炸藥十條、雷管三個，不久李政一函告郭榮文照原定計劃於國慶日前後執行，郭榮文即分別通知劉辰旦、吳忠信，於同月十二日上午同至其台南縣號家中會晤，十一日上午劉辰旦携帶炸藥四條、雷管一個，吳忠信携帶精工會金黃色鬧鐘一座，及電池、電線、焊接工具，至郭榮文住所，由吳忠信裝置定時炸彈一枚，放於郭榮文所有之灰白色塑膠手提袋內，並約定翌日下午六時在台南市南門路口府前路口克林食品店前會合。十二日下午吳忠信、劉辰旦、郭榮文均依約而至，在附近忠義國校圍牆內，由吳忠信定時卅分鐘，交由郭榮文携進美國新聞處，放置於門內右側樓梯口前書架倒數第二層右端，停留約五、六分鐘離去，該定時炸彈約於下午六時五十三分爆炸，六十年一月廿六日劉辰旦將所有剩餘炸藥六條、雷管二個，交由吳忠信保管，翌日李政一、劉辰旦、詹重雄、吳忠信蒞遊南迴公路之便，沿途在「寶萊」聚會，除商討如何加強宣傳等事宜外，復在「寶萊溪底」以炸藥二條、雷管一個，由吳忠信裝妥定時炸彈一枚，當場試爆，藉以傳授李政一、詹重雄裝置技術，及使用方法，同月廿八日由「寶萊」返回台南途中李政一囑吳忠信速裝置定時炸彈一枚交由詹重雄携返台北備用。同月卅日，吳忠信將炸藥四條、雷管一個、電池、電線、鬧鐘等在其住所裝妥定時炸彈一枚，放入金龍餅乾盒之內，用「中國時報」將該炸藥等予以固定在盒內，盒外復以舊報紙包裹再用麻繩綑紮。

三

證（卅一）日下午交詹重雄帶回，台北，二月一日晚八時，詹重雄送交李政一收藏於台北市 號李之居所內，同月四日晚詹重雄應李政一之約，同往台北市館前街一帶勘察美國商業銀行附近設施，由李政一向其介紹內部狀況，相約於同月五日上午九時在「女青年會」晤面，屆時李政一携帶定時炸彈與詹重雄會合，李即在「女青會」右側建築施工中之籬笆內，將炸藥與雷管、電線部份接合，定時四十分鐘後交詹重雄携進美國商業銀行，放置右側墻壁與花盆間地上，九時四十五分爆炸。魏廷朝爲進彭明敏指示，混淆視聽，製造人心不安，於五十九年十二月底親自設計「一個中國，一個台灣，彭明敏萬歲！」之反動賀年片樣本一種，交與林順金（另案判決確定）印製散發，並另將林順金交與之上開式樣反動賀年片三張，及刻有「一個中國，一個台灣」字樣之橡皮戳十個送交謝聰敏，謝聰敏復將橡皮戳十個，台幣一千元交李政一印成上述反動賀年卡五十餘張，携至師範大學、淡江文理學院、羅斯福路、牯嶺街、桃園、新竹等地予以散發。李敖明知彭明敏有叛亂前科，其叛亂之念未泯，仍秘密與之交往，五十八年三月間，介紹某外藉人士與彭相識，關於彭逆託該外藉人士携帶信件出境時，非惟不予檢舉，且囑其弟李放藉送行之便，察看該外藉人士登機手勢之暗示，是否信件安全帶出，以走告彭明敏。五十九年三月間，接受謝聰敏交閱叛亂宣言，及月刊多件。同年九月間，蒐集國防部泰源監獄政治犯曾正雄等一百零八人名單一份，在其住所頂交英外籍人士携赴國外作爲國外叛亂總宣

20

傳資料，案經本部保安處查覺，並在李政一、謝聰敏住所分別搜獲叛亂宣言一份、月刊二本（一均英文版）、叛亂資料中、英文版各二份、反動賀年卡一張，一併移由軍事檢察官偵查起訴

理由

一、被告謝聰敏、魏廷朝，各對其上開犯罪事實，業據分別在本部偵審各庭坦白供認，相關部分核與被告李政一、劉辰旦、郭榮文在偵查中所供，及另案被告林順益、蔡金鏗、吳松枝在另案所供完全一致，復有本部保安處在被告謝聰敏住所搜獲之彭明敏寄交在台從事叛亂活動經費美金一千七百七十元，反動賀年片一張，英文叛亂資料二件，存蔡金鏗處用以打印反動文件之中文打字機一台，可為佐證，犯罪事實，至臻明確，雖被告及其辯護人一致辯稱：其在保安處之自白，及其供述係受辦案人員刑求所致，非出於自由意志，但查被告謝聰敏於偵查及前審各庭多次坦承犯罪不移，且經調查必要證據，核與事實相符，復無提出刑求逼供之積極事證，俾資調查，空言翻異，不足採信。

二、被告李政一、吳忠信、郭榮文、劉辰旦、詹重雄，各對其上開犯罪事實，在本部偵查中坦白承認，被告吳忠信在初次審理庭中仍坦供不移，核與證人劉秀絹、陳源成結證：「炸藥十條是清庫餘下來的。」翁春霞結證：「吳忠信曾於六十年元月卅一日交給詹重雄一包東西，用舊報紙包紮好，上面用蔴繩綑紮，樣子像長方立體形之餅乾盒。」等

語相符，並有被告郭榮文、詹重雄、吳忠信所繪製之爆炸現場圖，定時炸彈裝置草圖，用以裝置定時炸彈之工具電焊器一個，變形精工舍鬧鐘零件等，可為佐證。而巨人牌60%GG膠質炸藥亦經本部函准警天神股份有限公司，交由台灣省警務處刑事警察大隊鑑定結果，與台南美國新聞處，及台北美國商業銀行爆炸後反應相同，威力亦屬相當，有該大隊六十年十月廿三日審刑大理字第一六八六九號代電，及該大隊刑事實驗室主任陳玉振結證等附卷可按，犯罪事實，要堪認定。雖被告李政一、郭榮文、劉辰旦、詹重雄、吳忠信，與其辯護人一致辯稱：被告等之自白係受保安處辦案人員之刑求逼供所致，並據其個別辯稱：(一)李政一部份－被告與劉辰旦郭榮文、詹重雄均係初識，何能轉指使彼等參與爆炸活動，至於函告郭榮文一節，亦無信函為證，無法證明確有其事。(二)郭榮文部份－被告在五十九年九月十一日向吳忠信購買機車一部之後，即未與其見面，直至五十九年十月十日吳忠信來訪是第二次見面，再至十二月中旬李政一請吃飯才第三次見面，而劉辰旦於五十九年九月初出國至九月下旬始返台灣，並於五十九年十月十八日才到我家，如何可能於十月十六日同在我家裝置炸彈及爆破美國新聞處。(三)劉辰旦部份－證人劉秀絹與陳濟成之供證不實，又趙清泉結論：「巨人牌60%GG只能算是爆藥，不適放在鐵櫃，三個月後，即會融化流水，失去效用

四
0008

。可見被告給不可能用已失效爆藥與吳忠信等爆炸成功，而且五十九年十一月十二日下午六時被告還在屏東圓賓飯店擔任宴歸經銷商之實際籌備者，有公司營業主任陳再興可以證明。四吳忠信部份—「賓萊試爆」純屬編造之詞。因爲該地爲入山檢查站，有駐軍及派出所，如果試爆，必有巨響，當地軍、警、居民應有所聞，不能僅憑被告不實之自白，推測被告等有試爆情形，況發案之電焊器也不屬被告所有。(五)魯重雄部份—六十年一月卅一日下午，吳忠信並未交任何東西給被告。請查證吳忠信、翁春霞。六十年二月五日早上，被告在板橋到羅濘二家討債，根本不可能到台北美國商業銀行從事爆炸活動。惟查：(一)被告李政一等人主張之刑求逼供一節，經本部先後傳訊保安處、警務處辦案人員何洪才、季貴成等人到庭具結作證，均堅決否認有非法取供之情形，且據保安處六十年十一月廿二日鑒處字第五一〇〇號函復本部軍法處亦稱：經查並無刑求情事。，按被告等均在軍事檢察官偵查中供認犯罪事實，，歷述如繪，經核屬實，復無提出被刑求逼供具體事證，可資證明，所辯均不足採。(二)被告李政一、謝聰敏均供稱於五十九年六月以後，曾南下與吳忠信、郭榮文、劉辰旦等人數度聚會，足見其關係密切，而李政一在此以前爲爭取叛亂經費，亦曾向謝聰敏提到南部有三個朋友足可擔任爆炸活動，亦據在審理中供明。至李政一函告被告郭榮文按原計劉執行爆炸一節，復有被告郭榮文、吳忠信之自白可資證明，被告李政一參與爆破確屬事實。(一)被告郭榮文於五十九年十月十二日參加爆炸台南美國新聞處事件已據在偵查中供明並經核屬實，所辯五十九年十月十八日始與吳忠信、劉辰旦見面，同月十二日未見面一節，無非狡展之詞。四證人劉秀絹係被告劉辰旦之配偶，自無陷害乃夫之理，而證人陳源成曾任採礦股股長之職，自明知炸藥爲管制品，未經合法手續轉讓於人或私自保管均屬違法，乃不計利害，出面作證，直承劉秀絹之炸藥由其供給，其證詞自然堅強可信，而該炸藥之效力問題，亦經本部前次審理時，併交由該炸藥之出品公司擎天神股份有限公司工廠廠長何戊德鑑定，以及警務處刑事警察大隊刑事實驗室主任陳玉振鑑定證明，均謂其有效期間爲一年，而巨人牌60%GG爆炸後的反應與TNT炸藥所呈反應相同，亦經該大隊六十年十月廿三日警刑大理字第一六八六九號代電記明甚詳。至被告劉辰旦所提環球水泥公司營業主任陳再興出具之證明書，其內容僅載：「是日該員沒有請假」，並未說明劉辰旦於是日下午並未外出，且據被告吳忠信在軍事檢察官偵查時供稱：「劉辰旦由屏東騎綠色重型機車於五十九年十月十二日下午五時半，載我到台南市克林食品店前集合，事實已臻明確，自無再傳訊劉秀絹、陳源成、陳再興、趙清泉等人之必要。(五)「寶來試爆」究否實在？除被告李政一、吳忠信、詹重雄、劉辰旦分別供證在卷，復據劉秀絹證明於六十年一月廿七日亦曾見吳忠信、李政一、詹重雄在另一塊大石下深合，並曾謂類似線炮擊衛馬寶，不必驚當地警民，關於電焊器亦據郭榮文供述，其把柄乃橘紅色，與搜獲之證物相同，至於是否屬於被告所有，並不影響犯罪之成立。次詹貞雄於六十年元月卅一日由台南返台北之時，吳忠信交付之定時炸彈係用報紙包紮，其形狀類似餅乾盒之物品，已經吳忠信女友翁春霞指證明確，而二月五日詹重雄即令到羅淳二家討債屬實，其時間係在上午十時半左右，但到美國商業銀行放置定時炸彈時間，則爲是日上午九時許，被告詹重雄仍可從容搭車至板橋，是其所辯，顯無理由。

三、被告李政對上述事實，業據在本部前次審理中坦白供認，並有本部保安處在其住所搜獲之叛亂宣傳品英、中文版各二件，限刑叛亂犯名單六張附卷可稽，犯罪事證，已甚明確，雖被告於本庭緘默，依刑事訴訟法第三百零五條之規定，得不待其陳述，逕行判決。

四、被告謝聰敏、魏廷朝、李政一、吳忠信、劉辰旦、郭榮文、詹重雄接受叛徒彭明敏之指使，從事叛亂活動，或爆炸美國機構，或則散發反動賀年片，或企圖打印、擾亂治安文字，或者探查軍政高級首長行踪，其目的無非均在製造混亂，破壞治安，核被告等所爲，應構成懲治叛亂條例第四條第一項第十款受叛徒之指使擾亂治安罪，被告

六

互有意思連絡，行為分擔，為共同正犯，起訴法條應予變更。被告李　敖蒐集叛亂犯名單，供叛匪份子作為攻訐政府之資料，並與叛亂份子勾結，核其所為，顯已構成預備以非法之方法顛覆政府罪。被告次查被告等直接或間接受彭明敏之蠱惑，而致犯罪，到案後又均坦誠，足見尚知悔悟，犯情不無可憫，爰各依法酌減處以適度之刑。另獲案之謝聰敏及李　敖處分別搜獲之叛亂經費美金一千七百七十元、反動賀年片一張、叛亂資料英文版五件、中文版一件、中文打字機一台，或屬違禁物，或屬供犯罪所用，且為被告所有之物，均應沒收。

五、被告之犯罪時間，均在六十四年四月十六日以前，合於中華民國六十四年罪犯減刑條例之規定，爰各依該條例減其宣告刑三分之一，褫奪公權比照審酌之。

六、據上論結，應依軍事審判法第一百七十三條前段，第一百七十四條，懲治叛亂條例第十條後段，第四條第一項第十款，第二條第三項，第八條第一項，第十二條，刑法第五十九條，第卅七條第二項，第廿八條，第卅八條第一項第一款、第二款，中華民國六十四年罪犯減刑條例第四條第一項第一款，第六條，第十二條，判決如主文。

七、本案經軍事檢察官[illegible]到庭執行職務。

中華民國六十[illegible]

警備總司令部普通審判庭

審判長 王 宗 （印）

審判官 徐 文 開 （印）

審判官 傅 國 光 （印）

右判決正本證明與原本無異。

如不服本判決，應於送達後十日內以文書向本部提出聲請覆判。

中　華　民　國　六　十　四　年　九　月　廿　五　日

書記官 張 雄 英 （張雄英）

本判決於64年11月3日確定

書記官 （張雄英）

附錄本案論科刑主要法條全文：

懲治判亂條例

第二條第三項：預備以非法之方法顛覆政府而着手實行，處十年以上有期徒刑。

第四條第一項第十款：受叛徒之指使擾亂治安者，處死刑、無期徒刑或十年以上有期徒刑。

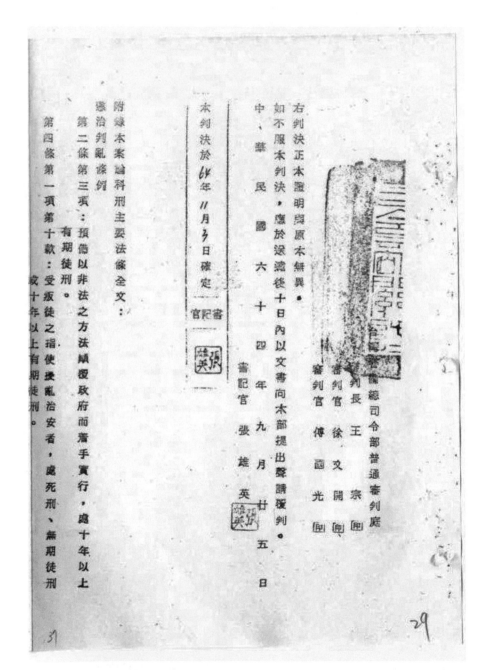

《附件四》

給可敬的青年們——從巴札洛夫談起

（原文刊載於《文星》雜誌第55期，一九六二年五月號）

愛好文學的朋友，對於巴札洛夫—屠格涅夫的力作「父與子」的主角，儘管評價不一，但沒有不留下深刻的印象。那是一個敢思想敢追求的知識青年。他從事於自然科學的研究，的的確確盡了一番潛沉的努力。他具有敏銳的剖析現象的能力，和犀利的批評事物的眼光。他輕蔑傳統，所以顯得異常乖戾；他嘲笑藝術，所以顯得極其粗魯；他漠視感情，所以又顯得特別冷酷。宗教、哲學、主義、原理乃至於一切既存的權威，他都本於不可能確認其絕對價值的前題，一一加以否定；甚至於連他自己畢生獻身探討的自然科學，他都不肯無條件地加以信奉。他抱著改革現實社會的熱望，卻沒有明確的理想，他不僅沒有從事於改善社會現狀的工作，反而嘲笑為改善社會現狀而努力的人們，輕視在現存社會秩序下忍受痛苦的民眾。空抱卓越的才華和堅強的意志，終於一事無成，孤零零地死了。

巴札洛夫是一個極端的唯我論者，或虛無主義者，渾身充滿著無比的潛力，而這潛力被集中使用於破壞現存秩序，他要「把地面徹底打掃乾淨」。我們沒有理由稱許他，因為他並不算一個很完善的知識分子；他的思想還沒有成熟，他的主張還沒有定型，他的言行過於偏激。不過，我們至少不能不承認他是一個堅強的青年；因為他除了剖析的能力和批評的眼光外，還具有坦率否定既存權威的勇氣，和徹底遂行自己之所信的意志。巴札洛夫之所以會使我們感到震撼，正在於他的這樣的堅強。相形之下，我們不幸竟只具有一點微弱的力量，甚至於沒有！

知識青年的消沉和軟弱，原不限於此時此地，不過，在此時此地，顯得格外普遍和嚴重。不錯，世局的動盪和人類的危機，使我們感到眼前一團漆黑，不敢想像明天的命運。如果，有朝一日世界大戰爆發，由於核子武器的大量使用，只消兩三天功夫，人類便可能覆亡，世界便可能毀滅。既然如此，我們還能指望些什麼？

不錯，現存的一切制度，總難免包藏著種種有形和無形的弊病，在限制著我們的進步和我們為進步而作的努力。我們每個人都覺得自己只不過是社會這部龐大機器中的一個小小的齒輪，各自挪動，各自磨損，各自遭遇孤零零地被廢棄下場。既然如此，我們還能指望些什麼？

可是，我們應該知道，戰爭和社會危機，是古今舉世的知識分子所共同面臨的難題。無數的人因此體驗失望的煩惱，歷經病苦的思索；雖然他們一直沒有獲得妥善的解決途徑，但是他們並不因失望而停止煩惱，更不因病苦而放棄思索。在不停止煩惱，不放棄思索的背後，隱然屹立著基本的信念——戰爭終能有效防止，社會制度終能獲得改善。誠然，核子武器是自然科學的產物，它的威力足以毀滅世界，但這種毀滅的威脅也大大提高了人類的思想，迫使人以歷史上沒有的嚴肅態度面對這種重大的問題。現存的一切制度，沒有不是人為的，儘管它維護既得權益，限制社會的進步，但只要以長期不斷的努力從事改革，也未嘗不能用以保障美滿的社會狀態的實現。

可見在此時此地，知識青年的消沉，和軟弱無力，原因不在於世局，亦不在於現存制度，而在於缺乏基本的信念。巴札洛夫的堅強有力，正表現在他對於自我的絕對信念之上。我們對於傳統的文化，早已失去信仰，並且也毫不依戀；可是它不散的陰魂，卻緊緊地纏住我們的潛在意識，利用我們的情緒來支配我們。談到歐美的文化，我們雖然從小就被灌輸了不少入門的知識，但對它畢竟還缺乏深剖的認識與理解；我們讚歎它的成果，可並沒有真切地研討它的根源。

日人廚川白村在他的散文集「出了象牙之塔」中，針對身穿西裝，腳登木屐的日本鄉紳，極盡其笑罵之能事；而我們中的大多數，不幸正好和它所笑罵的對象酷似。說實話，我們根基不夠，血脈未通，還談不上剖析現實的能力和批評事物的眼光。所以，儘管我們抱著高遠的理想，一遇到問題，立刻感到頭昏眼花，窮於應付，而不幸得很，我們竟不時遇到一些極其困難的問題，我們老是被依些含混不清的術語—譬如說，自由、平等、資本主義、中國本位等等，弄得焦頭爛額，終於迷失自己。那麼，我們又怎能免於消沉，免於軟弱？

倘使我們的前輩，肯把眼光移到未來，而多替我們設想，多給我們開導，我們的處境當然不致如此令人徬徨不安。無奈他們大都生活在過去之中，念念不忘當年的成績，牢牢據守目前的地位，不願意或懶得扶植我們。我們只好在茫茫中追尋，在冥冥中探索，獨自計算、獨自徬徨、獨自煩惱。也有一小部分精力較為充沛的前輩，用一連串籠統含混的概念，樹立文化建設的門派，如傳統主義、超越前進主義等，吹吹打打，弄得我們迷妄，狐疑，不知所從。這種不切實際的爭執，除了使有些人自己得到情緒上的滿足和混淆知識青年的視聽外，恐怕不會有什麼別的效果。我們被弄得腦筋糊塗，神志不清，又怎能不消沉、怎能不頹弱？

其實，這些困擾都是無謂的。我們既然是根基不移，血脈未通，談不上剖析現象的能力和批評事物的眼光，我們大可暫時拋開問題，多下一點功夫，多費一點心血，做些紮紮實實不懈不怠的努力。但，不幸得很，我們從小就灌輸了崇拜英雄的想頭，我們對於威名赫赫的成功人物，一直衷心地加以推崇。於是我們希望能見賢思齊，有為者亦若是；我們要立德立功，垂名青史，流芳千古……後來，知識把我們這種荒唐而又愉快的想頭奪去了；我們發現每個人在這條命運的船上，不過是一個單純的旅客而已。我們只好放棄那種崇高偉大的想頭，降格以求不失體面的事業。然而，我們怯於「開始努力」，我們甚至於放棄努力，沉湎於低級趣味，作名士狀，自我解嘲一番。我們限制了自己——我們覺得自己做不出完善的工作，開闢不出遠大的前途。而這種消沉的心理，自然，正是斷絕了社會進步的大因素。

最近，此間掀起了一陣熱烈的關於中西文化問題的論戰，儘管截至目前為止，我們還無法看出誰高誰低，至少，它已經引起了知識分子的關心，使那些正在大作獨斷之夢的前輩，著實吃了一驚！據說躍登擂臺大事叫囂的，竟是幾位不及而立的大學畢業生。於是，正在消沉和軟弱之間打滾的我們，不期然地感受到異樣的震撼，正像巴札洛夫戲劇性的放言使我們感到震撼一樣。

我最初一想，總覺得這些青年太猖狂，太不自量力，太不識時務，太不知進退；居然在這充滿教條、尊重道統而又敬重老成的社會中，膽敢挺身而出，面對嵷踞學界，雄視儒林的前輩指名批評！之後，我再三深思，才恍然大悟，他們原來具有巴札洛夫的傻勁哪！

我說「傻勁」，一方面表示它的堅強有力，另一方面指陳他缺乏明確的方向。由於堅強有力，它必能喚醒消沉和軟弱的知識青年；但由於缺乏明確的方向，它也很可能一無所成。就目前的情形來說，集中力量來打倒既存權威或徹底把地面打掃乾淨，如果沒有建設性的努力在背後支撐，除了戲劇性的效果和情緒上的滿足外，很難期待任何收穫。但無論如何，它是引導我們從事於文化工作的努力的開端，這個開端或許招致若干枝節的困擾，不過，總算是一個迎接光明的起點。

我們應當以一點一滴，不懈不怠的長期努力，來充實自己，啟發民眾。我們不應始於巴札洛夫，終於巴札洛夫，我們必須從破壞轉到建設，超越巴札洛夫而前進，讓所有陷入沉睡的人，從我們身上確確實實地聽到支配新時代的脈搏！

《附件五》

魏廷朝先生大事年表（一九三六－一九九九）

西元	魏廷朝	國內外大事
一九三六年	● 三月二十七日生於桃園八德，父親魏維崇、母親彭銀妹。	● 日本第十七任總督小林躋造就任，日本治台文官總督時代結束。
一九四二年	● 就讀楊梅國小一年級。	● 第二次世界大戰，日本占領菲律賓馬尼拉。
一九四五年	● 從苗栗後龍國小轉回楊梅國小就讀。	● 八月十五日日本天皇宣佈無條件投降，十月二十五日國民政府派陳儀在台北公會堂（中山堂）接受日本末代總督安藤利吉降書，台灣回歸中國。
一九四七年	● 魏維崇任楊梅瑞埔國小教務主任。	● 台灣發生二二八事件，國民政府派二十一師部隊來台鎮壓、清鄉，不少台灣菁英罹難。
一九四八年	● 楊梅國小畢業，以榜首考上義民中學初中部，獲三年公費優待。	● 五月二十日蔣介石、李宗仁就任中華民國第一任總統、副總統。 ● 實施《動員戡亂時期臨時條款》。

一九四九年	●參加新竹縣全縣演講比賽，獲得全縣初中組第一名。	●國、共內戰國民黨政府軍節節敗退，五月十九日省主席陳誠宣佈台灣開始戒嚴。 ●十月一日毛澤東在北京宣布中華人民共和國正式成立。
一九五〇年	●義民中學三年級，喜歡上歷史老師黃賢忠、國文老師姚錦的課，也閱讀魯迅作品。	●三月一日，蔣介石在台復行視事。台灣行政區劃調整，原八縣九省轄市改為十六縣五市，原新竹縣、市重劃為桃園、新竹、苗栗三縣。
一九五一年	●考取台北成功中學。	●全台舉行首屆縣市直接選舉，吳三連以無黨籍當選台北市市長。
一九五二年	●被學校選中參加夏令營，當救國團「種子部隊」。	●六月十八日義民中學老師黃賢忠、姚錦因「白色恐怖」遭槍決。
一九五三年	●拒絕參加救國團退學自修，擔任桃園瑞埔國小夜間識字班老師。	●中國青年反共救國團成立，蔣介石兼任團長，蔣經國是主任。 ●七月二十七日簽署停戰協定，韓戰結束。

年份	個人	大事
一九五四年	●四月二十四日弟弟魏廷昱出生。 ●八月考上國立台灣大學法律系。	●五月二十日蔣介石、陳誠當選中華民國第二任總統副總統。 ●十二月三日簽訂中美共同防禦條約，美國派第七艦巡防台灣海峽。
一九五五年	●在台大圖書館工讀，認識劉慶瑞教授。	●八月二十日總統府參軍長孫立人因匪諜郭廷亮案引咎辭職，孫立人並遭軟禁。
一九五八年	●台大法律系畢業，八月到鳳山步校接受第七期預官訓練。	●八月二十三日金門發生「八二三砲戰」。
一九五九年	●二月入砲兵學校受訓十二週。六月分發六十八師，再調三十二師，年底移防金門。	●台灣中部發生嚴重「八七水災」，魏廷朝部隊加入救災與災區重建。
一九六〇年	●二月十五日退伍，二月二十四日由金門返回楊梅。 ●二月二十五日到新竹一中北埔分校任教。	●六月十七日再砲擊金門，始稱「六一七砲戰」。六月十八日，美國總統艾森豪訪華。 ●九月四日警總以涉嫌叛亂罪嫌，逮捕《自由中國》發行人雷震、編輯傅正等人，並將雜誌停刊。
一九六一年	●擔任國防部作戰情報研究室研究員。	●彭明敏任聯合國代表團顧問。

一九六二年	●進入美援機構「外匯貿易審議委員會」工作。 ●寫〈給可敬的青年們——從巴札洛夫談起〉刊於《文星》五月號，引起殷海光、胡秋原注意。	●十月十四日美國發現蘇聯在古巴部署飛彈，出現古巴危機，經美蘇交涉，十月二十八日赫魯雪夫宣布撤回古巴飛彈，危機解除。
一九六三年	●進入中央研究院近代史研究所擔任助理研究員。	●十一月二十二日美國總統甘迺迪總統遇刺身亡，由詹森繼任總統，詹森陷入越戰泥淖。
一九六四年	●五月與謝聰敏、彭明敏撰《台灣人民自救運動宣言》。九月二十日印刷完一萬份回旅館時三人同時被捕入獄。	●法國承認中共前，法國總統戴高樂打電話給蔣介石，如果台灣願意接受兩個中國，法國要以兩個中國模式承認中共，蔣介石以「漢賊不兩立」斷然拒絕，法國乃與台灣斷交。
一九六五年	●四月二日軍法審判，謝聰敏有期徒刑十年，魏廷朝與彭明敏各八年徒刑。 ●十月三日彭明敏獲得特赦出獄，謝聰敏減刑為五年，魏廷朝減刑為四年。	●三月五日副總統陳誠去世。 ●五月十四日廖文毅放棄日本台獨運動回台。
一九六六年	●九月二十六日魏維崇病逝，享年五十七歲，魏廷朝在獄中無法奔喪。	●五月二十日蔣介石、嚴家淦就任第四任總統、副總統。

一九六八年	● 九月二十日服完四年刑期出獄。 ● 擔任唐培禮中文教師。	● 九月台灣全面實施九年國民義務教育。
一九七〇年	● 一月三日彭明敏透過唐培禮等人幫忙，以化妝變造護照方式，從松山機場出境順利逃亡到瑞典。 ● 一月二十四日起魏廷朝、謝聰敏、李敖開始遭警總特務二十四小時跟監。	● 四月二十四日台灣留美學生黃文雄與台獨聯盟的鄭自財，在美國紐約廣場飯店前行刺訪美的行政院副院長蔣經國未遂，黃文雄、鄭自財當場被捕。
一九七一年	● 謝聰敏、魏廷朝於二月二十三日深夜被捕，三月十九日再逮捕李敖。	● 七月、十月，美國總統尼克森派國家安全顧問季辛吉兩度密訪中國，與總理周恩來見面，並為明年二月尼克森訪問中國的「破冰之旅」鋪路。 ● 聯合國大會以七十六票贊成、三十五票反對、十七票棄權、三國未投票下，通過二七五八號決議，中華人民共和國政府取得中華民國政府稍早被迫退出聯合國後的中國席位代表權。
一九七二年	● 四月二十四日謝聰敏託小林正成帶出秘信，在美國《紐約時報》刊出，引起國際重視。 ● 軍法處四月審判，謝聰敏有期徒刑十二年，魏廷朝十二年，李敖十年。	● 六月一日，蔣經國接任行政院長，徐慶鐘擔任副院長。 ● 二月二十一至二十八日美國總統尼克森訪問中國，會見毛澤東，簽訂「上海公報」，為中美建交鋪路。

●九月二十九日日本首相田中角榮訪問中國，與中共建交，台日斷交。		
●十月蔣經國面對第一次能源危機，決定推動台灣「十大建設」計劃。	一九七三年	●轉到景美看守所服刑。
●四月五日蔣介石去世，嚴家淦繼任總統。七月立法院通過減刑條例，每人減刑三分之一刑期。 ●八月一日《台灣政論》創刊出版，黃信介任發行人，康寧祥任社長。	一九七五年	●九月二十五日軍法處更審，謝聰敏改判九年九月，魏廷朝、李敖改判八年六個月。經減刑條例，謝聰敏減刑剩六年六月，魏廷朝、李敖剩五年八月。 ●在土城仁教所接受「洗腦」教育。
●九月九日中共中共委員會主席毛澤東去世，華國鋒繼任主席。 ●十一月十二日蔣經國被推舉為國民黨主席。	一九七六年	●九月二十三日魏廷朝第二次出獄。謀職碰壁，當「日文」翻譯作家。
●十一月十九日五項公職人員選舉，桃園縣發生「中壢事件」，退出國民黨的許信良擊敗國民黨提名的歐憲瑜當選桃園縣長。	一九七七年	●二弟媳楊金妹介紹與張慶惠認識。十月三十一日與張慶惠結婚。

一九七八年	●長子魏新奇出生，繼續翻譯寫作。 ●魏廷昱加入許信良團隊，擔任台灣日報記者。	●五月二十日蔣經國、謝東閔接任第六任總統、副總統。 ●十月六日黃信介宣布成立「台灣黨外人士助選團」，推出十二大政治建設共同政見。 ●蔣經國得知美國與中共將於一九七九年一月一日建交，以緊急處分令宣布，在十二月十六日舉行的增額中央民意代表選舉暫停舉行。
一九七九年	●七月《美麗島》雜誌創刊，魏廷朝出任執行編輯。 ●十二月十日到高雄參加國際人權日晚會，發生「美麗島高雄事件」，全台大逮捕，三天後魏廷朝被捕入獄。	●一月一日美國與中共建交，台美斷交。 ●一月二十二日許信良到高雄橋頭聲援被誣指匪諜的余登發縣長父子，這是戒嚴令下反對運動第一次示威遊行，許信良遭監察院彈劾，七月一日起遭停職兩年。 ●九月三十日許信良率妻子兒女赴美進修。
一九八〇年	●獄中一個月後，一月長女魏筠出生。 ●六月二日魏廷朝遭司法審判，判刑六年。	●美麗島事件施明德、黃信介、姚嘉文、林義雄、林弘宣、呂秀蓮、陳菊、張俊宏等八人接受軍法大審，引起國際注意，另三十三人受刑事審判。

		●停選的增額中央民意代表選舉恢復舉行，「美麗島事件」政治犯受難家屬、許榮淑、黃天福、周清玉高票當選立委或國大代表。
一九八四年	●魏廷朝未獲假釋繼續服刑。	●五月二十日蔣經國、李登輝就任第七任總統、副總統。
一九八六年	●在獄中翻譯日本作家谷崎潤一郎名著《細雪》。 ●母親彭銀妹去世，享年七十六歲。	●九月二十八日民進黨在台北圓山大飯店成立。 ●十一月十日江鵬堅律師當選民進黨創黨主席。 ●十一月三十日許信良、謝聰敏、林水泉從日本闖關回國失敗，爆發「桃園機場事件」。
一九八七年	●五月二十六日魏廷朝第三次出獄。 ●八月二十七日加入民進黨，擔任縣黨部執行長。 ●八月三十日「台灣政治受難者聯誼總會成立」，被推為會長。	●七月十五日台灣宣布解除戒嚴。 ●台灣政治受難者聯誼總會成立時，提案將「台灣應該獨立」列入章程的許曹德、蔡有全，十月十二日被以叛亂罪嫌逮捕收押、起訴。 ●十一月二日政府宣布台灣民眾赴中國探親政策正式開放。

●在日本大阪法科經濟大學擔任中文講師。	一九八八年	●一月一日臺灣解除報禁。 ●一月十三日蔣經國去世，享年七十九歲，李登輝繼任總統、國民黨主席。 ●五月二十日，爆發大規模流血衝突「五二〇農民事件」。 ●十二月二十八日上萬客家人走上街頭，訴求「還我客家話」運動。
●擔任川久保公夫隨行翻譯，訪問中國北京大學，到上海、廈門、廣州參訪，並到武平祖籍地尋根。	一九八九年	●五月十二日，民進黨從內政部長許水德手中領取「民進黨政黨證書」，民進黨正式為合法政黨。 ●六月四日北京天安門前廣場發生「六四事件」。 ●十二月二日縣市長、省市議員及增額立委選舉，民進黨正式以政黨名義參選，二十一縣市長民進黨獲得六席縣市長。
●擔任民進黨桃園縣黨部主委。 ●張慶惠當選第二屆國大代表。	一九九一年	●五月一日李登輝總統宣布終止「動員戡亂時期」，十二月二十一日第二屆國民大會全面改選。

		●九月二十一日，一百行動聯盟推動「反閱兵、廢惡法」訴求，要求廢除刑法一百條。
●擔任民進黨中央執行委員。	一九九三年	●台灣首次省市（直轄市）長選舉，國民黨宋楚瑜當選省長、吳敦義當選高雄市長，民進黨陳水扁當選台北市長。
●參選第三屆立法委員，以三萬九千多票第二高票落敗。	一九九五年	●彭明敏與許信良爭取民進黨第二階段總統大選提名，彭明敏勝出。
		●十二月二日第三屆立委選舉，共選出一百六十四席，國民黨八十五席、民進黨五十四席、新黨二十一席、無黨籍四席。
●撰寫《台灣人權報告書：一九四九－一九九六》。	一九九六年	●台灣首屆總統直選，國民黨提名李登輝、連戰當選正、副總統，民進黨提名彭明敏、謝長廷，以第二高票落敗。
●《台灣人權報告書：一九四九－一九九六》出版。	一九九七年	●許信良再任民進黨主席，縣市長選舉喊出「地方包圍中央」策略，當選十二位，得票率四十三．三%，超過國民黨四十二．一%，綠色執政首度於地方全面開展。

一九九八年	●第四屆立委選舉，因凍省增加席次，選出二百二十五席，其中國民黨一百二十三席、民進黨七十席、新黨十一席、無黨二十一席。 ●北高市長選舉，陳水扁連任台北市長失敗，謝長廷當選高雄市長。 ●魏廷朝成立政治受難者平反補償申訴中心，為政治受難者服務。 ●張慶惠獲民進黨提名參選立委落敗。
一九九九年	●總統大選國民黨提名連戰、蕭萬長，民進黨提名陳水扁、呂秀蓮，獨立候選人宋楚瑜、張昭雄三組人馬，呈現三強鼎立。 ●宋楚瑜、許信良因總統大選，分別退出國民黨、民進黨，宋楚瑜爆發興票案。 ●將李登輝日文寫的《台灣的主張》翻譯成中文。 ●十二月二十八日清晨在中壢市興國國小操場慢跑，因心肌梗塞昏倒送醫不治。
二〇〇〇年	●五月二十日陳水扁、呂秀蓮就任中華民國總統，台灣首次政黨輪替。 ●開始編輯《顛覆朝廷的魏廷朝》。

感謝詞

魏筠

我永遠都記得爸爸出獄回來的那天和走的那天，都是如此精彩。

爸爸出獄的那天，我第一次在眾人的簇擁下，在牢獄外看見陌生的爸爸，自由的在外行動，爸爸牽著我的手時，那是我夢想實現的日子。爸爸過世的那天，是我夢想毀滅的日子，我從板橋火車站坐自強號飛奔回家，我不能夠相信昨天和我喝咖啡，幫我改CASE BRIEF的人，會在早晨的慢跑中離開了他所愛的世界。

爸爸三度進出國民黨黑牢，人身自由被禁錮長達十七年又一百天、肉體被毆打刑求，吃盡別人所不曾吃過的苦楚，出獄後找工作到處碰壁，從政之路並不順遂、無暇從事學術發展、更不懂得賺錢。在獄中父母、二姊過世，不懂社會黑暗險惡、時常被欺騙，早逝無法與所愛的人相處。即使人生是如此苦難，爸爸永遠都在大笑、歌唱、閱讀、思考、運動。他待人誠懇，總是以憨厚的笑容與眾人談論公眾事務，未曾看他怒罵、憎恨或歇斯底里。

我曾經問爸爸，你這樣過日子你快樂嗎？

爸爸回答：

「快樂不是唯一重要的事情。」

能夠視榮華富貴如浮雲，總是笑著說自己賺不了幾個錢，最後在最愛的PU跑道上，離開他最愛的台灣。我想他是自由主義、社會主義、非暴力公民不服從的信奉者。爸爸一生的青春歲月都奉獻給台灣，成就他最理想的人生。

這是他對台灣的愛，也是台灣回饋給爸爸的愛。我相信寂靜低調不忮不求的爸爸，即使身故，也能夠看見台灣社會公民力量不斷的前進；即使我們知道民主總是前進一大步，又後退了三小步，但我們總是可以匍匐前進。

爸爸離開已經長達十七年半，恰巧也是他被禁錮黑牢的總時數，他在世唯一的心願，就是撰寫自己的回憶錄，《賭鬼的後代》終於可以在十八年後由編輯小組幫他完成。

感謝行政院客家委員會、國家人權博物館籌備處、桃園市政府鄭文燦市長、桃園市政府文化局莊秀美局長、客家事務局蔣絜安局長、小邱叔

一九八七年，大魏出獄後，在暑假期間帶著二個寶貝到豐原，參加台灣關懷中心舉辦的夏令營，「父子同樂」遊戲。攝影／邱萬興

叔、巫秀淇、前衛出版社的鼎力協助，及本書的催生者我媽媽張慶惠；另感謝小叔廷昱，他在我二十歲失去爸爸後，就是我精神上的爸爸。

衷心感謝無數認得與不認得的長輩至親好友們，長年來對我們的關懷與愛，有如繁星點點照亮我們的道路。

最後謹以此回憶錄，獻給天上最敬愛的爸爸，希望他喜歡！

魏筠　二〇一七年九月一日

二〇〇九年十二月十二日，張慶惠、魏筠、高雄市長陳菊和魏廷昱，在美麗島 30 周年紀念晚會。

參考書目

- 彭明敏《自由的滋味》，一九九二年，台北前衛。
- 李敖《你不知道的彭明敏》，一九九五年，台北商周。
- 李敖《李敖大全集》，一九九五年，台北榮泉。
- 魏廷朝《台灣人權報告書一九四九－一九九六》，一九九七年，台北文英堂。
- 戴國煇《台灣近百年史的曲折路——「寧靜革命」的來龍去脈》，二〇〇〇年，台北南天。
- 魏廷昱、巫秀淇、邱萬興《顛覆朝廷的魏廷朝》，二〇〇一年，桃園朝陽。
- 許介鱗《台灣史記（續）卷四》，二〇〇一年，台北文英堂。
- 藍博洲《紅色客家人》，二〇〇五年，台北晨星。
- 謝聰敏《談景美軍法看守所》，二〇〇七年，台北前衛。
- 張炎憲、陳美蓉、尤美琪《台灣自救宣言：謝聰敏先生訪談錄》，二〇〇八年，台北國史館。
- 張炎憲、許瑞浩、王峙萍《從左到右六十年—曾永賢先生訪談錄》，二〇〇九年，台北國史館。
- 彭明敏《逃亡》，二〇〇九年，台北玉山社。
- 彭明敏《寫給台灣的備忘錄》，二〇一七年，台北允晨。
- 何來美《台灣客家政治風雲錄》，二〇一七年，台北聯經。
- 張富忠、邱萬興《綠色年代》台灣民主運動25年，二〇〇五年。

國家圖書館出版品預行編目（CIP）資料

賭鬼的後代：魏廷朝回憶錄／張慶惠總策劃
-- 二版. -- 臺北市：前衛，2018.06
336面；17×23公分
ISBN 978-957-801-847-1（平裝）

1.魏廷朝 2.回憶錄

783.3886 107007795

賭鬼的後代
魏廷朝回憶錄

【增訂新版】

總 策 劃 張慶惠
編輯小組 李俊達、劉慧真、邱萬興、廖紫妃
美術編輯 鮑雅慧
指導贊助 客家委員會 Hakka Affairs Council
桃園市政府文化局
國家人權博物館 籌備處 NATIONAL HUMAN RIGHTS MUSEUM PREPARATORY OFFICE
桃園市立圖書館

出 版 者 前衛出版社
10468 臺北市中山區農安街153號4樓之3
Tel：02-25865708｜Fax：02-25863758
劃撥帳號：05625551
E-mail：a4791@ms15.hinet.net
http://www.avanguard.com.tw
出版總監 林文欽
法律顧問 南國春秋法律事務所
出版日期 2017年9月初版一刷
2018年6月二版一刷

經 銷 商 紅螞蟻圖書有限公司
臺北市內湖區舊宗路二段121巷19號
Tel：02-27953656｜Fax：02-27954100
定 價 新台幣360元

 ISBN 978-957-801-847-1